网络与新媒体专业系列丛书

网络与新媒体导论

王进 刁立军 编著

清华大学出版社

北京

内 容 简 介

在当今信息飞速传播的时代，网络与新媒体领域展现出了其独特且不可或缺的价值。本书主要介绍网络与新媒体的特征、功能、传播机制、营销模式及其未来发展趋势等，旨在为读者提供全面而系统的知识框架。

全书分为 7 章。第 1 章概述新媒体的发展历程、主要内容、特征、应用领域及影响，并回顾互联网发展的变革。第 2 章分析网络与新媒体的特征、功能及媒体形态。第 3 章聚焦传播机制，探讨传播主体、传播手段及媒体融合。第 4 章介绍网络与新媒体的设计基础，包括网页设计和短视频制作等实用技能。第 5 章详细讨论网络与新媒体的营销模式。第 6 章聚焦网络与新媒体文化的内涵及影响。第 7 章展望网络与新媒体的未来发展趋势，涵盖融合发展、区块链技术、6G 网络、脑机接口技术及人工智能大模型技术的应用。

本书不仅适用于从事网络与新媒体领域的专业人士、学生等读者群体，同时也为对网络与新媒体感兴趣的广大读者提供实用的参考。

本书内容丰富、覆盖面广，可作为新闻传播、媒体策划和新媒体等领域从业人员的参考用书，也可作为相关专业的教材或参考书籍。同时，本书对于对网络与新媒体感兴趣的读者来说也是一本实用的读物。

图书在版编目 (CIP) 数据

网络与新媒体导论 / 王进，刁立军编著 . -- 北京：清华大学出版社，2025. 7. -- (网络与新媒体专业系列丛书). -- ISBN 978-7-302-69741-1

Ⅰ . G206.2

中国国家版本馆 CIP 数据核字第 2025FR5506 号

责任编辑：黄　芝　张爱华
封面设计：刘　键
版式设计：方加青
责任校对：刘惠林
责任印制：刘　菲

出版发行：清华大学出版社
　　　　　网　　　址：https://www.tup.com.cn，https://www.wqxuetang.com
　　　　　地　　　址：北京清华大学学研大厦 A 座　　　　　邮　　编：100084
　　　　　社 总 机：010-83470000　　　　　　　　　　　邮　　购：010-62786544
　　　　　投稿与读者服务：010-62776969，c-service@tup.tsinghua.edu.cn
　　　　　质 量 反 馈：010-62772015，zhiliang@tup.tsinghua.edu.cn
　　　　　课 件 下 载：https://www.tup.com.cn，010-83470236
印 装 者：北京同文印刷有限责任公司
经　　销：全国新华书店
开　　本：185mm×260mm　　　　印　　张：14　　　　字　　数：342 千字
版　　次：2025 年 8 月第 1 版　　　印　　次：2025 年 8 月第 1 次印刷
印　　数：1 ～ 1500
定　　价：49.80 元

产品编号：105797-01

前言

在当今信息爆炸的时代，新媒体以其独特的魅力和无可替代的价值，日益成为人们生活中不可或缺的一部分。随着信息技术的飞速发展和互联网的深度普及，新媒体的形式和内容持续创新，不断刷新人们对信息传播与交互的认知。本书旨在为读者呈现一个全面、深入的新媒体知识体系，揭示新媒体的发展历程、现状以及未来发展趋势。

本书共分 7 章，具体内容如下。

第 1 章为绪论，概述了新媒体在新时代的传播作用，并探讨了互联网从 Web 1.0 到 Web 3.0 的变革及其对新媒体的影响。

第 2 章为网络与新媒体的特征、功能及媒体形态，深入分析了网络与新媒体的特征、功能及媒体形态，为读者提供了对网络与新媒体全面而深入的理解。

第 3 章为网络与新媒体的传播，聚焦网络与新媒体的传播机制，包括传播主体、传播手段以及媒体融合等方面。

第 4 章为网络与新媒体的设计基础，介绍了网络与新媒体设计的基础知识，包括网页设计、短视频制作及后期制作等实用技能，帮助读者掌握新媒体设计的基本要素和方法。

第 5 章为网络与新媒体的营销模式，详细讨论了新媒体的营销模式，包括其经济价值、运营模式以及营销手段，为从事新媒体营销的专业人士提供了宝贵的参考。

第 6 章为网络与新媒体文化，探讨了网络与新媒体文化的内涵、特征以及构成与影响，揭示了新媒体文化对现代社会的深刻影响。

第 7 章为网络与新媒体的未来发展趋势，展望了网络与新媒体的未来，包括融合发展、区块链技术、脑机接口技术及人工智能大模型技术的应用，为读者提供了前瞻性的思考。

由于编者水平有限，书中难免存在疏漏之处，敬请广大读者批评指正。

编　　者
2025 年 5 月

目录

第 1 章　绪论

观看视频

网络与媒体是当今社会的重要组成部分，其已经深入人们的生活、工作和学习中。网络与媒体的快速发展和互相融合，不仅改变了信息传播的方式，也重塑了人们的社交模式。

网络与新媒体是指基于互联网、移动通信等新兴信息技术而快速发展的媒体形态，包括互联网媒体、移动媒体、社交媒体等多种形式。与传统媒体相比，网络与新媒体具有更高的互动性、个性化、多元化和全球化等特点。

随着信息技术的发展和普及，网络与新媒体已经成为人们获取信息、交流互动、娱乐休闲的主要渠道之一。网络与新媒体不仅在商业领域发挥着重要作用，而且在政治、文化、教育等领域也有深远的影响。因此，网络与新媒体专业的发展对于培养适应信息化社会需求的人才具有重要意义。

1.1 新媒体：新时代的传播媒介

新媒体（new media）是利用数字技术，通过计算机网络、卫星等渠道及计算机、手机等终端，向用户提供信息和服务的传播形态。新媒体当前以网络新媒体、移动新媒体、数字新媒体等为主，拥有数据性、互动性、超文本、虚拟性、网络化、模拟性六个特征。

新媒体已经成为当今社会信息传播的重要渠道。新媒体以其独有的特征和形式，改变了传统信息传播的方式，对人们的日常生活和工作产生了深远的影响。本节将详细探讨新媒体的发展历程、主要内容、特征及应用领域，同时分析新媒体面临的挑战和未来发展趋势。

1.1.1 新媒体的发展历程

互联网和移动增值作为新媒体最重要的两个领域，在 2007 年得到了快速发展。2007年互联网市场规模超过 400 亿元，并保持超过 40% 的年均增长速度，各细分市场如网络游戏、B2B、网络教育、搜索引擎是当前盈利的主流，占 59% 的市场比例。

2007 年移动增值市场规模达到 733 亿元，同比增长 23%。2006 年移动互联网规模不到 70 亿元，2007 年达到 111 亿元，同比增长超过 70%，市场格局也发生变化，腾讯、三大门户和空中网占领先地位。

此外，在发展迅速的新媒体市场中，还有一类户外电子屏广告市场，2007 年这块市场规模达到 41.8 亿元，同比增长 91%。

2007 年，新媒体产业快速发展，广阔的市场与日渐凸显的影响力吸引资本大规模流入，营销价值加强，国际化竞争加剧，整体产业向纵深挺进。

2008 年北京奥运会上，新媒体首次作为奥运会独立传播机构与传统媒体一起被列入奥运会的传播体系。互联网等新媒体平台被正式纳入赛事转播渠道，充分表明新媒体作为一种新传播渠道的社会价值和商业价值。奥运会的巨大商机推动新媒体布局和发展，新媒体版权保护受到重视。

2013 年 6 月 25 日，中国社会科学院新闻与传播研究所、社会科学文献出版社在北京联合发布了新媒体蓝皮书《中国新媒体发展报告（2013）》。该书概括了当前中国新媒体发展的六大态势，盘点了移动互联网、微信、微博客、大数据与云计算、社交媒体、三网融合、宽带中国、智慧城市与物联网、移动应用（App）、OTT TV 十大热点，全面解析了中国新媒体传播的社会影响。该书提出，2012 年以来，移动化和融合化成为中国新媒体发展与变革的主旋律。在移动互联网和网络融合大势的促推下，中国新媒体用户持续增长、普及程度进一步提高，新媒体应用不断推陈出新、产业日趋活跃，新媒体的社会化水平日益提升、频频引发热点。

2023 年，由中央宣传部指导，中国记者协会、湖南省人民政府联合主办的 2023 中国新媒体大会在湖南长沙开幕。

自 2018 年起至编者交稿时，中国新媒体大会已举办四届。大会着力打造内容精品的创作盛典、人才建设的交流窗口、融合发展的合作渠道、社会责任的联动矩阵，已办成团结引领新媒体及其从业人员、推动媒体深度融合发展的全国性权威平台和年度行业盛会，如图 1-1 所示。

图 1-1　2023 中国新媒体大会中国新媒体技术展现场

1. 三网融合带来的终端多元化将更加强化网络视频的价值

三网融合的一个重大影响是造成视频传输的渠道多元化。过去电视机是传播视频信息的主要载体，电视台只需要尽可能多地抓住电视观众的视线。随着三网融合的实施，受众可以通过有线网络、互联网、IPTV 和手机等获得视频信息，传输终端由电视机逐步扩散到计算机、手机、户外显示屏和楼宇电视等，网络平台将成为这些视频传输渠道的主要内容载体，网络电视将成为视频传输的主流平台。

2. 网络电视广告将成为广告行业增速最快的细分领域

随着中国网民规模的增长和互联网带宽的增加，网络视频（网络电视台、视频分享和 P2P 视频软件）的受众规模快速增长。

根据 CNNIC（中国互联网络信息中心）的统计，截至 2023 年 6 月，我国网民规模达 10.79 亿人，较 2022 年 12 月增长 1109 万人；互联网普及率达 76.4%，较 2022 年 12 月提升 0.8 个百分点，如图 1-2 所示。

单位/万人

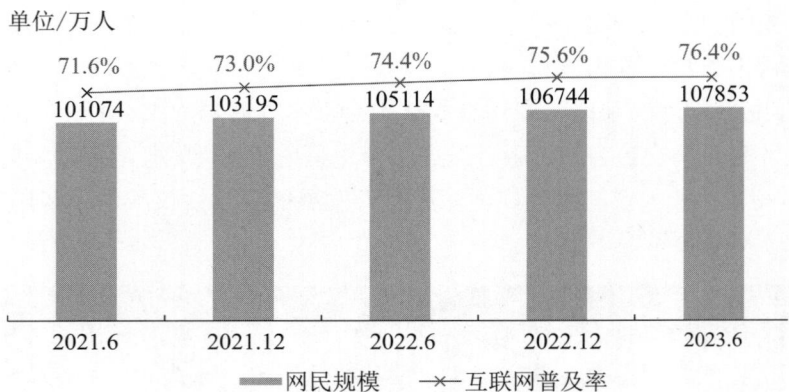

图 1-2　网民规模和互联网普及率

来源：CNNIC 中国互联网络发展状况统计调查，2023.6

3. 大力发展网络新媒体是央视必然的选择

网络视频在中国迅速兴起，已经引起国家和政府的重视。为了抢占网络视频制高点，发挥国家在网络视频领域的重要作用，大力发展网络新媒体是央视在新时代背景下实现转型升级、提升传播力和影响力的必然选择。通过政策导向与国家战略的引领、技术革新与媒体融合的推动、内容创新与传播力提升的实践以及全媒体传播体系建设的完善，央视将在网络新媒体领域取得更加辉煌的成就。

4. 运用网络新媒体将是企业最为热衷的推广渠道

新媒体较之传统媒体的优势是能在很大程度上打破时空界限。一个新产品的出现会迅速在互联网上得到传播，使传统口碑效应进一步扩散，用户对产品的体验会被新的传播方式无限放大。很多企业看中此契机，纷纷转变向用户传达产品信息、品牌信息的形式，由报纸、杂志、电视等传统形式转变为经营自己的媒体，如即时通信、网络视频、网络支付、网络购物等。

1.1.2　新媒体的主要内容

新媒体并非新兴或者新型的媒体的统称，新媒体应该有其相对准确的概念。新型的媒体或者新兴的媒体都是新媒体，是比较狭义的概念，而且这种概念不能满足新媒体发展的需求，更不利于行业内的交流沟通。故而，业内经过对媒体的研究、大量市场数据的分析，以及纵观业内对新媒体的认识，结合消费者的观点，总结出新媒体相对准确的定义。新媒体是相对于传统媒体而言的，它主要基于数字和网络技术，使传播更加精准化、对象化。此定义在一定调研基础上得出，非强加概念，希望供业内人士交流，等待市场的考验。同时声明此概念并非一刀切式的界定，希望这个概念能促进行业深层次交流，同时带动行业新发展，此概念也随着这个行业的发展变化而发展进步，如图 1-3 所示。

新媒体是新的技术支撑体系下出现的媒体形态，如数字杂志、数字报纸、数字广播、手机短信、移动电视、网络、桌面视窗、数字电视、数字电影、触摸媒体、手机网络等。相对于报刊、户外、广播、电视四大传统意义上的媒体，新媒体被形象地称为"第五媒体"。

图1-3 新媒体概念

新媒体新在哪里？首先必须有革新的一面：技术上革新，形式上革新，理念上革新。其中，理念上革新更重要。单纯形式上革新、技术上革新称为改良更合适，不足以证明其为新媒体。理念上革新是新媒体的定义的核心内容。至于市场上那些以是否具备互动性来界定新媒体与否，是片面的和不可取的观点。是否具备互动性是个别性问题，不具备普遍意义。可以以个别性识别新事物，但是不可以以其来定义事物。

关于新媒体的定义林林总总有十多种，而被划归为新媒体的介质也从新兴媒体的"网络媒体""手机媒体""互动电视"，到新兴媒体的"车载移动电视""楼宇电视""户外高清显示屏"等不一而足。内涵与外延的混乱不清，边界与范畴的模糊不明，既反映出新媒体发展之快、变化之多，也说明关于新媒体的研究目前尚不成熟、不系统。在当前人们对新媒体没有一个清晰的、一致认可的定义的状况下，不必纠缠于概念、特征、类型等认知，而是应从更为现实和务实的角度出发，抓住"数字技术、互联网技术、移动通信技术"的技术维度和"双向传播、用户创造内容"的传播维度两个指标，把新媒体限定为"网络媒体"和"移动媒体"两大类型，由此确定新媒体编辑的对象与框架。

1.1.3　新媒体的特征

从这个意义上说，新媒体必须具备以下特征。

1. 价值（value）

就本身意义而言，媒体是具备价值的信息载体。载体具备一定的受众、信息传递的时间、传递条件，以及传递受众的心理反应的空间条件。这些综合形成媒体的基本价值。这个载体本身具备的价值，加之所传递信息本身的价值，共同构成媒体存在的价值。即便理念上、新形式上媒体也具备一定受众，但是媒体成本远高于受众所带来的商业效益，也不能形成媒体的有效价值。

例如，近年来由于媒体的发展，各类媒体风靡市场，但是经过市场考验留下来的却少之又少。这是因为没有深入调研媒体核心价值所在而盲目复制别人的理念导致的，或者理念过于超前而不能被市场认可，没有深度分析消费者形态而强加细分以致难以体现媒体的基本价值，或者基本价值与市场不协调导致等。原因诸多，不一一赘述。

2. 原创性（originality）

移动互联网新媒体之所以被称为"新"，其新颖之处在于它具备基本的原创性。这里的原创性并非一般意义上个人或个别团体的单独创作，而是指在特定时期内，时代所赋予的新内容、新形式和新理念的创新，一种相较于前一时代在内容、形式及理念上更为新颖的创造，具有更广泛的创新意义。例如，分众传媒作为一种新媒体，其原创性体现在将传统媒体形式嫁接到特定空间上，形式上是嫁接，但理念上却是原创。而当时的聚众传媒以及当下更多类似的媒体，无论是巧合还是复制，都体现了那个时代的原创精神，因此仍可认为它们具备原创性的一面。这种原创性正是理念上创新的典范。

当时兴起的分众传媒、聚众传媒、框架传媒等细分受众的媒体，在媒体理念上都具有一定的原创性。后来出现的细分到社区的安康及医院的炎黄、互力等媒体，虽然复制了分众的细分概念，但同样不失为理念上创新应用的成功典范。

3. 效应（effect）

效应是在一定环境下，各种因素相互作用而形成的结果。新媒体必须具备形成特定效应的特性。或者说新媒体必须具备形成一种更新的效应的特性。新媒体必须具备影响特定时间内特定区域内的人的视觉或听觉反应的因素，从而导致产生相应的结果。网络在20世纪90年代中期接入我国，属于一种新型的信息载体，而且形成了巨大的效应，在特定区域特定时间内几乎改变了人们的生活方式。这种效应必然产生特定的结果。由于这个效应的变化发展，不排除新媒体可以发展成为主流媒体的可能，也就是新媒体在一定的时机也可以脱离新媒体概念的限制。所有的概念都是随着发展而变化的。

关于效应的说法，举一个例子即可言明。分众无线，以手机信息为载体传播广告信息，这样的应时代需要而诞生的媒体是新媒体。虽然分众无线的广告是手机屏幕上的广告，却形成了一定的效应，甚至上了央视"3·15"晚会，可见一斑。对于无线媒体，将来市场空间不可限量，虽然分众无线遭遇滑铁卢，但那是由具体执行上的原因导致的，这样的媒体形式不但不会消失而且会有更进一步的发展，甚至会更绿色、更健康地发展。

4. 生命力（life）

新媒体作为媒体而存在，必须有一定的生命力。生命力或长或短，但必须有其存在期间的价值体现，而这个价值体现的长短，就是生命周期。随着近几年我国媒体的迅速发展，新媒体的发展也日新月异。由于各类细分性媒体受这种细分思维的影响，各种形式的创意嫁接层出不穷。但是就其新形式，新技术并不能决定其存在的价值，在无情的市场面前，折戟沉沙的数不胜数。究其原因就是没有把握住新媒体的核心价值，而是盲目生搬硬套，导致媒体不具备一定的生命力。因此，这些在混乱中夭亡的媒体不能算媒体，更不能称其为新媒体。

以分众无线为例，虽然它因种种原因告停，但这种模式或概念将会无限延续并得到创新发展，因此可以称其为新媒体。同样，公共汽车视频媒体、地铁视频媒体、超市卖场视频媒体等，只要具有媒体效应和媒体价值，并在一段时间内具备生命力，就可以被视为新媒体。至于个别企业能否长久发展，一方面取决于其执行力，另一方面则看企业的创新发展能力。

因此，真正意义上的新媒体可以简称为 VOEL（value，originality，effect，life）媒体，或者除去基本价值的概念，称其为 OEL 媒体。户外 LED 媒体只是其中的一个例子，实际上可能还有更多因素左右新媒体的存在与发展。但就时下一般意义而言，"新媒体"的概念可以由这四个特征相对界定。新媒体必须具备 VOEL 的四个特征。这四个特征涵盖了理念上的革新、技术上的创新以及形式上的革新。至于是否运用到高科技，并不是决定其新旧的关键，更不能决定其在一定时间内存在的价值，如图 1-4 所示。

图 1-4 户外 LED

例如，网络在中国经过 15 年的发展，已经逐渐影响了大多数人的生活。在特定的时候，网络可以脱离新媒体的概念，形成自己独立的媒体而存在。然而，网络中的具体新颖媒体形式或者因网络而产生的新兴信息通道，仍然可以被视为新媒体的一部分。例如，腾讯、开心网以及个人博客等具体项目的创新就是新媒体的典范，并且已经形成了一定的效应。类似的概念还有电视购物，尽管电视是传统媒体，但电视购物作为新兴起且具备一定意义上理念创新的形式，也拥有相当的市场需求，因此也应被归类为新媒体。

在这四个特征的基础上，我们还可以依据其理念或形式上的差别进行简单区分。

就其理念而言，可分为以下两类：细分受众类的，如楼宇媒体、社区媒体、医院媒体、娱乐场所媒体、手机短信彩信及手机报媒体等；相对广众的，如公交车视频、地铁视频、网络媒体、卖场视频以及人口聚集处的互动网络媒体终端机等。

就其形式而言，可分为室外媒体，如楼宇、社区、公交车视频等均在此列，有无线形式的，如彩信类、手机报、网络等。

就其关注度而言，可分为强制性关注的，如楼宇、电梯、短信等；以及选择性关注的，如网络博客、网络互动、电视购物等。

新媒体还具有以下特征。

（1）迎合人们休闲娱乐时间碎片化的需求。由于工作与生活节奏的加快，人们的休闲时间呈现出碎片化倾向，新媒体正是迎合了这种需求而生的。

（2）满足随时随地互动性表达、娱乐与信息需要。以互联网为标志的第三代媒体在传播的诉求方面走向个性表达与交流阶段。对于网络电视和手机电视而言，消费者同时也是生产者。

（3）人们使用新媒体的目的性与选择的主动性更强。

（4）媒体使用与内容选择更具个性化，导致市场细分更加充分。

综上，新媒体的特征可以总结为交互性与即时性，海量性与共享性，多媒体与超文本个性化与社群化；也可理解为科技推动、以人为本、虚实相间、互动包容、市场主导。

1.1.4 国外学界对新媒体特征的见解

国外学界对新媒体特征的见解可参阅 *New media：a critical introduction*。

1. 数字性（digital）

（1）数字性意味着媒介文本内容可以和物质载体相分离。

（2）数据可以压缩到很小的空间。

（3）可以以非常快的速度和非线性的方式处理。

（4）与模拟格式相比更易为人们所处理。

2. 交互性（interactive）

（1）用户注册时的互动。

（2）传播沟通时的互动。

（3）对文本解释的互动。

（4）游戏时的互动。

对传媒业最大的影响：导致用户产生内容（user-generated content）兴起，随之改变的是传统意义上的"受众"地位的变化。

3. 超文本性（hyper textual）

（1）用超链接的方式，将各种不同空间的文字信息组织在一起的网状文体。

（2）数字图书馆。

（3）搜索引擎。

4. 虚拟性（virtual）

（1）最明显体现于电子游戏中，如体感游戏。

（2）空间、环境、现实状况、身份等的虚拟。

（3）随着技术的发展新媒体开始融入虚拟现实和增强现实技术，为用户提供沉浸式的体验。

5. 网络化（networked）

（1）现代数字化和社交网络环境逐渐取代大众传播方式。

（2）生产和消费的网络化。

另外，新媒体具有以下优势。

（1）传播与更新速度快，成本低。

（2）信息量大，内容丰富。

（3）低成本全球传播。

（4）检索便捷。

（5）多媒体传播。

（6）超文本。

（7）互动性。

新媒体具有以下要素。

（1）建立在数字技术和网络技术基础之上。

（2）以多媒体作为信息的呈现形式。

（3）具有全天候和全覆盖性的特征。

（4）在技术、运营、产品及服务等商业模式上具有创新性。

（5）新媒体的边界不断变化，呈现出媒介融合的趋势。

1.1.5　新媒体的应用领域及影响

1. 手机媒体

手机媒体开创了媒体新时代。

有专家指出："如今的手机已不再单单是通信工具，其还担当起了'第五媒体'的重任。"对手机广播的研究不外乎"政策支持"和"运营模式"的探索，有学者就此分析了其典型的运行模式，并且提出在手机媒体产业链中，"内容提供商、移动网络运营商和终端设备制造商之间，如何相互合作发展是非常关键的"，如图 1-5 所示。

还有研究者则着重在手机媒体与传统媒体之间的广告互动上进行了一些探讨，认为从技术上和政策上看，手机媒体成为新广告媒介都具有一定的可能性，并分析了手机媒体与传统媒体广告之间的互动形式和广告互动中存在的不足。

对于手机电视的发展趋势，有学者却认为，尽管新技术的狂热崇拜者及追随者们坚信手机电视是新技术催生下的又一颗金蛋，但手机电视受到受众心理、内容和媒介繁荣的制约，因此"手机电视是辅助媒介的主流想象""技术的指挥棒为人类指向的下一站，有可能是'技术的高地'，也有可能是'技术的旋涡'"。

有学者认为,"现在也许还没有人认为手机报纸的用户会赶上或超过报纸网络版或印刷版的读者数量,但是,手机报纸确实是用一种 21 世纪的方式向渴望得到新闻又忙于行路的公众提供了一种快乐阅读的享受"。

2. 数字电视

数字电视产业链有望增长。

进入 2006 年后,关于如何进一步促进数字电视产业链健康发展的研究与讨论依旧热烈。专家们普遍认为,尽管目前市场上的盈利模式尚处于探索阶段,但随着用户基数的增长以及技术进步带来的内容质量提升,未来几年内有望实现质的飞跃。值得注意的是,政府层面对于推动数字电视产业发展的支持力度也在不断加大。例如,《国家广播电视和网络视听"十四五"发展规划》明确提出要加快构建现代化公共文化服务体系,其中就包括了推进高清超高清电视制播体系建设、丰富优质节目供给等内容。这些政策措施无疑为整个行业的长远发展指明了方向,同时也为企业提供了更加广阔的发展空间。

还有文章从实证调查入手,对数字电视进行了深入的分析。浙江传媒学院课题组通过市场调查数据说明:"数字电视点潜在用户的经济承受能力是影响数字电视发展前景的决定性因素。"

另外,还有学者提出了数字付费推广的 USP(unique selling proposition)发展模式,即认为数字电视应该有独特的销售主张,因为数字电视是"技术层面"和"内容层面"两者合一的综合体,而且必须以后者为核心,否则就失去了存在的意义。

老年人收视群体日渐受到人们的重视。有专家提出,老年受众是付费数字电视的潜在用户之一。因此,付费数字电视要兼顾老年人,启动老年市场。

3. 移动电视

移动电视如图 1-6 所示。

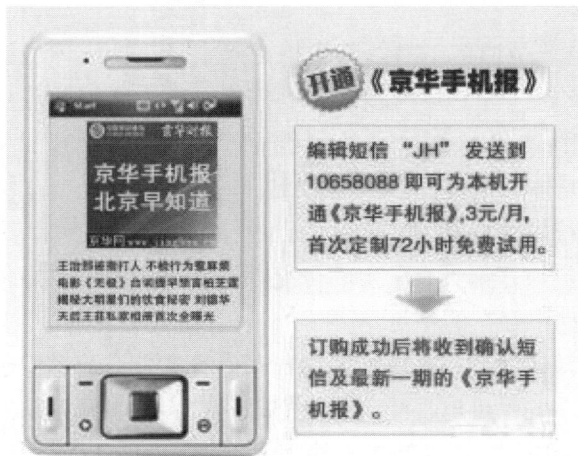

图 1-5　新媒体——手机报　　　　　　　　　图 1-6　移动电视

作为一种新兴媒体，移动电视的迅速发展是人们始料未及的，其具有覆盖广、反应迅速、移动性强的特点，除了传统媒体的宣传和欣赏功能外，还具备城市应急信息发布的功能。

对于公交移动电视来说，"强迫收视"是其最大的特点。有学者认为："公交移动电视的强制性传播使得受众身在公交车上没有选择电视频道的余地。这种受众被动接收的状态，无疑会降低公交移动电视的收视率，然而目前尚无良策改变这种状态。"

但也有人持相反的看法，他们提出："传播内容的强制性有利于拓展'无聊经济'的巨大利润空间。""移动电视正是抓住了受众在乘车、等候电梯等短暂的无聊空间进行强制性传播，使得消费者在别无选择时被其俘获，这对于某些预设好的内容（例如广告）来说，传播效果更佳。"

还有学者从另一个角度提出了这种强制收视的缺陷："公交移动电视虽然为乘客提供了电视节目，但也必须保护乘客的公共利益。"

4. 博客

博客是颠覆传统的传播方式。

博客是一种个人网站，通常由个人或小团队维护，以分享他们的想法、经验、见解和知识。博客的内容通常以文章的形式呈现，这些文章按照时间顺序排列，最新的文章通常出现在最上面，如图 1-7 所示。

图 1-7　博客

博客文章可以包含许多不同的元素，如文本、图像、视频、音频等。博客的主题和内容可以根据博主的爱好和兴趣进行定制，可以涵盖各种不同的主题和领域，包括技术、政治、社会问题、个人成长、旅游等。

除了发布新的文章，博客也可以作为个人或团队与其他人交流的平台。博主可以通过评论和反馈与其他读者互动，分享他们的观点和经验。

博客的读者可以包括任何人，无论他们是谁，无论他们在哪里。博客的读者可以通过搜索引擎、社交媒体或其他网站链接来访问博客。一些著名的博客甚至拥有大量的读者，这些读者对博主的观点和见解非常感兴趣。博客的发展使得有的研究者对其充满了信心："信息爆炸的互联网也的确需要具备信息收集、阐释、整理能力，同时提供个人想法的信息收集者，无论是否走向商业道路，无论是否代表个人或机构或政府组织，博客们有望成为公众的网络信息代言人。"

还有学者对博客传播中的传播者进行分析，认为博客实现了多重的传播效果，即"横跨人内传播、人际传播和大众传播三种类型"。同时，他们还指出博客传播者的传播动机与"外部环境的挤压、内心需求和经济利益的驱动"等因素有关。

从传播学角度对博客的研究中，有学者总结了博客的传播模式及传播性质，认为"博客突破传统的网络传播，实现了个人性和公共性的结合"。

对于博客的自由问题，有学者认为，博客的即时性、自主性、开放性和互动性为人们提供了一定程度的话语自由，这种自由颠覆了"把关人"的概念，但事实上，博客世界里的自由同时也带了很多负面的东西，需要网民有自律的意识。

科技博客曾经是众多博客类型中的一个分支。科技博客大多是由一些资深 TMT（数字媒体产业）从业者凭兴趣撰写的。而在海外，Tech Crunch 等科技博客已流行多年，影响力不亚于传统媒体，有的文章甚至对国际 IT（信息技术）公司的股价产生了直接影响，如图 1-8 所示。

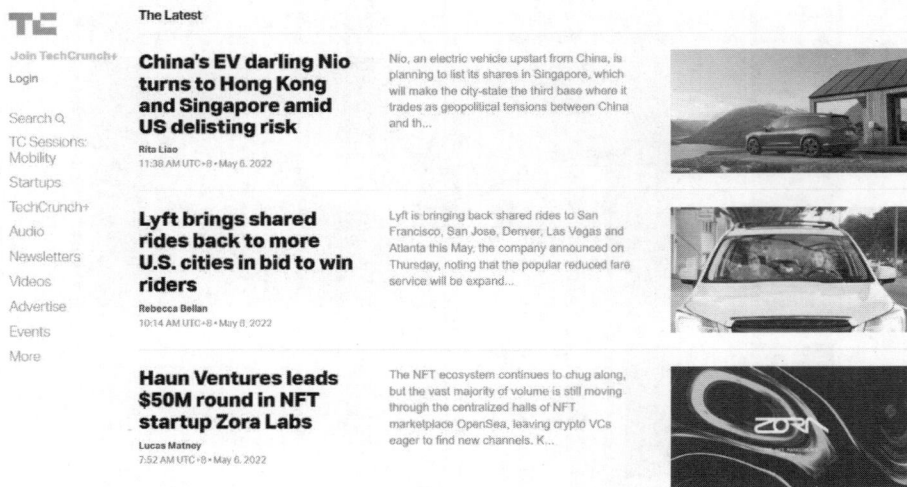

图 1-8　科技博客 Tech Crunch

这些科技博客有各种流派，有的脱胎于门户网站，如新浪创事记、腾讯科技；有的是传统媒体人出来做的，如钛媒体、虎嗅网、海纳在线，更偏重评论和商业分析；有的脱胎于传统媒体，如创业家、21 世纪商业评论、极客公园、快鲤鱼等。

科技博客各有特色，分别具有文艺范儿、创新范儿、专业主义范儿；同时又都号称"独立"，不发软文，不发有偿新闻。

5. 播客

播客是新一代的广播。

播客是一种数字广播技术，其利用互联网传输音频文件，使听众可以在任何时间、任何地点收听广播节目。与传统的广播相比，播客具有更大的灵活性和便利性，听众可以随时随地收听节目，而且不受电台播音时间和地点的限制。

播客节目可以通过各种方式发布，包括个人博客、社交媒体、在线广播平台等。听众可以通过各种设备收听播客节目，如智能手机、平板电脑、计算机等。

随着互联网技术的发展，播客逐渐成为一种受欢迎的娱乐方式。许多人都喜欢在通勤、运动、休闲等场合收听播客节目，以消磨时间或获取信息。同时，播客也成为许多个人和组织传递信息、宣传自己的一种方式。

总之，播客是一种利用互联网技术传输音频文件的新型广播方式，其具有很大的灵活性和便利性，逐渐成为现代人生活中的一种重要娱乐方式，如图 1-9 所示。

图 1-9 播客

有专家撰文主要从传播学的角度对"播客"现象进行了深入的分析，认为播客实现了从文字传播向音频、视频传播转化，增加了娱乐成分。播客满足了人们自我表达、张扬个性的需求，同时加强了媒介汇流与互动。并且，播客将来会从业余走向专业，从免费走向收费，免费播客与收费播客共存。

6. 新媒体对传播媒介的影响

1）改变了传播方式

新媒体的出现改变了传统媒体的传播方式，由单向传播转变为双向传播，受众可以随时随地参与到信息的传播中来，提高了信息传播的交互性和参与感。同时，新媒体也使得信息传播更加快捷和高效，人们可以随时随地获取信息并进行反馈和互动。

2）增强了传播效果

新媒体通过精准定位和数据分析等手段，使得信息传播更加精准和高效，增强了传播效果。同时，新媒体也通过多种形式的信息传播，使得信息更加生动和丰富，吸引了更多受众关注和参与。

1.1.6　新媒体面临的挑战与未来发展趋势

随着科技的飞速发展，新媒体已经成为人们生活中不可或缺的一部分。然而，新媒体时代的到来也带来了许多挑战。

1. 信息过载

新媒体的快速发展带来了信息过载的问题，人们每天接收到大量的信息，使得信息筛选和处理成为一个难题。为解决这一问题，新媒体平台需要提高信息的筛选和过滤能力，同时用户也需要提升自身的信息处理能力，通过有效的筛选和辨别，减少信息过载的影响。

2. 隐私泄露

新媒体时代的信息传播涉及大量的个人信息，如何保障用户隐私成为一个重要的问题。为解决隐私泄露问题，平台需加强数据保护措施，建立完善的信息安全体系，确保用户信息安全。同时，用户也需提高自身的隐私保护意识，正确处理个人信息。

3. 新媒体的未来发展趋势

1）融合传统媒体

随着新媒体的发展，传统媒体将逐渐与新媒体融合，形成多媒体协同发展的趋势。传统媒体在新闻报道、内容创作等方面的专业能力与新媒体的传播渠道和技术支持相结合，将进一步提升信息传播的效果和质量。

2）数字媒体驱动创新

未来，数字媒体将进一步推动新媒体的创新发展。人工智能、大数据、云计算等先进技术的运用将为新媒体提供强大的支持，包括精准的用户画像、个性化推荐算法、虚拟现实（VR）与增强现实（AR）等创新形式，将使得新媒体更加智能化、个性化和多元化。

3）产业跨界融合

新媒体将与更多产业领域进行跨界融合，形成新的商业模式和创新生态。例如，新媒体与电商、教育、旅游等行业领域的结合，将推动产业的发展和升级，为用户提供更加优质的产品和服务。

4）社会化营销成为主流

随着新媒体的普及和发展，社会化营销将成为主流的营销方式。品牌通过新媒体平台与用户进行互动和沟通，建立品牌形象和口碑，提升用户黏性和忠诚度。同时，社会化营销也将为企业提供数据分析和用户反馈等信息支持，帮助企业做出更明智的决策。

总之，新媒体作为新时代的传播媒介，其发展前景广阔。面对未来的挑战和发展机遇，我们应充分把握新媒体的特点和优势。

1.2　互联网：从 Web 1.0 到 Web 3.0 的变革

在过去的几十年里，互联网经历了从 Web 1.0 到 Web 3.0 的巨大变革。这个过程反映了互联网在发展过程中的不断进步和创新，同时也改变了人们使用互联网的方式和生活方式，如图 1-10 所示。

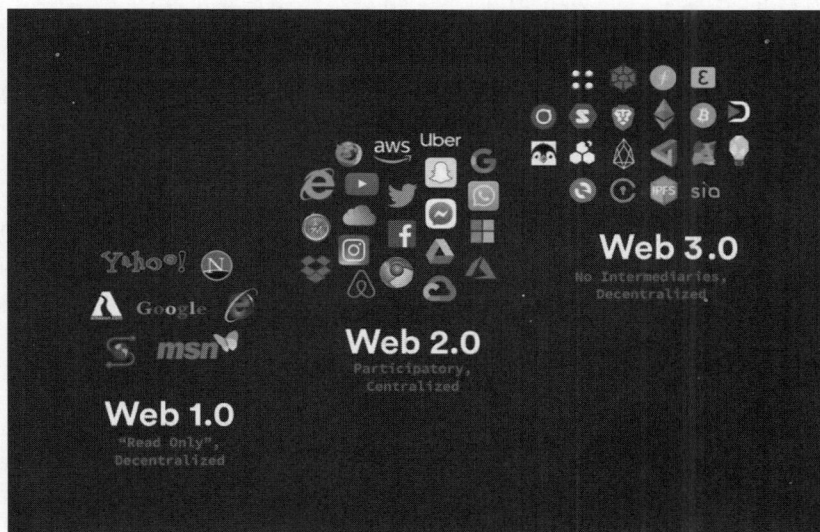

图 1-10　从 Web 1.0 到 Web 3.0：互联网演变史

1.2.1　Web 1.0 时代

Web 1.0 时代指的是互联网的早期发展阶段，大约从 20 世纪 90 年代中期到 2000 年。在这个时期，互联网主要用于向用户提供静态的信息，用户只能通过浏览器浏览网页来获取信息，而无法与网页进行交互。因此，我们可以称 Web 1.0 时代的网页为"只读网页"。

在 Web 1.0 时代，互联网被广泛用于在线商店、公司网站、新闻和信息网站、在线目录等。这是一个群雄并起、逐鹿网络的时代，虽然各个网站采用的手段和方法不同，但 Web 1.0 时代互联网有诸多共同的特征，表现在技术创新主导模式、基于点击流量的盈利共通点、门户合流、明晰的主营兼营产业结构、动态网站。

在 Web 1.0 时代，一些知名的公司和服务开始出现，如 Netscape 研发出第一个大规模商用的浏览器，Yahoo 的杨致远提出了互联网黄页的概念，而 Google 后来居上，推出了大受欢迎的搜索服务。这些公司和服务的出现，使得用户可以更加方便地获取信息，并且开始意识到互联网的商业价值。

总的来说，Web 1.0 时代是互联网的初始阶段，这个时期的主要特点是静态网页和信息的单向传播。在这个阶段，互联网主要由一些静态 HTML 页面组成，用户可以通过浏览器浏览和下载这些页面上的信息。这个阶段的主要应用包括早期的搜索引擎、电子邮件、新闻网站等。虽然这个阶段的互联网发展相对简单，但其奠定了互联网的基础，并为后来的 Web 2.0 时代和 Web 3.0 时代的发展奠定了基础。

1.2.2 Web 2.0 时代

随着技术的发展，互联网进入了一个新的阶段——Web 2.0 时代。Web 2.0 时代指的是互联网的第二代，大约从 2003 年开始。与 Web 1.0 时代相比，Web 2.0 时代最大的特点是用户参与和互动的重要性。在 Web 2.0 时代，用户不仅是信息的接收者，更是信息的创造者和传播者。

Web 2.0 时代的应用包括博客、社交网络、在线视频、社交游戏等。这些应用让用户可以自由地发布和分享自己的信息，与其他用户进行交流和互动。这种用户参与和互动的模式，使得互联网更加开放、动态和多元。

在 Web 2.0 时代，互联网开始被广泛用于社交媒体、在线购物、在线支付等领域。一些知名的公司和服务如 Facebook、Twitter、YouTube、Amazon 等开始崭露头角。这些公司和服务的出现，使得用户可以更加方便地进行社交、购物和支付等操作，同时也让互联网的商业价值得到了更充分的体现。

Web 2.0 时代是一个充满机遇和挑战的时代。随着互联网技术的发展和用户需求的不断变化，互联网行业也不断地发展和创新。同时，随着互联网的普及和信息量的爆炸式增长，如何有效地管理和利用这些信息成为一个重要的问题。

总的来说，Web 2.0 时代是一个以用户为中心的时代，其使得互联网更加开放、动态和多元，同时也为互联网行业带来了巨大的机遇和挑战。这个时期的主要特点是用户与网站之间的交互作用得到了极大的加强。在 Web 2.0 时代，用户可以更加方便地分享自己的观点、经验和信息，同时也让互联网变得更加活跃和多元化。

1.2.3 Web 3.0 时代

随着互联网的进一步发展，又迎来了一个新的阶段——Web 3.0 时代。Web 3.0 时代是互联网的第三代，也是最新的一代。Web 3.0 时代的特点是智能化、去中心化和数据化，其基于区块链技术，旨在解决 Web 2.0 时代存在的信息不对称、隐私泄露和中心化平台的问题。

在 Web 3.0 时代，用户的数据回归自己，同时互联网将变得更加开放和自由。去中心化的通用数字身份体系将允许用户在不同平台之间自由切换，而不需要创建多种身份。此外，Web 3.0 时代的应用更加智能化和个性化，能够根据用户的需求和行为进行智能推荐和个性化定制。

Web 3.0 时代的互联网更加安全、透明和可追溯。区块链技术保证数据的不可篡改性和可追溯性，使得用户的数据和交易更加安全可靠。此外，去中心化的特性也将减少互联网巨头对数据的垄断和控制，使得数据更加民主化且利用价值更高。

Web 3.0 时代带来了更多的创新和机遇。区块链技术的发展催生了更多的数字经济新业态和新模式，如数字货币、去中心化金融、智能合约等。同时，Web 3.0 时代的互联网也为人们的生活和工作带来了更多的便利和效益。

总的来说，Web 3.0 时代是一个智能化、去中心化和数据化的时代，其旨在解决 Web 2.0 时代存在的问题，并带来更多的创新和机遇。随着区块链技术的发展和普及，Web 3.0 时代已为人们的生活和工作带来更多的便利和效益。这个阶段的主要特点是互联网更加智能化和个性化。通过利用人工智能、大数据、区块链等技术，Web 3.0 时代将互联网的应用场景推向了一个全新的高度。这个阶段的主要应用包括智能家居、智能交通、远程医疗等。这些应用让我们的生活变得更加便捷和高效，同时也为各行各业带来了新的发展机遇。

1. Web 3.0 的四大属性

1）语义网络

Web 3.0 的一个关键元素是"语义网络"，"语义网络"由万维网之父 TimBerners-Lee 创造，用于表述可以由机器处理的数据网络。

TimBerners-Lee 最初是这样表达他对语义网络的看法的："我有一个梦想，网络中的所有计算机能够分析网络中的数据，包括内容、链接、人与计算机之间的往来。语义网络会让这一切成为可能。一旦该网络出现，日常的交易机制、事务以及我们的日常生活都会由机器与机器之间的沟通来处理。人们吹嘘多年的'智能代理'将最终实现。"那么，简单来说，这段话的意思是什么？语义指的究竟是什么？

语义网络和人工智能是 Web 3.0 的两大基石。语义网络有助于计算机学习数据的含义，从而演变为人工智能，分析处理信息和数据。其核心理念是创建一个知识蛛网，帮助互联网理解单词的含义，从而通过搜索和分析来创建、共享和连接内容。

由于语义元数据，Web 3.0 有助于增强数据之间的连接，因此，用户体验会升级到更高层次，所有可用信息将更好地连接起来，最终更有效地被利用。

2）人工智能

目前，随着区块链技术的发展，人工智能已经成为最热门和最具创新力的技术。

根据维基百科的说法："在计算机科学领域，人工智能，有时被称为机器智能，是机器所表现出的智能，与人类和其他动物的自然智能不同。"因此，人工智能将帮助机器变得更加智能，以满足用户的需求。

人工智能允许网站过滤并向用户提供尽可能最好的数据。目前在 Web 2.0 中，我们已经开始采纳用户意见，以理解特定产品 / 资产的质量。想想在豆瓣这样的网站，用户可以为电影投票评分，得分较高的电影一般会认为是"好电影"。这样的信息可以帮助我们直接获得"好数据"，避免"坏数据"。

PeerReview（同级评级）是 Web 2.0 最大的贡献之一。但是，人无完人，人类的建议也并非完全可靠。一部烂片子，也可能因为某种原因得到好评，得分也会上升。人工智能则可以学习如何区分好坏，为我们提供可靠数据。

3）三维世界

Web 3.0 也会改变互联网的未来，从简单的二维网络发展为更真实的三维网络世界。三维设计在网络游戏、电子商务、区块链、房地产等网站和服务中得到了广泛的应用。

三维网络的概念听起来可能有点陌生，但很多人已经开始在三维空间中互动了。例如《第二人生》或《魔兽世界》等在线游戏，用户对他们在游戏中的人生比在真实生活中的人生更加在意。

《第二人生》的创始人 Philip Rosedale 相信虚拟身份将像电子邮件地址和手机一样普遍。虽然现在听起来虚拟身份似乎还有些遥远，但别忘了，20 多年前的 1997 年，只有少数人有电子邮件地址。这样来看，拥有三维虚拟身份的人还会增加。

4）无处不在

无处不在是指网络跨越时间与空间，无所不在。Web 2.0 时代我们已经获得了这项功能，例如，在社交媒体网站如 Instagram，用户可以拍照、在线上传或分享，照片可以成为自己的知识产权。图像随处可见，无处不在。

2. Web 3.0 的优势

人类正处于真正的互联网革命的边缘，Web 3.0 的实现确实存在一些挑战，但其能给我们的生活带来的纯粹创新却是难以置信的。

目前关于 Web 3.0 虽然有很多炒作，但仍然需要一些实际用例来真正理解其可以给我们的生活带来哪些积极变化。

在这方面，MEMO 是分布式存储领域的主导力量，是一个很好的连接场景。MEMO 作为新一代基于区块链的"分散式"存储系统，之所以取名"分散式"，也是希望与传统分布式存储在名称上加以区分，以更好体现自己的特点。MEMO 与传统分布式存储的主要区别体现在以下几方面。

1）有无中心节点

分散式存储系统的首要特征是去中心化。

而阿里云等传统分布式存储系统虽然利用多台不同的存储设备进行数据存储，但它们仍然存在中心节点，也就是说对它们的管理仍然是中心化的。例如一次性买 10 万台存储服务器，放到数据中心，通过分布式存储软件的整合为市场提供云存储服务。尽管存储设备相对较分散，可以分散在不同的楼栋甚至不同的城市，但中心节点仍然存在，这个中心节点便是阿里云公司本身。

只要中心节点存在，相应的存储系统就是中心化的。而中心化存储最大的问题就是容易导致网络拥堵和数据丢失，近年阿里云、腾讯云等传统分布式存储系统都发生过大大小小的数据丢失事故，新闻上也并不少见。例如 2018 年 7 月 20 日，腾讯云出现故障，一家名叫前沿数控的创业公司近千万元数据全部丢失，损失巨大。

而 MEMO 则无任何中心节点，利用全球边缘化存储设备，这些设备不属于任何一家机构或个人，整个系统是完全点对点分散式的，是真正意义上的"分散"。基于此，MEMO 也没有建造任何数据中心，每个用户的数据全部分散存储在全球边缘设备中，这样的去中心化系统不会像中心化系统那样容易遭遇集中攻击，系统安全性大大提升。

由于中心化程度不同，因此用户付费对象也不同。在阿里云分布式存储系统里，阿里云公司是绝对的中心，存储用户付费对象就是阿里云公司。而在 MEMO 系统里，付费对象则是众多边缘式存储节点，MEMO 只负责搭建一个将众多的存储需求者和设备提供者汇聚在一起的生态系统。

2）有无运用区块链技术

有无运用区块链技术是分散式存储与传统分布式存储的另一个区别。

传统的分布式存储并未用到区块链技术，而在分散式存储系统里，区块链却是核心技术。因为区块链具有"分布式记账""去中心化""公开透明""不可篡改"等特性，可以将全球的陌生边缘存储节点以信任的基础连接起来。将数据存放在区块链上，数据将由所有存储节点共同维护，维护一条不断增长的链，只可能添加记录，而发生过的记录不可篡改，无须集中控制而能达成共识，区块链技术为分散式存储系统提供了第一层安全保障。

在 MEMO 系统里，那些存储系统中最为关键的数据，如角色（账户）信息、智能合约信息（甚至摘要）等，会被保存到区块链的主链中，而其他的数据，如数据位置信息、用户数据等，则被存放在性价比更高的边缘存储设备中。与此同时，更加简洁高效的技术将被用于保障存储于边缘存储设备中的数据的安全性与可靠性，从而提升整个存储系统的性价比。

3）运行成本和社会资源利用率高低

正是由于中心节点和运用区块链技术的区别，才造成了分散式存储和分布式存储在运行成本和社会资源利用率上的区别。像阿里云这种传统分布式存储系统建设成本高昂，因为不仅需要花巨资购买存储设备，还需要消耗大量人力来做系统维护，建造成本和维护成本均非常高，除此之外，还需要专门的物理空间来存放设备。所以用户在这种高建设成本的传统分布式存储系统中存储数据，价格一般都不会太低。

而分散式存储则构建在分散于世界各地的通过互联网连接的海量边缘节点之上。边缘节点通过已有的互联网基础设施与设备相互连接，这些基础设施与设备多为利用率极低的闲置或半闲置资源，这样可以避免重复建设带来的资源浪费，进而降低云存储系统的建设成本，使得存储的成本与价格得到有效控制，社会资源的利用率也有效提升。

移动设备和互联网的发展将使 Web 3.0 体验随时随地可用。互联网将不再像 Web 1.0 那样局限在桌面上，也不再像 Web 2.0 那样仅在智能手机上，而是无所不在。

Web 3.0 时代，我们正在缓慢但稳定地向物联网迈进。

3. 从 Web 1.0 到 Web 3.0 的变化

在分析互联网从 Web 1.0 到 Web 3.0 的变革过程中，可以看到以下几方面的变化。

（1）互联网应用场景得到了极大的拓展。在 Web 1.0 时代，互联网主要被用于获取和分享信息。而到了 Web 3.0 时代，互联网已经深入人们生活的方方面面，从日常的社交娱乐到重要的医疗交通，互联网的应用场景已经无所不在。

（2）用户角色发生了巨大的转变。在 Web 1.0 时代，用户主要是被动接收信息的一方。而到了 Web 2.0 和 Web 3.0 时代，用户成为互联网信息的重要生产者和传播者，他们在互联网中的参与度越来越高，影响力越来越大。

（3）随着数据科学的发展和应用，数据的价值得到了越来越充分的体现。在 Web 3.0 时代，大数据和人工智能技术的应用让数据的价值得到了前所未有的发掘和利用，而这也为各行各业带来了新的商业机会和发展前景。

在这个变革的过程中，我们也得到了一些启示。首先，互联网企业的社会责任越来越重大。随着互联网应用的普及，这些企业的影响力越来越大，因此其需要更多地关注自身的社会责任，为社会做出更多的贡献。其次，数据隐私保护也是一个需要重视的问题。在大数据时代，个人信息的安全和隐私保护变得尤为重要，互联网企业需要建立完善的数据保护机制，确保用户信息的安全和隐私不受侵犯。最后，创新生态构建也是非常重要的。互联网行业的竞争越来越激烈，只有通过不断创新和合作，才能在这个行业中获得成功。

总之，互联网从 Web 1.0 到 Web 3.0 的变革是一个不断进步和创新的过程。这个过程中充满了挑战和机遇，也为我们带来了许多启示。在未来，随着技术的不断发展和应用场景的不断拓展，我们有理由相信，互联网将会给我们带来更多的惊喜和便利。

第2章 网络与新媒体的特征、功能及媒体形态

观看视频

在数字化浪潮的推动下，网络与新媒体已逐渐渗透到人们生活的方方面面，深刻改变着信息传播的方式和人们的社会交往模式。网络与新媒体以其独特的特征、丰富的功能和多样的媒体形态，正成为现代社会发展的重要引擎。它们不仅突破了传统媒体的限制，实现了信息的即时传播和全球共享，还赋予了用户更多的参与权和表达权，使得信息传播更加互动和多元。同时，网络与新媒体的媒体形态不断创新，为人们提供了更加丰富多彩的信息获取和娱乐体验。因此，深入研究和理解网络与新媒体的特征、功能及媒体形态，对于把握时代脉搏、推动媒体融合发展具有重要意义。

2.1　网络与新媒体的特征

互联网，这一融合计算机技术、网络技术及数字通信技术的创新成果，为我们揭示网络与新媒体的独特魅力提供了钥匙。要深入洞察其特性，我们需先明晰网络与新媒体的本质，并深入探索互联网的技术特性。实际上，网络与新媒体的技术特性与新闻传播的需求几乎完美契合，使新闻传播得以最大化地展现其优势。互联网的开放性，使得新闻资讯能够迅速而广泛地传播；超文本与超链接的特性，让新闻报道以更加多元、丰富的方式呈现；交互性则让受众能够实时参与讨论，形成互动的传播格局；而数字化特性则大大提升了新闻传播的速度与效率。这些技术特性共同展现了新闻资讯传播所追求的快速及时、大范围覆盖和互动性的要求，使网络与新媒体在新闻传播领域发挥出了巨大的作用。

2.1.1　认识网络与新媒体

1. 认识网络

网络，这个广泛而深远的词汇，描绘了一个由节点与连线交织而成的复杂系统。它使得原本孤立的机器或个体得以相互连接，形成一个能够传输、接收并共享信息的庞大网络。在人们的日常生活中，网络无处不在，无论是交通网络、服务网络，还是人际网络、政治网络，都体现了网络的普遍性和重要性。

在传播领域中，计算机网络更是一个不可或缺的存在。它通过通信线路和通信设备，将分散在各地的多台计算机系统紧密地连接在一起。这些系统遵循共同的网络协议，实现了信息的互联互通和软硬件资源的共享。随着技术的不断发展，计算机网络已经进入了一个高速、多业务、大数据量的互联网时代。有线网络、无线网络以及物联网等多样化的网络形式不断涌现，为人们提供了更加便捷、高效的信息交流方式。

网络不仅是一个架构，更是一个复杂的系统。它的构建离不开无数个节点的支持，这些节点就是人们日常生活中所见的各类终端设备。从传统的计算机、笔记本电脑，到现代的手机、平板电脑和电视屏等，都是网络的重要节点。此外，随着科技的进步，各种新兴的可穿戴设备也如雨后春笋般涌现，如眼镜、手表、手环、项链和运动鞋等，都以不同的方式参与到网络中。

在网络系统中，各种应用也发挥着举足轻重的作用。无论是传统的 PC 端网站、论坛、博客、微博、电商和游戏，还是移动端的各类 App 产品，抑或是开放平台上的数百万个插件，都是网络生态系统中的一部分。它们为用户提供了丰富的信息和服务，使得网络的功能更加多样化和个性化。

总的来说，网络就像是一个包容万象的大筐，无论是传统媒体还是新媒体，都可以在其中找到自己的位置。而新媒体作为这个筐里的一个产品，也借助网络的力量，不断发展和壮大，为人们带来了更加丰富多彩的信息世界。

2. 认识新媒体

新媒体，这一词汇在业界和学界中引发了广泛的讨论，但至今仍未形成一个统一的定义。对其的界定层出不穷，但都难以得到普遍的认可。以下是一些曾经出现过的"新媒体"定义。

美国《连线》杂志曾这样描述新媒体："它实现了所有人对所有人的传播，打破了传统媒体的局限性。"

联合国教科文组织则从技术的角度给出了定义："新媒体是以数字技术为基础，通过网络进行信息传播的媒介，它改变了人们获取和交流信息的方式。"

新媒体涵盖了计算机技术、通信技术和数字广播技术等多个领域。它通过互联网、无线通信网、数字广播电视网和卫星等多种渠道，以计算机、电视、手机、PDA、MP4 等多样化的设备为终端，为人们提供了个性化的信息服务和互动体验。部分新媒体甚至能够实现精准投放和点对点的传播，如新媒体博客、电子杂志等。

然而，随着时间的推移和技术的不断发展，过去对新媒体的理解已经发生了很大的变化。过去被认为是新媒体的网站、社区等媒介形态，现在已经逐渐退出历史舞台。而新的应用如雨后春笋般涌现，让人们应接不暇。

尽管如此，对于新媒体，我们仍然可以达成一些基本的共识。首先，新媒体具有显著的技术特征，它涵盖了网络技术、数字技术、移动技术、云计算技术和智能技术等众多前沿技术。其次，新媒体具备媒体的属性，无论是网站、客户端还是其他应用，都必须具备媒体的功能、价值、传播链和传播效果等。

因此，尽管我们无法给出一个标准化的新媒体定义，但我们可以从技术和媒体属性两个维度来理解和探讨新媒体的奥秘。随着技术的不断进步和应用的不断创新，新媒体将继续为我们带来更加丰富多彩的信息世界。

3. 了解网络与新媒体

当分别深入理解了网络与新媒体的内涵后，对于教育部所设立的"网络与新媒体"专业，可以从以下两个维度进行更深入的探讨。

首先，网络作为基础设施为新媒体等各类应用提供了坚实的支撑。如果把网络比作一条信息高速公路，那么新媒体就如同在这条高速公路上驰骋的车辆。在这条信息高速公路上，除了新媒体这辆车，还有诸如电子商务、游戏、搜索引擎等各类应用也在这条路上风驰电掣。从技术演进的视角来看，这条信息高速公路正不断地进行翻新和升级，速度更快、容量更大、服务更完善。因此，在新媒体这辆车上，我们看到了越来越多的创新和变革，它们不断适应着这条高速公路的发展，展现出更加丰富的形态和功能。

其次，网络与新媒体在人们的认知中常常被划分为两个不同阶段的互联网应用。网络主要指的是基于有线网络的、以 PC 为终端的 Web 上的各类网站及社交媒体；而新媒体则更多的是基于移动网络的、以手机或平板电脑为终端的 WAP 及各类应用。然而，无论是网络还是新媒体，它们都是互联网技术、数字技术支撑下的新传播平台或新媒体形态，共同构成了当今丰富多彩的互联网世界。

因此，对于网络与新媒体的理解，我们应该保持一种动态的思维，应该从网络与数字技术的不断发展中，去探寻网络与新媒体的内涵与外延。我们不必过于纠结于给它们一个固定不变的定义，更重要的是要把握住它们的技术特征、传播特性，以此来更好地理解它们在当今社会中的作用和影响。

2.1.2　互联网的技术特点

自互联网诞生之日起，网络与新媒体就被贴上"自由、平等、开放、共享"的标签，人们也开始认识和发掘其特性。从目前对网络技术、计算机技术和数字通信技术的开发角度看，互联网具有六大技术特性。

1. 开放性

这是互联网最本质的特性，也是其他一切技术特性的基础，网络的开放性表现在系统开放、传播开放、用户开放三个层面。系统开放包括不同硬件共存、不同软件系统共存、不同网络共存；传播开放包括时空开放、信源开放、信道开放、内容开放和反馈开放；用户开放包括进入无限制、退出无限制、表达无限制、互动无限制。

2. 数字化

这是互联网实现互联互通的前提。所有复杂多变的信息都可被转换为可以度量的数字、数据，再以这些数字、数据建立起数字化模型和二进制代码。这样所有的声音、文字、图像都被转换为数字化的形式，且可以对其进行数字化的记录、传输与处理，因而有了多种表现形式融为一体的超媒体。互联网的数字化，带来了网络与新媒体信息存储的海量性，在服务器数量可以无限量增加的前提下，将所有内容压缩为数字或数据后，就能进行无限存储，使互联网空间好似无边无际的海洋。如果没有数字化这一特征，便不会有今天的大数据。

3. 超时空

互联网不受时间和空间的限制，只要拥有一根网线、一台计算机，世界上任何一个角落的任何人都可以通过互联网接收和传播信息。而随着无线网络技术的发展，4G、5G 的应用，我们已经可以抛弃网线，通过无线网络随时进入网络世界。曾经的"地球村"构想在今天已经成为现实，互联网构成了一个跨地域、跨国界、跨文化、全球一体的传播空间。

4. 超链接

超链接是网络与新媒体中两个元素、对象之间借助网络技术实现连接关系的一种基础技术。超链接可以存在网站与网站之间，一般采用绝对 URL 的超链接方式；也可以存在同一网站内的一个目标与另一个目标之间，目标可以是一页文本、一张图片、一个视频文件、一个电子地址，甚至可以是一个应用程序，一般采用相对 UPL 的超链接方式。网站与网站之间建立连接后才能形成互联网，网页与网页之间建立连接后才能构成网站。超链接需要借助一些计算机的语言符号来实现。

5. 超文本

超文本是一种根据信息之间的关系非线性地存储、组织、管理和浏览信息的计算机技术。它的本质是在文本内部和文本之间建立关系，然后采用超链接的方式，实现不同空间的文字信息间的快速访问、实时交互，从而将原本单一的文本变成可以无限延伸、扩展的超级文本、立体文本，将原先的线性文本变成可以通向四面八方的非线性文本，最终构成一个庞大的文本网络。读者可以在任何一个关键节点上停下来进入一个文本，然后通过单击超链接进入另一个文本，理论上，这个过程是无穷无尽的。

6. 交互性

互联网的交互性体现在两方面：一方面是人与机器的互动；另一方面是人通过机器与他人的互动。在这种双向的信息交换活动中，用户不仅是网络信息资源的消费者，同时也是网络信息资源的生产者和传播者。网络技术的发展为网民提供了便利的交互手段：电子邮件、社区论坛、即时通信、留言评论、博客、威客、掘客等。交互手段越来越丰富，交互形式越来越简单，使用越来越便利。

2.1.3　网络与新媒体的新闻传播特性

互联网的媒体属性是其诸多功能性属性之一，互联网的技术特性在与新闻传播规律结合后，形成了网络与新媒体的新闻传播特性，主要表现为以下几点。

1. 快速及时，同步传播

互联网的开放性与超时空特性赋予了网络与新媒体的新闻传播具有及时且快速的独特优势，这一优势可概括为 5A 特征，即任何人（anyone）在任何时间（anytime）、任何地点（anywhere）通过任何方式（anyway）向外传播任何事实（anything）。而且，由于光纤通信线路传递数字信号的速度能达到 $3 \times 10^5 km/s$，因此，所有的文字和图片传播几乎都可以做到"秒杀"，用户只要联网就可在第一时间知晓当前所发生的一切新闻事件。随着 5G 网络的普及，未来能够实现"秒杀"的还有视频和 VR、AR、MR（混合现实）。

2. 多元传播，交融并存

互联网将人际传播、群体传播、组织传播、大众传播等各种传播方式融于一体，借助它，不仅可以实现面向全社会的开放性大众传播，而且可以实现"点对点"的人际传播（如电子邮件、即时通信）、小范围的群体传播（如论坛、贴吧、朋友圈、微信群等）、组织机构或单位的组织传播（如微博账号、微信服务号等）。

3. 多样手段，多媒体化

互联网是对计算机、电视、录音机、电话机、游戏机、传真机等媒体性能的汇总，或者说是各种传播媒介的大熔炉，它将以往各自独立的、单一性的传播手段如文字、声音、图表、图片、视频等融合为一体，并根据需要将一种手段转换为另一种手段，或者让几种手段融合，做到图、文、声、像并茂，实现多种媒体的融合传播。现在的传播手段中，除了常见的文字、图片、音/视频外，还有可视化图表、HTML5、动新闻、数据新闻、游戏新闻、GIF动图、短视频、直播等。

4. 交互性强，参与度高

网络与新媒体传播与传统的印刷传播、电信传播的最大不同之处就在于交互性。一方面，互联网的各种技术应用如新闻留言、论坛、博客、微博、社区等便于用户发表意见、提交看法、反馈信息，实现传统媒体很难达到的高度互动性；另一方面，网络传播中传受双方的角色可以频繁地变换，两者之间的界限日益模糊。

5. 大数据，云存储

互联网将全世界的计算机连为一体，技术创造的网络时空，几乎可以将全世界的新闻信息全部容纳其中，构建一个巨大无比的在线数据库。进入Web 2.0时代，传播主体多元化，"人人皆为信息源"的态势更使得网络信息如江河入海，海量无限，生生不息。同时，云计算技术的出现让网络与新媒体的海量大数据可以实现云端存储，减少媒体机构的存储负担。对大数据进行挖掘和分析，将新闻资讯与用户的阅读行为、阅读习惯、阅读偏好结合，还可以实现智能、精准的新闻资讯推送。

6. 个性化，定制化

随着新技术的发展和对算法推荐的应用，网络与新媒体在满足用户个性化需求方面越来越具有优势。我们过去将新闻传播称为大众传播，这种一对多的模式自然无法照顾每个用户的个性化需求，也没有条件使用户自由定制新闻资讯。目前，虽然PC端能够满足用户自定义的内容还不是很多，但在移动端，基于"人手一机"的手机普及率现状，也基于移动端的高度贴身性，用户更希望能进行内容的个性化定制，阅读自己喜欢的内容，并随时进行互动反馈等。

7. 分众化，圈层化

这一特征的形成，主要原因是平台技术的支持、社交的低成本与便利性、社会角色的网络呈现等。用户群体在网络环境中极易因为兴趣、身份、区域的不同而分化为各类圈群或圈层，各类社交平台则提供了低门槛的建群方式，如面对面建群、发起群聊、建立群话题等，非常易于用户直接进入相应圈群，从而形成一种圈层连接。在圈群中，社交方式简单、社交成本低廉、社交进出自由、社交话题松散，这些特征都有利于圈群中的成员进行互动，进而增强了圈群的黏性与信任度。此外，每一个体在社会上都扮演着不同角色，线下的角色分工必将随着数字化生活、网络化生存的到来而迁移到线上，组成一个个形色各异的圈层。

8. 算法进化，智能传播

5G的发展和应用让每一个物件都可以成为传感器，让每一个环境都可以变成数据源，用户的每一个行为和痕迹都可以被纳入数据库。海量、多量化的大数据推动着算法不断进化，结合云计算提升的算力，网络与新媒体传播逐渐从传统的编辑传播、经验传播走向场景化的机器传播与智能传播。

以上八大特性在 PC 端和移动端都有体现，但由于两种终端的特征不同，在表现形式上也有所差异。例如，在快速同步传播上，移动端的速度显然要快于 PC 端。这种快不单指发布快，还包括用户能更快地接收到新闻资讯，更快地进行实时交互。但是，在多样化的手段上，PC 端与移动端各有优势：PC 端手段更多，展现层次更丰富，用户体验效果更佳；移动端手段较少，但在手段中可以加入更多交流，展现层次更丰富，用户体验效果更佳；智能传播在移动端的优势更明显，但 PC 端也在尝试通过技术实现匹配分发。手机的高度普及让用户形成了在碎片化时间、场景化地点浏览新闻资讯的习惯，用户在移动端的停留时间也更长，因而，移动新闻传播的覆盖面与到达率都在扩大和提高，传播效果也愈加优化。

2.2　网络与新媒体的功能

随着互联网的兴起，关于其功能的讨论层出不穷。历经多年发展，互联网已不再局限于某一特定角色，而是展现为一个多功能、多平台的综合体。它不仅承载着新闻资讯的快速传播，助力文化教育的传承，还推动了商务、消费及生活服务的数字化转型。此外，互联网为人们的交流、共鸣与协作提供了便捷平台，丰富了影视游戏等娱乐体验，并作为政务发布与在线服务的窗口，极大提升了政府工作的透明度与效率。同时，互联网作为工具软件的多功能应用，为各行各业提供了创新发展的强大支撑。互联网与新媒体共同构建了一个功能丰富、价值多元的数字世界。

2.2.1　新闻资讯的多元化传播

网络与新媒体在新闻资讯传播领域扮演着至关重要的角色，这是其最基础且显著的功能之一。多年来，《中国互联网络发展状况统计报告》显示，网络新闻和移动新闻一直是用户频繁使用的互联网服务之一。尤其是移动互联网的普及，使用户能够随时随地浏览信息，极大地增强了网络与新媒体在新闻资讯传播方面的优势。

网络与新媒体的新闻资讯来源十分广泛，涵盖了传统媒体内容的数字化、网络化、移动化，新闻网站、门户网站和垂直网站的整合与原创内容，以及政务新媒体和自媒体提供的细分化内容。同时，其发布渠道和内容产品也极为丰富多样，包括 PC 端的网络媒体、商业网站、电子杂志、网络广播、网络视频等，以及移动端的手机新闻客户端、手机报、手机电视等。此外，还有众多以资讯发布为主的第三方平台，如微博、微信、今日头条、抖音、知乎等，这些平台为用户提供了多元化的新闻资讯获取渠道。

相较于传统媒体，网络与新媒体在新闻资讯传播方面展现出更强大的能力。其快速、及时、海量的特点使得新闻资讯成为用户日常生活中的"必需品"。用户不仅是新闻资讯的消费者，更是内容的创造者和传播者，他们通过分享、评论、转发等方式参与新闻的传播过程，进一步扩大了新闻资讯的覆盖范围和影响力。这种互动性和参与性不仅增强了用户对新闻资讯的关注度，也丰富了新闻内容的层次和深度，使网络与新媒体的新闻资讯传播功能更加突出。

【案例 2-1】抖音平台在新闻资讯传播中的多元化应用。

近年来，抖音作为一款短视频社交平台，凭借其独特的内容形式和广泛的用户基础，在新闻资讯传播领域展现出强大的影响力和多元化的传播特点。抖音通过短视频的形式，将新闻资讯以更加生动、直观的方式呈现给用户，实现了新闻内容的快速传播和广泛覆盖。

【分析】

内容多样性：抖音平台上的新闻资讯内容十分丰富，涵盖了政治、经济、社会、文化等多个领域。不仅有传统媒体发布的新闻内容，还有大量的自媒体创作者提供的原创报道和评论。这些内容以短视频的形式呈现，既满足了用户对新闻资讯的需求，又丰富了用户的视听体验。

传播速度：抖音的短视频形式使得新闻资讯能够在短时间内迅速传播。一旦有重要新闻发生，相关视频会迅速在平台上传播开来，用户可以通过点赞、评论、分享等方式参与传播过程，进一步扩大新闻的影响力。

互动性：抖音平台上的新闻资讯传播具有很强的互动性。用户可以在视频下方留言、评论，与其他用户进行讨论和交流。这种互动方式不仅增强了用户对新闻内容的关注度，也提高了新闻资讯的传播效率。

创新形式：抖音平台还通过创新的形式来呈现新闻资讯。例如，一些媒体机构和自媒体创作者会采用直播的方式来报道新闻事件，让用户能够实时了解事件的最新进展。此外，抖音还推出了"挑战"功能，鼓励用户参与新闻话题的讨论和传播。

2.2.2　文化教育传承的新路径

随着新媒体技术的蓬勃发展，"戏韵中华"等网络专栏如同璀璨的星光，照亮了传统文化传承的道路。它们以数字化、网络化的方式，将全国各地、各民族的戏剧瑰宝呈现在观众面前，让每一部戏剧、每一个精彩瞬间都触手可及。这不仅是对传统戏剧文化的深度挖掘与传承，也为年轻一代搭建了一座通往文化宝库的桥梁。

在新媒体时代，文化教育传承的形式焕然一新。首先，传统文化通过数字化手段焕发出新的生机。古老的戏曲、书法、节庆习俗等，纷纷在网络平台上找到了新的舞台，让更多人能够感受其魅力。其次，在线数据库和资源库成为知识宝库，为公众提供了丰富的文化资料和历史文献。

与此同时，文化教育类网站、App、公众号和小程序如雨后春笋般涌现，它们通过互动的方式，让知识传播变得更加有趣和吸引人。在线图书馆、博物馆、文史馆、档案馆等也通过互联网打破了地理限制，让人们能够在家中领略各地的文化瑰宝。

在线教育平台更是为学习者提供了灵活、便捷的学习方式，无论是公开课、中国大学慕课还是各种专业课程，都能满足不同人群的学习需求。网络文学等文学形式，也以其独特的魅力吸引着广大读者，成为文化传播的新途径。

新媒体在文化教育传承方面的优势显而易见，它们拥有海量的存储空间，能够保存和传承人类社会的所有文化成果。同时，通过多媒体、虚拟现实等技术手段，新媒体将知识以更加直观、生动的方式呈现给公众，让学习变得更加有趣和有效。最重要的是，互联网打破了时间、地域、语言的界限，让知识得以在全球范围内自由传播和共享，促进了文化的多元交流和融合。

2.2.3　商务、消费与生活服务的数字化转型

网络与新媒体在商务、消费与生活服务领域展现出了其独特的优势，引领着社会经济和民众生活的数字化转型。这一转型主要体现在以下三方面。

首先，以大数据、云计算和物联网等数字技术为支撑，工业互联网正在逐步建立，推动传统农业、工业、商业的生产、销售、采购、营销等流程全面上云。这打破了地域的限制，使得全球化生产成为可能，同时个性化和定制化服务也得以实现。通过虚拟的数字化空间，企业可以建立采购供应链和营销渠道的商务交易站点，利用网站的多媒体特性展示商品，提升消费者的购物体验。

其次，互联网的开放性和跨时空特性极大地满足了个人与个人、个人与企业、企业与企业之间的异地交易、远程交易和网络营销等需求。从 B2B 到 C2C，再到 B2C，以及各种在线支付、网上和手机银行、在线招聘、旅游查询预订等服务，都体现了网络新媒体在商务消费领域的广泛应用。特别是随着支付方式的多样化和无现金消费习惯的普及、物流配送体系的完善，互联网的消费功能已经成为民众生活的重要组成部分，并有力地支撑着数字经济的发展。

最后，移动互联网与地图技术的融合为本地化生活场景服务提供了可能。无论是外卖、打车，还是买菜、看电影、逛超市，几乎都可以通过线上平台实现。热门餐厅的排队、预约也可以通过手机应用轻松完成。在旅游领域，游客只需扫描二维码或进行简单的身份验证，就可以快速进入景点，大大节省了排队等候的时间。这些变化不仅提升了民众的生活质量，也展示了网络与新媒体在推动生活服务数字化方面的巨大潜力。

【案例 2-2】美团外卖的数字化转型与服务升级。

美团外卖，作为中国领先的本地生活服务平台之一，通过深度利用互联网与数字技术，在商务、消费与生活服务领域实现了数字化转型，极大地提升了用户体验，同时也推动了整个行业的升级发展。

【分析】

大数据与云计算的应用：美团外卖利用大数据和云计算技术，对用户的消费习惯、偏好以及地理位置等信息进行深度分析，从而为用户提供更加个性化的推荐和服务。例如，根据用户的点餐历史和口味偏好，美团外卖能够智能推荐符合其喜好的菜品和商家。此外，大数据还帮助美团外卖优化配送路线，提高配送效率，减少用户等待时间。

支付方式的多样化：随着数字化支付方式的普及，美团外卖支持多种在线支付方式，包括微信支付、支付宝、美团支付等，满足了不同用户的支付需求。这种多样化的支付方式不仅提升了交易的便捷性，也促进了无现金消费习惯的普及。

本地生活服务的整合与优化：美团外卖通过整合本地餐饮、超市、药店等生活服务资源，为用户提供了一站式的服务体验。用户只需在美团外卖平台上搜索所需服务，即可轻松下单并享受快速配送服务。此外，美团外卖还推出了会员制度、优惠活动等多种促销方式，进一步提升了用户的消费体验。

移动互联网与地图技术的融合：美团外卖充分利用移动互联网和地图技术，实现了精准定位、实时导航等功能。用户可以通过手机应用轻松查看附近的商家和菜品信息，并实时跟踪配送员的位置和状态。这种便捷的服务方式不仅提升了用户的满意度，也提高了商家的运营效率。

2.2.4　交流、共鸣与协作功能

交流、共鸣与协作功能是网络与新媒体的核心所在，也是其得以广泛传播和深受欢迎的关键所在。

网络与新媒体的一个显著特性便是其交互性，这种交互性使得个体与个体、个体与群体、群体与群体之间能够轻松实现多层次、多角度、多维度的交流。更重要的是，数字技术、网络技术等为其提供了丰富的平台和工具，无论是计算机端的电子邮件、论坛、博客，还是移动端的微信、社交直播等，都为人们提供了多样化的交流方式。

交流、共鸣与协作功能赋予了网络与新媒体强大的生命力。在这里，每一个人都可以分享自己的知识、经验和见解，激发出无尽的创新和智慧。个体与群体在互动中相互影响、相互促进，共同推动信息的传播和知识的积累。同时，这种互动也极大地提升了网络与新媒体的吸引力，吸引更多的人加入其中，共同创造和分享内容。

之所以说交流、共鸣与协作是网络与新媒体的核心功能，是因为它们已经超越了简单的交流工具的定义，成为一个多功能的综合体。以社交媒体为例，它不仅是人们交流的平台，更是人们寻找共鸣、建立联系、协作创新的场所。人们可以通过社交媒体分享生活中的点滴，表达观点、看法，也可以通过它组织活动、发起倡议、推动社会进步。

【案例 2-3】小红书——基于交流、共鸣与协作的社交媒体平台。

小红书，作为一个以内容分享和社交为核心的平台，近年来凭借其独特的社区文化和交流、共鸣与协作功能，得到大量年轻用户的青睐。用户可以在平台上分享自己的生活经验、购物心得、旅行见闻等内容，同时也可以浏览和发现其他用户的分享，找到共鸣，建立联系，甚至进行协作创新。

【分析】

交流功能的体现：在小红书上，用户可以通过发布笔记、评论、私信等多种方式与其他用户进行交流。无论是对于产品的使用体验、旅行中的所见所闻，还是生活中的点滴感悟，用户都可以将自己的观点和感受分享出来，并与其他用户进行互动。这种交流方式不仅丰富了用户的社交体验，也促进了信息的传播和知识的积累。

共鸣的寻找与建立：小红书的社区文化鼓励用户分享真实、有价值的内容。当用户发现与自己兴趣相投、观点相近的内容时，很容易产生共鸣。同时，用户也可以通过点赞、收藏、评论等方式表达对其他用户内容的认同和喜爱，从而建立联系和友谊。这种共鸣的寻找与建立，增强了用户对平台的归属感和黏性。

协作创新的推动：小红书上的用户不仅分享自己的内容，也积极参与社区的协作和创新。例如，一些用户会组织线上或线下的活动，邀请其他用户一起参与；一些用户会发起话题讨论，邀请其他用户一起探讨和分享；还有一些用户会基于共同的兴趣和需求，进行合作创作和推广。这种协作创新的方式，不仅丰富了平台的内容生态，也促进了用户之间的深度互动和合作。

平台的多功能性：小红书不仅是一个交流的平台，还是一个多功能的综合体。除了基本的社交功能外，它还提供了购物、旅游、美妆等多种服务。用户可以在平台上浏览和购买商品，获取旅游和美妆方面的资讯和建议。这种多功能性使得小红书能够满足用户多样化的需求，提高用户的活跃度和参与度。

2.2.5　影视、游戏娱乐功能的新维度

随着信息技术的迅猛发展，网络与新媒体已成为现代人生活中不可或缺的一部分。根据中国互联网络信息中心发布的最新报告，影视、游戏娱乐功能在网络与新媒体领域占据了重要地位，为大众带来了全新的娱乐体验。

影视娱乐方面，网络与新媒体以其独特的优势，改变了传统影视产业的格局。在线视频平台的兴起，使得观众能够随时随地观看各类影视作品，无论是热门的电影、电视剧，还是小众的纪录片、动画片，都能在网络世界中找到。同时，高清画质、流畅播放的技术保障，以及个性化推荐、智能搜索等智能服务，让观影体验更加丰富多彩。

游戏娱乐方面，网络与新媒体同样展现出强大的活力。从传统的单机游戏到如今的网络游戏、移动游戏，游戏形式不断创新，满足了不同年龄段、不同兴趣爱好的玩家的需求。网络游戏更是实现了玩家之间的实时互动，让游戏不再是孤单的娱乐方式，而是成为一种社交活动。同时，虚拟现实、增强现实等技术的应用，让游戏场景更加逼真，游戏体

验更加沉浸，如图 2-1 所示。

图 2-1 虚拟现实游戏体验

影视、游戏娱乐功能的融合，更是为网络与新媒体增添了新的魅力。不少影视作品衍生出了同名游戏，让观众在观影之余还能在游戏中体验剧情；而游戏 IP 也频频被改编成影视作品，吸引了大量游戏粉丝的关注。这种跨界的融合，不仅丰富了娱乐内容，也促进了文化产业的发展。

网络与新媒体的影视、游戏娱乐功能，为大众带来了前所未有的娱乐体验。它打破了时空的限制，让娱乐变得更加便捷、多元和互动。随着技术的不断进步和创新，我们有理由相信，网络与新媒体将在影视、游戏等领域发挥更加重要的作用，为我们的生活带来更多精彩和乐趣。

2.2.6 政务发布与服务功能

网络与新媒体在政务发布与服务功能方面发挥着越来越重要的作用。政务发布方面，新媒体平台为政府提供了一个快速、广泛的传播渠道，使政府信息能够及时、准确地传达给公众。政府可以通过官方网站、微博、微信公众号等新媒体平台发布政策文件、公告通知、新闻动态等，确保公众能够第一时间获取到最新的政务信息。

政务服务方面，网络与新媒体为公众提供了更加便捷、高效的办事渠道。例如，政府可以通过在线办事大厅提供行政审批、申请办理等事项的在线服务，公众只需通过计算机或手机就能完成相关业务的办理，避免了传统办事方式中的排队等待和烦琐手续。此外，政务 App、在线咨询平台等新媒体工具也为公众提供了更加个性化的政务服务体验，公众可以随时随地查询政府工作动态、政策法规等信息，也可以向政府提出咨询、建议或投诉，实现与政府的互动和交流，如图 2-2 所示。

图 2-2　北京市人民政府网站

总之，网络与新媒体在政务发布与服务功能方面的应用，不仅提高了政府工作的透明度和效率，也增强了公众的参与意识和对政府的信任。随着技术的不断进步和创新，网络与新媒体在政务服务领域的应用将更加广泛和深入，为公众提供更加便捷、高效、个性化的政务服务体验。

2.2.7　工具软件多应用功能

网络与新媒体以其开放性为特点，提供了丰富多样的软件工具和网络服务，这不仅是其基本功能，也是自互联网诞生以来一直持续发展的核心价值所在。其中，搜索引擎、标签管理、内容分享、个性化定制工具、文件传输等应用均在这一功能体系中占据重要地位。

对于移动设备的用户而言，工具软件的应用更是丰富多样。从基础的语音和视频通话，到手机短信和拍照上传功能，再到通讯录的云存储、手机搜索和定位服务，以及二维码扫描和短视频剪辑等，这些工具不仅提升了用户使用的便利性，也推动了移动互联网的快速发展。

随着技术的不断进步和用户需求的变化，工具软件应用也在不断演变。一些经典工具如搜索引擎始终保持着旺盛的生命力，而一些传统的应用如 FTP 文件传输和 BT 下载则逐渐退出历史舞台。同时，一些工具也经历了升级和迭代，如收藏功能演化为网盘和云盘，为用户提供了更便捷的存储和分享体验。

值得一提的是，二维码技术的崛起彻底改变了移动互联网的生态。从最初的信息存储和识别技术，到如今成为连接一切的"神器"，二维码的广泛应用得益于智能手机的普及和相机功能的强大。如今，无论是人际交往、消费交易，还是获取资讯和优惠券，甚至是参会签到，都可以通过简单的"扫一扫"实现。二维码以其高密度编码、信息容量大、编码范围广、容错能力强和译码可靠性高等优点，成为连接虚拟与现实世界的桥梁，如图 2-3 所示。

国务院客户端　　国务院客户端小程序　　中国政府网
微博、微信

图 2-3　政府网站关注图标

【案例 2-4】支付宝 App 的多应用功能分析。

支付宝，作为阿里巴巴旗下的综合性移动支付平台，不仅提供了基础的支付功能，还集成了众多工具软件的多应用功能，为用户提供了便捷、高效、安全的移动互联网体验。支付宝以其丰富的应用场景和强大的技术实力，成为中国乃至全球范围内用户广泛使用的移动支付和生活服务平台。

【分析】

支付功能的升级与扩展：支付宝最初的功能是提供移动支付服务，但随着用户需求的不断增长和技术的不断发展，支付宝的支付功能得到了极大的升级和扩展。如今，用户不仅可以通过支付宝完成线上线下的各类支付，还可以享受跨境支付、信用卡还款、话费充值、水电煤缴费等多种便捷服务。这些功能的增加，不仅提升了用户的支付体验，也极大地扩展了支付宝的应用场景。

工具软件的丰富与整合：除了支付功能外，支付宝还集成了众多工具软件的多应用功能。例如，用户可以通过支付宝的"城市服务"功能查询社保、公积金、交通违章等信息；通过"蚂蚁森林"功能参与环保行动，种树养树；通过"余额宝"功能进行理财投资；通过"蚂蚁庄园"功能体验虚拟养鸡的乐趣。这些功能的整合，不仅丰富了支付宝的应用场景，也满足了用户多样化的需求。

二维码技术的广泛应用：支付宝在二维码技术的应用上也走在行业前列。无论是线上支付、扫码骑行共享单车、扫码点餐、扫码购票，还是线下商店的扫码支付、扫码开发票等，支付宝的二维码技术都为用户提供了便捷、高效的体验。此外，支付宝还推出了"AR红包"功能，利用增强现实技术将红包与线下场景相结合，为用户带来了全新的互动体验。

个性化定制与安全保障：支付宝还注重用户的个性化定制和安全保障。用户可以根据自己的需求设置不同的支付密码、手势密码等安全措施，确保账户安全。同时，支付宝还提供了多种个性化定制选项，如自定义皮肤、设置提醒功能等，让用户在使用支付宝的过程中更加舒适、便捷。

2.3　网络与新媒体的媒体形态

互联网时代是信息爆炸的时代。1998 年 5 月，联合国秘书长安南在联合国新闻委员会上提出，在加强传统的文字和声像传播手段的同时，应利用最先进的第四媒体——互联网（internet）。这标志着互联网正式跻身传媒界，与报纸、广播、电视等传统媒介并列。经过二十多年的蓬勃发展，互联网的"第四媒体"身份日益稳固，其内涵也在不断扩展和深化。如今，我们见证了网络媒体、社交媒体、手机媒体和平台媒体等新型媒体形态的出现，它们各自拥有独特的技术基础与传播逻辑。这些媒体形态不仅极大地拓宽了信息传播的途径，更深刻地改变了人们获取、分享和交流信息的方式，为传媒行业的创新发展注入了源源不断的动力。

2.3.1　网络媒体

随着互联网的迅猛发展，网络媒体成为新闻资讯传播的核心力量，它以网站的形式为公众提供着丰富多样的信息内容。网络媒体不仅是一个展示内容的平台，更是一个集合了文字、图片、音 / 视频、AR、VR 等多种传播符号的多媒体融合体。

相较于传统媒体，网络媒体展现出显著的优势。首先，其传播范围广泛，无论身处何地，只要有网络连接，就能随时获取最新的新闻资讯。其次，网络媒体的信息量大，发布速度快，使得新闻资讯的更新和传播变得异常迅速。此外，网络媒体的互动性强，用户可以通过评论、分享、点赞等方式参与到新闻的传播和讨论中，增强了信息的传播效果。

网络媒体的类型繁多，各具特色。门户网站是其中的佼佼者，它们如同"网络超市"，为用户提供一站式的服务，包括新闻、搜索引擎、邮箱、影视娱乐等多元化内容。门户网站凭借其巨大的流量和用户群，成为广告投放的重要平台。而新闻网站则是互联网上的新闻原创内容主要生产者，它们以专业的态度和权威的报道，引导着网络舆论的方向。

垂直网站则专注于某一特定领域或特定人群，提供深入、细致的信息服务。无论是房地产、医疗健康、教育还是旅游等领域，垂直网站都能为用户提供专业的知识和实用的信息，满足用户的个性化需求。

在新媒体时代，网络媒体不仅是新闻资讯的传播者，更是文化的传承者、思想的交流者。它以其独特的魅力和无限的可能性，不断推动着新闻资讯传播领域的创新与发展。

2.3.2　社交媒体

社交媒体以其独特的 UGC（user generated content，用户生产内容）和 CGM（consumer generated media，消费者生产媒体）特性，显著区别于传统网络媒体。用户积极参与并创造海量内容，这些内容丰富多样但也带有一定的庞杂性。基于这些内容和用户间的互动关系，社交媒体孕育出多种自媒体产品形式，如即时通信、论坛、博客、社交网络和视频分享平台等，共同塑造了一个以用户为主导的、互动频繁的数字化交流空间。

1. 社交媒体的传播特点

作为一种以互动为前提的网络应用，社交媒体具有鲜明的属性与传播特点。

1）社交媒体强调用户参与，鼓励人们评论、反馈和分享信息

一切源于用户，一切回归用户，用户在奉献内容的过程中获得信息、建立关系。用户的高强度参与，造就了社交媒体的传播特征，即基于口碑的人际传播、群体传播成为主要传播方式。

2）社交媒体强调开放性

从信源开放、信道开放到参与方式开放，社交媒体借助开放来获得更广泛的传播和更大量的用户，不仅提升了网络传播速度，更扩大了网络传播的覆盖面。例如，网络危机公关在传统网络媒体时代遵循的是"黄金 4 小时法则"，而到了社交媒体时代则缩短为"1小时定律"。传统网络媒体从 0 到 1 亿用户用了五年时间，而社交媒体只花了不到一年的时间。

3）社交媒体强调关系的建立

以个体为原点向外一层层延伸、拓展 follow（关注）与 fans（粉丝）的关系。各种类型的关系连接，使得社交媒体的网络传播有更高的黏度与可信度，有更强的裂变式传播效果。

其实，社交媒体还有更多的特性，如草根性、便利性、及时性、融合性等，但很显然，用户参与、开放、关系连接是社交媒体的根本特性，也是社交媒体作为内容生产与传播平台的出发点与落脚点。

2. 社交媒体的类型

社交媒体的类型越来越多样化，从一对一、多对多的人际传播、群体传播产品到今天的混合传播、融合传播的社交媒体产品。常见的社交媒体类型主要有即时通信、BBS 论坛、博客、SNS、微博、微信、问答社区、社交直播和短视频平台。下面仅介绍其中的几种。

1）即时通信

即时通信是通过下载客户端来进行点对点或点对面发送、接收信息的一种互动方式。早期的即时通信只是单纯的聊天工具，现在已逐渐集成了电子邮件、博客、音乐、电视、游戏和搜索等多种功能，发展成集交流、资讯、娱乐、搜索、电子商务、办公协作和企业客户服务等为一体的综合化信息平台。移动互联网随时随地的特性让即时通信的应用更加广泛。因此，无论是 PC 端还是移动端，即时通信都是网民的第一应用。

2）BBS 论坛

BBS 论坛是一种所有人经过注册都可以进入并发布内容的互动空间。在其中可以进行一对一的交流、一对多的互动，也可以进行多对多的发言。BBS 论坛可以被看作公共集会

在网络上的延伸，用于在网络上表达公共意见、传递公共舆论。网络的匿名性使 BBS 论坛的表达更广泛、直接，网络存储的海量性使表达的意见得以长期保存、随时检索，网络中的"巨型"网民使意见的形成和传递更快速、高效。国内著名的 BBS 论坛有强国论坛、天涯社区、西祠胡同、铁血社区等。BBS 论坛是 Web 1.0 时代的主要舞台，一度成为反腐败的主战场，但在移动互联网时代到来后，BBS 论坛逐渐衰微。

3）微信

微信是一种可以让个人、企业和组织在移动端进行内容发布、服务管理和交流互动的移动应用程序。借助这一程序，个人、企业或者组织可以建立微信公众账号（包括订阅号、服务号、企业号），向特定群体发送文字、图片、语音、视频等，对外用于新闻传播、宣传推广、用户服务、商务营销等，对内实现组织传播、内部管理和服务。微信以强关系连接为传播属性，一方面具有传播主体多样化和自主性强、内容多媒体化、传播方式实时裂变等与微博类似的特性，另一方面具有以语音为特色的多媒体传播、以圈群为对象的病毒式传播和以推送为特征的精准传播的特点。腾讯 2023 年第三季度的财务报告显示，截至 2023 年 9 月 30 日，微信和 WeChat 的合并月活跃账户数已达到 13.36 亿，同比增长了 2%，环比增长了 0.7%。

4）问答社区

问答社区是一种类似论坛中分论坛、细分频道的互动社区。在问答社区中，一方面用户可以在线发起问题，由具备专业知识的人或群体对问题进行回答；另一方面用户可以围绕某一感兴趣的话题设置讨论组，和自己关注的人、关注自己的人共同探讨、交流。问答社区连接各行各业，用户不分三六九等，通过关注话题、关注问题、关注回答三个层次重建了人与人、人与信息、信息与信息之间的关系，分享着彼此的知识、经验和见解，基于问答的内容生产方式和独特的社区机制，成为互联网上的公共知识平台，也是自主原创信息的重要来源之一。国内知名的问答社区知乎用"谈笑有鸿儒，往来无白丁，无微博之乱耳，无 SNS 之劳形"描绘了知乎的社区氛围，分享、认同、尊重、满足是问答社区的 DNA。注：SNS（social networking services，社交型网络服务）习惯上指社交网络。

5）社交直播

社交直播是一种个人用户利用网络直播软件和直播运营商提供的平台，在直播间中以视频的方式进行在线表演，并与关注者交流、沟通和分享的社交互动行为。社交直播的表演者称为主播，表演的内容从技艺展示、知识课堂、生活现场到产品介绍，不一而足。从传播角度看，社交直播更偏向一对多的大众传播，即主播对关注者或偶然进入直播间的陌生用户的大众传播，但由于社交直播的关注用户之间也能形成圈群，因此这种直播在一定程度上带有社交属性。社交直播沟通性更强，传播效果更直接，因而有了今天特别火爆的"电商带货"和"送礼物"的盈利模式。

6）短视频平台

短视频平台是一类从 PC 端视频分享升级到移动端的新型视频社交媒体，也是博客的短视频版。短视频影像直观，内容多样化、草根化、个性化，制作门槛和成本都很低，用户在短视频平台开设账号，上传时长在 5 分钟以内，记录个体的日常生产、生活点滴的视频影像，易于用户在移动端收看，特别是对那些在写作和阅读文字内容方面有障碍的用户群体而言，碎片化的短视频吸附力更强，此类用户对其的使用率更高。

2.3.3　手机媒体

手机被认为是继报纸、广播、电视和互联网之后的第五媒体。手机从 1973 年诞生至今已 50 多年，经历了第一代模拟手机，第二代数字手机，第三代、第四代智能手机，目前正进入高度智能化、数据化的第五代手机阶段。手机媒体特性鲜明，功能强大，从单纯的通信、通话发展到集通信、数据、音乐、视频、游戏、阅读、支付等为一体的多功能终端，应用于新闻传播时，其媒体形态也越来越丰富。

1. 手机媒体的特点

手机媒体是基于移动互联网的技术框架和手机这一终端介质的媒体样态，虽然应用类型多样化，但都具有传播共性。

（1）手机普及率高，手机媒体使用率高。

根据工信部（即工业和信息化部）发布的相关报告和统计数据，截至 2023 年，中国的手机普及率和手机媒体使用率均取得了显著增长。智能手机普及率超过 90%，几乎覆盖所有人群，而即时通信、网络视频和短视频等手机媒体应用的用户规模庞大，使用率高达 95% 以上。同时，工信部数据显示，2023 年移动互联网用户超过 15 亿，接入流量大幅增长 15.2%。这些数据表明，手机媒体已成为人们生活中不可或缺的一部分，并有望随着科技进步和生活方式变化继续保持强劲增长势头。

（2）手机移动性强，手机媒体能够实现快速、瞬时传播。

手机作为一种无线通信工具，在基站全面铺设的情况下能接收到手机信号就可以随时随地联网、通信，特别是在一些报纸不能送达、无法收看电视节目的偏远地区。手机媒体的传播、更新速度几乎以秒计算，且不受时间周期的限制，在遇到重大、突发事件时，手机媒体还可以滚动播报，同步跟踪新闻事件的发生、发展，提升新闻的时效性。

（3）手机具有贴身性，手机媒体阅读便捷，能够随时随地接收与浏览信息。

手机被喻为"带着体温的媒体"，是众多媒介中用户黏度最高、与用户几乎零距离的媒介。保罗·莱文森在《手机：挡不住的呼唤》一书中说，人类有两种基本的交流方式：说话和走路。手机之前的一切媒介，都将这两种功能分割开了。唯独手机能够使人一边走路一边说话，一边走路一边阅读。人类因此从固定的机器前、禁闭的室内解放出来，在世界的任何地点、角落获取新闻信息。

（4）手机终端个性化，手机媒体能够实现定制化。

抛开用户的隐私不谈，一机一号的手机能够记录用户的阅读时间、阅读内容、阅读习惯并基于此分析出用户的特征、兴趣和爱好。手机媒体还可以通过用户调查、评论留言、在线交流等互动性强的服务来了解用户的状况。掌握了用户的情况和相关数据后，手机内容提供商就可以依此来为用户提供个性化的新闻。而与此同时，用户也可以在自己的手机上进行内容的专项定制，阅读与大众化的、一般性的新闻信息不同的新闻。

（5）手机终端智能化，手机媒体文体丰富、形式多样。

智能手机意味着可以在手机上流畅地阅读，手机新闻文体丰富，文本结构多层次，既可以是单一的文字、图片、音视频、Flash 动画，也有多媒体立体新闻，既有简单的标题新闻、导语新闻、一句话快讯等，也有深度新闻、专题新闻、背景新闻等。

2. 手机媒体的类型

手机媒体的类型丰富，主要有手机短信、手机报、手机网、手机新闻客户端、手机短视频等，它们正在成为手机新闻传播的主要形态和渠道。

1）手机短信

手机短信是一种一对一或一对多的、用文字进行信息发送、传播的手机端最简单的、最早的手机媒体类型。1992 年 12 月，世界上第一条手机短信诞生。手机短信新闻容量小，且可以直接推送，无论用户在何种网络环境，都可以有效接收，触达率高，是手机媒体发展早期最常用的信息传播方式。随着手机媒体类型的多样化，以及垃圾短信泛滥带来的负面影响，手机短信衰落，目前较常见的使用场景是政府机构通过手机短信发布天气灾害预警信息、政务信息，行业企业推送产品信息、服务通知等。

2）手机报

手机报是一种基于手机彩信（multimedia messaging service，MMS）技术的、提供多媒体信息服务的手机媒体类型。它的特点是可以传递包括文字、图像、声音、数据等在内的各种格式的信息，实现即时的端到端的信息传送。基于彩信模式的手机报，文字容量可达 1000 字，图像则为 50KB 以内，由电信运营商直接发送到用户手机终端，用户可以离线观看。2004 年，中国第一家手机报《中国妇女报·彩信版》推出，标志着手机报成为手机媒体的一种类型。2020 年 2 月，为抗击新型冠状病毒，《人民日报》联合中国移动公司将旗下的"人民手机报新闻版"免费推送给用户。类似这种针对重大事件制作的特殊手机报还有，例如，在 2022 年北京冬奥会期间，各大媒体和运营商联合推出了"冬奥手机报"，旨在及时向广大手机用户传递冬奥会的最新资讯、赛事结果和运动员风采。这份手机报内容丰富，涵盖了赛事日程、精彩瞬间、运动员专访以及冬奥知识普及等多个板块，为读者提供了全方位、多角度的冬奥资讯。

3）手机新闻客户端

手机新闻客户端是为智能手机用户量身打造的新闻类应用程序，能满足手机用户在移动状态下实时浏览新闻、资讯和参与互动交流的需要。手机新闻客户端具有不同于其他移动端阅读的显著特点：内容经过精挑细选、全面综合，新闻更新快速、即时推送，互动纷繁多样、实时分享，界面简洁明了、操作方便。手机新闻客户端从 2008 年出现至今已发展到智能化阶段，利用大数据和人工智能技术开展以人工推荐＋算法推送的内容分发，将智能推荐与精准营销结合满足用户的个性化需求。推送是突发新闻在新闻客户端上的快捷通道。手机新闻客户端的典型代表有中央级主流媒体的《人民日报》、新华社和央视频等，省级媒体的澎湃新闻、界面新闻、封面新闻等，门户网站的新浪新闻、搜狐新闻、网易新闻、ZAKER 等，算法类的今日头条、一点资讯和天天快报等，以及多媒体类的梨视频、喜马拉雅、央视影音等。

4）手机短视频

手机短视频是对短则 30 秒、长则不超过 20 分钟的视频短片的统称。短视频内容广泛，视频形态多样，涵盖小电影、纪录短片、DV 短片、视频剪辑、广告片段等，可通过 PC、手机、摄像头、DV、DC、MP4 等多种视频终端摄录或播放。其特点在于短快精、大众参与性强、随时随地随意随性，为用户提供了便捷的信息获取和娱乐方式。

在新闻报道领域，短视频新闻信息量大，所包含的声画部分能够将文字无法直接描述或易产生歧义的内容直观展现出来，其连续的画面内容比静态图片更为直观和丰富。这种特性使得短视频尤其适合对突发事件的现场报道和快速发布。短视频新闻还适合碎片化消费场景，用户可以在任何时间、任何地点，甚至在移动过程中接收新闻信息。

以 2022 年京津冀暴雨灾害为例，这场灾害造成了巨大的影响，许多现场记者迅速利用手机短视频应用记录下了救援现场的紧张情况和受灾群众的状态。这些短视频新闻不仅包含了关键信息，还通过连续的画面展现了救援人员的努力和受灾群众的坚强。用户可以在社交媒体上轻松分享和观看这些短视频，及时了解灾害的最新情况，感受到救援工作的紧迫和重要性。这些短视频新闻不仅传递了信息，还激发了人们的同情心和团结精神，促进了社会的凝聚力和向心力。

2.3.4 平台媒体

2014 年 2 月，美国社交媒体 Sulia 的 CEO 乔纳森·格里克（Jonathan Glick）发表了"平台型媒体的崛起"（*Rise of the Platishers*）一文，综合 platform（平台商）和 publisher（出版商）两词之义，第一次提出了合成词 platisher（平台型媒体）。随后有学者对"平台型媒体"做出解释，认为其指的是既拥有媒体的专业权威性，又拥有用户平台所特有的开放性的数字内容实体。但在国内，平台型媒体或平台媒体的外延较为泛化，并不单指内容实体，而是指所有提供网络开放空间的运营机构。

1.平台媒体的形成条件

在互联网环境的自由开放与技术赋能之下，参与门槛降低，催生了第三方平台这一新型网络形态。第三方平台，作为一个开放的网络空间，为用户提供了技术支持和活动平台，用户只需遵守平台规则，即可在其空间内自由活动。这些平台类型丰富多样，涵盖了电商、信息内容、视频、生活服务、知识分享以及社交等多个领域。

平台媒体，作为第三方平台的一种特定形态，专注于内容生产和新闻信息发布。它们不直接生产新闻内容，而是为机构、企业、组织或个人提供一个开放的空间，用于新闻内容的登载和发布。然而，要成为平台媒体，必须具备新闻发布或登载的资质，并承担起相应的审核和监管职责。博客平台、微博平台、微信平台以及各类客户端创设的账号，如头条号、一点号等，均属于平台媒体的范畴。

平台媒体的核心在于"开放"二字。这种开放体现在多方面：空间的开放允许各类内容自由流通；技术的开放为内容创作者提供了强大的支持；用户的开放意味着平台的用户基数和内容生产者数量都在不断增长；而利益的开放则通过激励机制，鼓励内容创作者创作出更多优质内容，实现内容基础上的利益共享。

要成为平台媒体，需满足以下四个关键条件。

（1）技术实力是平台媒体的基础。

这包括提供简单易用的内容发布、编辑和分享工具，确保亿级用户同时在线时系统的稳定运行，实现用户与内容的智能化匹配，以及研发实时数据分析系统，帮助用户以数据驱动内容生产。

（2）平台媒体需要有足够大的用户基数和一定数量的内容生产者。

用户和内容生产者之间相互依存，用户的增长能够吸引更多优质内容生产者，而高质量的内容又能进一步吸引新用户。

（3）平台媒体需要为内容生产者设计一套完善的营销体系和盈利模式。

通过这些体系，平台能够激励内容生产者创作出更多高品质的内容，进而提升平台的整体质量和吸引力。今日头条、百度、腾讯、抖音等平台都积极发布内容激励计划，直接奖励优质内容生产者。

（4）品牌价值也是平台媒体不可或缺的一部分。

知名品牌更容易吸引优质内容生产者，并通过其公信力、影响力和信誉度为平台创造良好声誉。例如，《人民日报》的"人民号"凭借其强大的品牌号召力，成功吸引了众多主流媒体、党政机构和优质自媒体入驻。

平台媒体的核心目标在于打造一个完善的、具有强大成长潜能的生态圈。通过独特的规范和机制系统，平台媒体能够有效激励多方群体进行互动，最终实现其愿景，为用户提供更丰富、更高质量的内容服务。

2. 平台媒体的类型

平台媒体可划分为三大类型：单一型平台媒体、互动型平台媒体与综合型平台媒体，每一种类型都有其独特的特点和定位。

1）单一型平台媒体

单一型平台媒体主要聚焦于某一特定内容或表现形式，为用户提供专业化的信息服务。例如，今日头条专注于新闻资讯和自媒体内容的聚合，优酷则专注于视频内容的聚合，抖音和蜻蜓 FM 则分别针对短视频和音频领域。这种类型的平台媒体在某一领域具有深度和权威性，为特定需求的用户提供了便捷的内容获取渠道。

2）互动型平台媒体

互动型平台媒体则强调用户之间的互动与连接，通过提供互动工具，将多元化的需求与多样化的供给进行对接。社交媒体是互动型平台媒体的典型代表，但并非所有社交媒体都能发挥平台的作用。只有像微博、豆瓣、知乎这样拥有庞大用户群体的社交媒体，才能真正实现平台的价值。

3）综合型平台媒体

综合型平台媒体则是一种更为全面和多元的服务模式。它聚合了多样化的应用，包括内容资讯、生活服务、娱乐游戏、工具软件和导航链接等，旨在满足用户的一站式需求。这类平台媒体不仅拥有自身强大的网络服务功能，还开放接入第三方应用，展现出高度的开放性和包容性。综合型平台媒体就像一个巨型连接器，将平台中的各类应用紧密连接起来，实现相互支持和引流推广。例如，微信通过公众号与小程序的无缝对接，为用户在阅读、娱乐、购物等多个场景提供连贯的服务体验。

【案例 2-5】微信——综合型平台媒体的典范。

微信，作为腾讯公司推出的一款综合性社交软件，不仅拥有庞大的用户群体，还集成了多种功能，满足了用户在不同场景下的需求。微信以其高度的开放性和包容性，成功地将各类应用紧密连接起来，成为综合型平台媒体的典范。

【分析】

功能多样性：微信的功能涵盖了社交、支付、新闻资讯、生活服务、娱乐游戏等多个领域。用户可以通过微信与朋友聊天、分享生活，也可以通过微信支付完成线上、线下的交易，还可以在微信中阅读新闻、查看天气、预订机票酒店等。这种一站式服务体验，使得微信成为用户日常生活中不可或缺的一部分。

开放性与包容性：微信作为一个综合型平台媒体，不仅拥有自身强大的网络服务功能，还开放接入第三方应用。公众号、小程序等功能的推出，使得第三方开发者可以在微信平台上为用户提供更加丰富多样的服务。这种开放性和包容性，使得微信能够不断扩展其应用场景，满足用户日益增长的需求。

互动性：微信作为一款社交媒体软件，也强调了用户之间的互动与连接。通过朋友圈、公众号、小程序等功能，用户可以与他人分享自己的生活和想法，也可以参与各种互动活动，如投票、问答等。这种多维度的互动方式，使得用户之间产生了紧密的联系，增强了用户黏性和归属感。

个性化定制：微信还提供了个性化定制的功能，用户可以根据自己的喜好和需求设置不同的功能和服务。例如，用户可以关注自己感兴趣的公众号，获取定制化的新闻资讯；也可以设置自己的朋友圈权限，保护个人隐私。这种个性化定制的服务模式，使得微信能够更好地满足用户的需求，提升用户体验。

第 3 章　网络与新媒体的传播

观看视频

　　网络与新媒体的传播显著区别于传统媒体，主要体现在传播主体、手段和方式的创新。在传播主体上，它实现了由媒体机构主导转向媒体机构、社会机构/群体共同参与的全员传播，打破了传统媒体的单一主体模式。在传播手段上，网络新媒体融合了图文、音视频、H5、动漫、视频日志、VR、数据新闻、直播等多种技术手段，形成了全息传播的格局，极大地丰富了信息的呈现方式。在传播方式上，新媒体将新闻与政务服务商务相结合，同时融合了人际传播、群体传播和大众传播，实现了全效传播的效果，使信息传播更加高效、全面。

3.1　网络与新媒体的传播主体

在传统媒体时代，传播主体呈现一元化特征，无论是机构还是从业者，都需严格遵循专业标准，拥有相应的资质和从业资格。然而，随着网络与新媒体的崛起，技术革新大幅降低了新闻资讯发布的门槛。互联网公司为信息传播提供了丰富多样的发布渠道和平台，使得传播主体呈现出前所未有的多元化态势。如今，媒体机构、社会机构以及个体/群体共同构成了网络与新媒体传播主体的三级架构，推动了信息传播的广泛性和多样性。

3.1.1　网络与新媒体传播主体的构成和总体特征

网络与新媒体主体由三部分构成：媒体机构传播者、社会机构传播者和个体/群体传播者。三者内部各有细分，但又具有一致性，构成了传播主体的总体特征。

1. 传播主体的构成

自网络媒体诞生以来，媒体机构天然就是网络与新媒体中主要且重要的发布者、主导者，用户个体和群体则是随着博客技术的运用、内容空间的开放而成为传播主体，社会机构传播者则被推动着进入网络与新媒体场域成为传播主体。

媒体机构传播者包括传统媒体的新媒体集群、商业门户网站及其移动媒体、商业性移动媒体和视频媒体。其中，传统媒体的新媒体集群是指母媒体为报纸、广播、电视等机构，在网络与新媒体平台上创建了多个网站、客户端和平台账号的新媒体矩阵。例如，中央电视台拥有两网（央视网、央视手机网）、三个客户端（央视影音、央视新闻、央视频）、央视新闻微博账户和微信公众号、央视抖音账号和快手账号，以及若干频道、栏目的微博账号、微信公众号、头条号、抖音号等。集群内的发布主体相对独立又彼此呼应，各自发布又联动传播，形成了同频共振的传播效果。

社会机构传播者包括政府机构、行业企业、社会团体和校园机构。这些机构原本只有内部刊物、校园报纸、企业广播台或电视台，并没有直接对外发布信息的资质和窗口。网络与新媒体为它们提供了直接与公众交流的渠道，让它们从幕后走到台前，成为传播主体之一。例如，校园媒体将招生、就业、校内新闻、学生活动、思政教育等信息都发布在自己的新媒体账号上，在及时传递信息的同时也展示了校园的形象。

个体/群体传播者的涵盖面广泛，数亿的普通网民，有百万、千万粉丝的意见领袖和微博明星，有众多关注者的"网红"，问答类网站里专业的学者和研究者等，都是拥有一定表达权和话语权的传播主体。有些传播主体早期只是以个人形象出现，发展壮大后成为团队，例如，"罗辑思维"早期是罗振宇的个人表演秀，现在则发展为"得到"App及通过平台聚集的一群知识分子。

2. 总体特征

大众传播时代的传播主体，机构需要政府管理部门颁发的执业资格，报纸、杂志需要刊号，广播需要频率，上星电视需要卫星传输信号，其从业者需要通过职业资格考试取得记者证、主持人上岗证等，才能拥有采访报道、制作节目的权利。因此，大众传播时代传播主体的特征是传播主体单一、信源垄断、精英传播，带来的结果是舆论一律，一元管控。

与大众传播时代相比，网络与新媒体时代传播主体的本质区别是主体多样化但声音不一，数量众多但良莠不齐，主流声音、杂音和噪声并存，不同主体间相互竞争又存在合作协同的需要。由此可以看到，主体多元、体量庞杂、众声喧哗、协同博弈是网络与新媒体传播主体的总体特征。

2022 年 6 月，河南郑州发生的"暴雨中救援者遭围殴"事件成为舆论的焦点，该事件的传播过程充分体现了网络与新媒体传播主体的四大特征。

事件发生在郑州暴雨期间，一名救援者在执行救援任务时，因交通拥堵与当地居民发生争执，进而遭到围殴。现场视频被目击者拍摄并上传至网络平台，迅速引发大量转发和讨论。视频展示了暴雨中混乱的场面，救援者被多人围攻的情境，以及围观者的不同反应，这些都激发了公众对于事件真相和背后原因的强烈好奇心。

传统媒体如报纸、电视台等迅速跟进报道，通过采访目击者、救援者和当地居民，还原了事件的经过。同时，众多自媒体和意见领袖也利用微博、微信、抖音等平台，对事件进行深度解读和评论。他们从不同角度剖析事件原因，呼吁公众理性看待，并提醒大家在特殊时期应相互理解、配合。

随着事件的发酵，网络上出现了各种声音。有人支持救援者，认为他们是在无私奉献，应得到尊重和保护；有人则对当地居民表示理解，认为在暴雨中的恐慌和焦虑可能导致了过激行为。同时，也有人对事件背后的社会问题进行了反思，如城市应急管理的不足、公众安全意识的淡薄等。

在这一事件中，我们可以看到网络与新媒体传播主体的四大特征：首先，传播主体的多元化，包括传统媒体、自媒体和意见领袖等；其次，传播速度的迅捷性，事件在短时间内迅速传播开来；再次，传播内容的复杂性，各种观点和声音交织在一起；最后，互动性的增强，公众通过评论、转发等方式参与到事件的讨论中。

与传统的信息传播方式相比，网络与新媒体使得信息传播更加去中心化。传统的中心化控制模式被打破，每个人都可以成为信息的传播者和接收者。这种去中心化的传播模式使得信息更加多元、丰富，但同时也带来了信息真伪难辨的问题。因此，在享受新媒体带来的便捷和高效的同时，我们也需要提高信息鉴别能力，避免被不实信息误导。

3.1.2　媒体机构传播者的特征与价值

媒体机构传播者虽然以集群或矩阵作为传播主体，但表现出来的特征与传统媒体基本一致：形象具有权威性和公信力，团队专业、职业、敬业，拥有原创内容采集资质和能力，同时更有把关的使命和职责。这些特征让媒体机构传播者展现出不同于其他两类传播主体的独特价值。

1. 媒体机构传播者的特征

媒体机构传播者可分为两类：一是传统媒体的新媒体集群；二是商业互联网公司的网站和新媒体客户端。它们具有三个共同的特征，即权威性、专业性、把关性，但程度上有所不同。

权威性上，传统媒体的新媒体集群秉承其母媒体的基因，在品牌形象、声誉度和美誉度上获得了自然嫁接，基本拥有与母媒体一样的权威性和公信力。商业互联网公司虽然没有传统媒体多年的品牌资源，但也历经多年的市场运营，获得了一定的用户口碑。这种权威性带来的结果是，媒体机构传播者一方面主导了网络与新媒体的信源，另一方面成为用户访问的主体。

专业性上，传统媒体的新媒体集群不仅拥有专业的记者、编辑、主持人、播音员队伍，而且这支队伍都经过严格的训练和专业的考核，具备一定的职业素养和专业能力。最重要的是传统媒体的从业者经历过各种重大、突发新闻报道的考验，积累了丰富的从业经验。商业互联网公司虽然在专业性上有一定差距，但也在多年的网络报道中得到了全面的锻炼，具备了一定的专业水平。

把关性上，无论是传统媒体的新媒体集群还是商业互联网公司，都负有把关的责任和义务，需要从选择新闻源、内容审核、制作标题、配置新闻、调整位置、开设专题等方面对新闻进行严格的控制和监管，建立相应的把关规范和机制。互联网内容管理部门也明确要求媒体机构传播者担负起把关责任，2017年出台的《网络视听节目内容审核通则》里就指出："本通则所称内容审核，是指从事互联网视听节目服务相关单位在播出网络视听节目前，对拟播出的视听节目作品和用于宣传、介绍作品等目的而制作的图文及视频内容的审核。具体审核要素包括：①政治导向、价值导向和审美导向；②情节、画面、台词、歌曲、音效、人物、字幕等。"

2. 媒体机构传播者的价值

2021年，随着5G技术的普及和新媒体平台的崛起，国内媒体机构面临着前所未有的挑战与机遇。在这一背景下，中央广播电视总台作为国内领先的媒体机构，积极拥抱新技术，创新报道方式，展现出了媒体机构传播者的独特价值。

以2022年北京冬奥会报道为例，中央广播电视总台充分利用5G、4K、8K、AI等新技术，实现了赛事报道的全方位创新，推出了多个新媒体产品，如VR观赛、AI剪辑的精彩瞬间回顾等，为观众带来了沉浸式的观赛体验。同时，中央广播电视总台还联合多家主流媒体和商业互联网公司，共同打造了一系列跨平台的传播活动，扩大了报道的传播范围和影响力。

在报道过程中，中央广播电视总台充分发挥了媒体机构传播者的价值。

1）技术创新引领

中央广播电视总台积极拥抱新技术，将 5G、AI 等前沿技术应用于报道中，打破了传统报道的局限，为观众带来了全新的视听体验。这种技术创新不仅提升了报道的品质和效果，也展示了媒体机构传播者在技术创新方面的前瞻性和领导力。

2）内容策划与呈现优势

中央广播电视总台在报道中注重内容策划和呈现，通过深入挖掘赛事背后的故事、展现运动员的拼搏精神等方式，将赛事呈现得生动、鲜活、有趣。同时，中央广播电视总台还利用新媒体手段，将报道内容以更加直观、生动的方式呈现给观众，增强了报道的吸引力和感染力。

3）跨平台传播与合作

中央广播电视总台在报道中积极与其他媒体机构和商业互联网公司进行合作，实现跨平台传播。中央广播电视总台与多家主流媒体共享资源、互通有无，共同打造了一系列具有影响力的传播活动。这种跨平台传播与合作的模式，有助于提升媒体机构传播者的整体影响力和市场竞争力。

此外，商业互联网公司也在报道中发挥了重要作用。它们利用庞大的用户基础和先进的技术优势，积极传播主流声音，引导热点话题。通过大数据分析和算法推荐等手段，它们精准地把控了内容舆论场，为报道的传播提供了有力支持。

3.1.3　社会机构传播者的特征与价值

社会机构传播者涵盖面较广，包括党政机构、社会团体、行业企业和各类高校。它的出现是互联网发展到一定阶段的产物，有一定的社会条件和时代背景，技术门槛降低是前提，信息公开和政务事务服务便利化是需求，走网上群众路线、构建清朗网络空间是目的。这些因素综合作用，产生了大量的社会机构传播者。

1. 社会机构传播者的特征

社会机构传播者虽然涵盖面广，但有一个共同的属性标签——机构。因此，社会机构传播者也就有了三个共同的特征，即权威性、服务性和组织性。

权威性主要体现在社会机构传播者的自身形象、品牌所拥有的信誉度和美誉度已然在公众心目中留下了印记，例如政府机构作为国家权力、国家意志的代表天然拥有的权威，企业多年品牌经营所树立的企业形象，高校立德树人所积累的社会声誉等；各类机构所掌握的信息和数据，具有独家性、机密性、全面性、可信性等，权威性显而易见；容易获取具有权威性的社会、政治资源，例如专家学者、知名企业家和社会公众人物等，由他们作为代言人或发言人发出权威声音。

服务性是指各类社会机构以服务社会大众为宗旨，在作为传播主体时也秉持服务的理念，发布准确、及时、实用的信息资讯，提供高效、有价值的政务服务或行业服务。高校的网站或公众号每到招生季都是用户频繁访问的对象，因为各高校都已经将招生简章、考试报名、分数查询、学科设置等相关信息通过公开渠道全方位发布，甚至建成数据库，可通过扫描二维码一键查询。

组织性表现为社会机构在传播信息资讯时需要遵照一定的规章、制度、程序，需要遵循一定的组织纪律和组织原则，所发布的内容代表着某一级组织发出的声音。组织性意味着社会机构传播不能随意发声，不能在发布资讯时带有主观偏见，不能用个人行为代替组织行为。特别是在舆情危机发生后，更需要有组织纪律性，谨慎应对，不随意发布信息、发表观点。

2024年央视"3·15"晚会曝光了安徽东辉科技食品有限公司生产的"御徽缘梅菜扣肉"，该款梅菜扣肉使用的都是槽头肉，含有大量未处理干净的淋巴肉和甲状腺。槽头肉不属于食品原料，禁止食用，这严重不符合食品安全标准。"东方甄选"和"疯狂小杨哥"直播间都销售过这款产品。三只羊网络称，"3·15"晚会当晚就启动了消费者登记和先行垫付退款工作。公司将持续关注当地主管部门的调查结果，待相关部门结果认定后，公司将在先行垫付、全额退款的基础上，依据相关法律法规，保障消费者合法权益，并坚决追究生产商的相关责任，如图3-1所示。

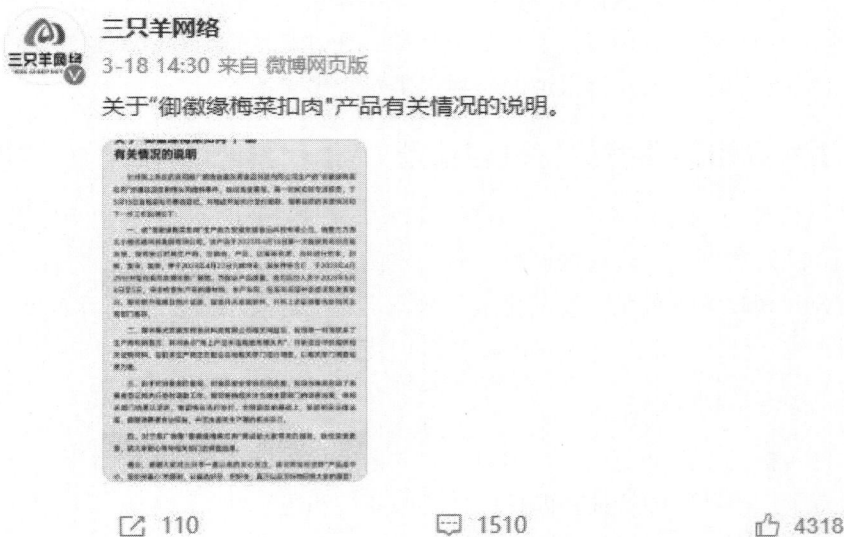

图3-1　三只羊网络官方微博账号在2024年舆情危机时发布的道歉声明

2. 社会机构传播者的价值

过去，社会机构并没有传播者的身份，也不担当发布者的角色，所有的新闻、信息、资讯都需借助第三方来向公众告知，传统媒体成为社会机构与公众之间的传声筒。进入网络与新媒体时代，社会机构直接站到了台前，其作为传播者的价值更显而易见。

在信息资讯方面，社会机构传播者能第一时间及时、准确地传递内外部信息，减少传播环节，减少信息损耗，避免误读和断章取义的理解；能制作图表图解、音/视频，以及多媒体、融媒体新闻产品，吸引公众眼球，提升传播效果；能在社会机构传播者之间相互导引，形成集群协同效应；能第一时间获取舆情，主动设置议题，有效应对，引导网络舆论。当然，没有了中介环节，也意味着要承担一定的风险，一旦内容发布不当，将直接面对公众的质疑，引发信誉危机。

与用户的互动交流更为直接、高效，能及时了解用户需求，实时掌握用户数据，这是社会机构成为传播者后具有的另一重价值。过去，社会机构与公众之间不仅需要借助第三方传递信息，更缺少直接的互动交流渠道。现在，社会机构传播者能利用多样化互动渠道直接获知用户的意见、建议，倾听用户的诉求；能将处理意见及时反馈给公众；能组织相关人员与公众直接对话、沟通；还能运用大数据、云计算、人工智能等技术，分析研判社情民意，描绘服务对象的画像，从而提供更精准的服务。央 / 国企一直是社会舆论关注的焦点，以前公众很难与央 / 国企直接对话。以国资委的"国资小新"为例，其微博和公众号诞生后，每条微博博文和每篇公众号文章下都有成百上千的留言和评论，体现了对话渠道的畅通无阻。

社会机构传播者的第三重价值在于提供高效的政务、社会服务，在服务中塑造社会机构品牌形象。过去，公众对于政务机构、企事业单位的办事效率不高、办事程序烦琐、服务不到位多有怨言。现在，政府机构有了网上办事窗口，开设了微博大厅，在微信端设置了城市服务板块，企业通过网站提供产品展示、技术支持和售后服务，这些都体现出社会机构传播者的服务价值。因此，在国务院办公厅制定的《政府网站与政务新媒体检查指标》里，服务是否实用成为核心指标之一。

3.1.4 个体 / 群体传播者的特征与价值

个体 / 群体传播者的构成是复杂的：从参与角度看，有浅度用户、中度用户和重度用户；从付费情况看，有免费用户、付费用户和付费会员用户；从用户活动程度看，有潜水用户、活跃用户、认证用户和种子用户；从用户网络行为看，有交流型用户、奉献型用户、围观型用户、索取型用户和分享型用户。但从整体上分析，个体 / 群体传播者还是具有某些共性，并在传播中显现出与前两类传播主体不同的价值。

1. 个体 / 群体传播者的特征

技术的赋能与赋权是网络与新媒体时代个体 / 群体传播者展现自我、表达诉求、相互交流等一系列网络行为产生的前提和条件。网络技术、数字技术和移动技术的叠加让个人 / 群体传播者具有鲜明的个性化、自主性、匿名性和圈群化的特征。

1）个性化

用户的个性化无处不在，从注册名称、昵称、表情包选用、屏保桌面背景选择，到关注哪一个公众号、为哪些文章点赞、收藏什么样的文章、是否转发分享、是否接受推送，再到加入哪一类圈群、下载哪一款 App，个性化是新媒体赋予个体的最大福利。进入大数据时代，个性化的需求走向智能化的满足，开机时有人脸识别、指纹识别，写文章时有智能输入法自动保存常用字词，浏览内容和视频时有根据过往习惯的智能推荐，甚至云存储还能让用户在不同终端保存并查看文件。移动终端让个体／群体传播者的个性化特征展现得淋漓尽致。

2）自主性

自主性是建立在个性化基础上的主动表达。以微博为例，用户无论是原创性撰写，还是转发分享、回复评论等，都具有自主性，简单方便地一键完成操作。同时，微博运营商还提供了多种设置功能，如对关注者分组、对内容分类、建立密友圈、创建新组别等，赋予了用户极大的自主权，有利于调动用户的自主意识。在自我选择、自我表达和自我参与上，个体依据个人的兴趣、爱好、价值观，机构依据自身的性质、要求可以自主选择关注的对象，选择发表的话题和转发评论的议题，选择发布的时机和对象。自主性是用户发挥价值的先决条件。

3）匿名性

尽管网信管理部门已经出台多部法规条例要求网络与新媒体社交平台上用户必须后台实名，但大多数用户依然会选择使用昵称，在前端匿名。因此，匿名性、虚拟性依然是个体／群体传播者的特征之一。匿名性一方面能让个体多一份自由选择，少一点表达顾虑；另一方面能在群体空间营造一份相对宽松的氛围，维护一个平等交流的环境。匿名性还能让个体拥有多个注册名或昵称，展现出不同的个体形象和言论思想。

4）圈群化

个体／群体传播者的表达空间主要在社交平台上，社交媒体的六度分隔理论让个体／群体具有了圈群化的特征。以微信为例，首先是以自己的同学、朋友、同事等核心圈层建立相互关注的强关系，然后进入主体所在领域、相关领域的微信群、工作群、业务群构建紧密圈群，最后是个体关注的公众号、服务号等形成外围圈群。圈群化让个体既有熟人之间的、以人际传播为主的强关系链，也处于基于内容、兴趣、业务建立的群体传播和大众传播网络之中。前者关系相对稳定，交流频繁；后者关系相对松散，交流平平。但这种圈群化能够兼容人际传播、群体传播、组织传播和大众传播，构建起立体传播体系，产生病毒式传播的蝴蝶效应。

2. 个体／群体传播者的价值

用户规模和用户在线时长是体现个体／群体传播者价值的基础数据指标。《中国数字用户行为变迁专题分析2019》显示，2019年，移动互联网用户规模突破10亿人，占总人口比重达到72.5%；网民单日人均使用时长达到5.59小时，人均单日启动频次达到53.05次。这意味着个体／群体传播者之于网络与新媒体有很高的黏性。黏性的背后，一方面是用户使用与需求的满足，另一方面则是用户心理和自我实现的满足，两方面都与黏性呈正相关。

在日常生活中，需求和满足是一对很复杂的变量，受年龄、学历、收入、环境、情感、心理等多重因素影响，以至于"众口难调"。但网络与新媒体产品丰富、全面、细分，不仅在交通出行、运动健身、在线教育、商务办公、娱乐交流、电商购物等领域一应俱全，而且能根据用户的动态需求不断提供差异化、细分化的产品和应用。当用户的"使用与满足"体验呈正向趋势后，用户自然会更依赖网络与新媒体，在线停留的时间更长，黏性更高。

人在社会中的角色是多样化的，但角色价值的实现是需要条件的。新媒体技术一方面营造了有助于个人角色实现的多元环境，包括虚拟环境、场景环境、互动环境、知识环境和工具环境；另一方面提供所有人自我价值实现的外部条件，包括零基础编辑、零门槛发布、零距离反馈、零成本协作和零支付数据。两方面共同作用于普通人的心理，使得用户更愿意在线表达、在线参与、在线分享，在表达、参与和分享中实现自我价值，在自我价值实现中得到满足。

网络与新媒体一旦有了黏性，一旦让用户感受到自身价值的放大和延伸，那么，用户作为传播者之一，必然会从单纯的旁观者变为积极的奉献者和参与者，从被动的接受者变为主动的传播者和组织者，诞生出 prosumer（producer+consumer），即生产型消费者，他们具有生产、传播、消费等方面的多重角色价值。

1）内容生产和创造的角色价值

通过微博发言、新闻跟帖、知乎分答的问答、全员资讯直播等 UGC 方式生产大众化内容，通过百度号、头条号、企鹅号、人民号等 PGC（professional generated content，专业生产内容）方式生产专业化、高品质内容，通过众包、众筹方式进行有计划、有组织的内容生产。网络写手、自媒体创作者、话题设计组织者、留言评论活跃问答者等个体 / 群体在网络与新媒体端源源不断地向更广大的公众贡献着自己的知识、研究和思想。

2）内容传播和组织动员的角色价值

通过朋友间直接的指向性转发实现人际传播，通过朋友圈、微信群、兴趣小组的交流分享实现社区群体传播，通过意见领袖、微博大 V、网红的转发、群发和直播实现媒体效果的大众传播。从个体到群体，再从群体到个体，无形中聚集起组织和动员的力量，所以才有我们经常看到的"爆款""刷屏"的文章、作品，而网络"水军""人肉搜索"则是个体 / 群体传播者组织、动员价值的负面呈现。

3）内容消费的角色价值

用户浏览产生的流量和注意力带来广告模式，用户对产品、内容的认同、信任带来会员模式，用户的在线行为、习惯等大数据带来数据营销模式，这些模式有些可以直接实现盈利，有些可以间接产生经济效益，有些则具有长远的数据价值。

3.2　网络与新媒体的传播手段

自数字多媒体技术的普及，新闻的传播手段发生了革命性的变化，从图片新闻到视频新闻、数据新闻，再到创新的 H5 新闻、VR/AR 新闻以及直播新闻等，这些多样化的形式不仅丰富了新闻内容，更使信息的传播变得更为生动、直观。这些新型传播手段不仅易于用户理解和接受，还增强了用户的参与感和沉浸感，使新闻阅读变得更加愉悦和深入。通过这些手段，新闻得以以更丰富的形式呈现，从而更好地满足现代受众的需求。

3.2.1 图片新闻

随着计算机软硬件技术的飞速发展和互联网传播手段的日益多元化，传统的文本互联网正逐步向以图片和音/视频为核心的多媒体影像互联网转型。在这种趋势下，图片新闻已成为网络与新媒体中不可或缺的一种报道形式。其纪实性、直观性、形象性和简约性等特点，使得新闻图片能够单独传播或结合文字报道，形成更加生动、丰富的新闻报道。同时，图片新闻还能与其他技术、应用相结合，创造出更多元、更创新的报道手段，为受众带来更加深入、全面的新闻体验。

1.图片新闻的特点

图片新闻作为新闻报道的一种重要形式，具有多个显著特点。以下是图片新闻表现出的四方面主要特点。

1）发布及时，追踪即时

在2022年北京冬奥会期间，众多新闻机构采用高清摄像机和实时传输技术，确保了比赛现场的图片和视频能够在第一时间发布到网络上。例如，某媒体在冬奥会开幕式的报道中，通过高速网络将开幕式现场的高清图片实时传输到编辑部，经过简单的编辑后，便迅速发布到其官方网站和社交媒体平台上，让全球观众能够同步欣赏到开幕式的精彩瞬间。

2）不受发布数量限制

在2021年河南特大暴雨灾害期间，网络与新媒体平台成为传递灾情信息的重要渠道。许多新闻网站和社交媒体平台不仅发布了大量的现场照片和视频，还通过图文直播的方式，实时更新灾情进展和救援动态。这些平台不受版面和容量的限制，可以发布大量的图片新闻，为公众提供了全面的灾情信息。

3）不受发布质量限制

在2023年的甘肃临夏州积石地震事件中，一位普通网友用手机拍摄了地震现场的视频并上传到社交媒体上。虽然视频的画面有些抖动，清晰度也不是很高，但因为其真实性和现场感，迅速引发了网友的关注和讨论。这个例子说明，网络与新媒体的图片新闻不受传统媒体对图片质量的高要求限制，普通民众也可以成为新闻的传播者。

4）报道方式丰富多样

在近年来的许多重大事件中，我们可以看到图片新闻的报道方式越来越多样化。例如，在2022年第五届IEEE（电气与电子工程师学会）电子技术国际会议上，除了传统的单幅图和多幅图报道外，还出现了通过虚拟现实技术制作的360°全景图，让观众能够身临其境地感受会议现场的氛围。此外，一些新闻机构还利用动态图像处理技术，将多张图片合成为一张动态图，展示了事件的连续性和发展过程。

2. 图片新闻的类型

在网络与新媒体平台上，图片新闻呈现出的类型可谓五花八门，如图 3-2 所示。

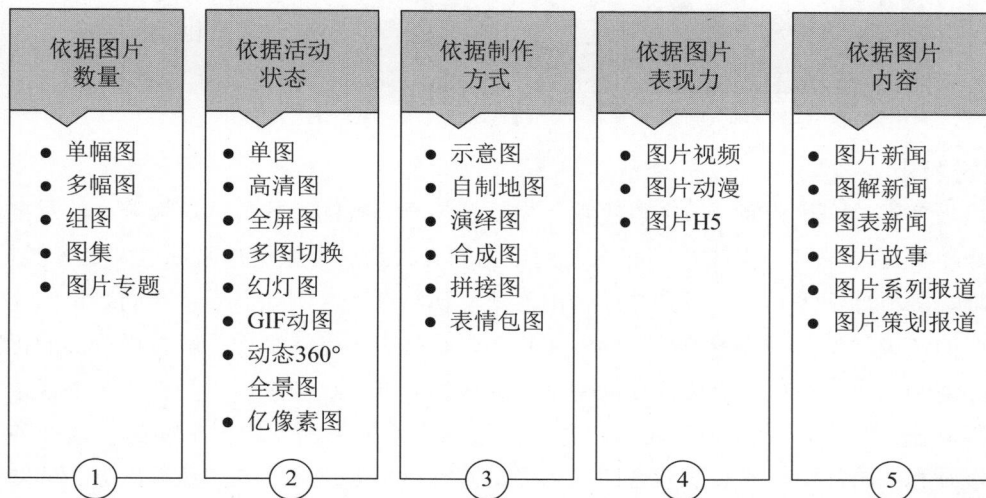

依据图片数量	依据活动状态	依据制作方式	依据图片表现力	依据图片内容
● 单幅图 ● 多幅图 ● 组图 ● 图集 ● 图片专题	● 单图 ● 高清图 ● 全屏图 ● 多图切换 ● 幻灯图 ● GIF动图 ● 动态360°全景图 ● 亿像素图	● 示意图 ● 自制地图 ● 演绎图 ● 合成图 ● 拼接图 ● 表情包图	● 图片视频 ● 图片动漫 ● 图片H5	● 图片新闻 ● 图解新闻 ● 图表新闻 ● 图片故事 ● 图片系列报道 ● 图片策划报道
①	②	③	④	⑤

图 3-2 　网络与新媒体平台上图片新闻的常见类型

从数量上看，有单幅图、多幅图、组图、图集和图片专题等。

从活动状态上看，有静态的单图、高清图和全屏图，有动静结合的多图切换、幻灯图、GIF 动图、动态 360° 全景图、亿像素图等。

从制作方式上看，有示意图、自制地图、演绎图、合成图、拼接图、表情包图等。

从图片表现力上看，有图片视频、图片动漫、图片 H5 等。

从图片内容上看，有图片新闻、图解新闻、图表新闻、图片故事、图片系列报道、图片策划报道等。

概言之，网络技术与数字化技术带给了图片新闻无限的张力和可能性。

【案例 3-1】图片新闻宣传垃圾分类。

有关垃圾分类的图片新闻采用了多种报道方式，如图 3-3 ～图 3-6 所示。

图 3-3 　单幅图

图 3-4 　图片专题

图 3-5　图集

图 3-6　动漫图

【分析】

垃圾分类的图片新闻，旨在以直观、生动且易于理解的方式传达垃圾分类的重要性和方法。单幅图是垃圾分类图片新闻中最为常见的方式。这类报道通常通过拍摄各类垃圾、垃圾桶、分类标识等元素，以图文结合的形式呈现给读者。例如，展示不同颜色的垃圾桶和对应的垃圾类型，以及各类垃圾的具体物品，有助于读者清晰地了解垃圾分类的标准和要求。动漫图也是垃圾分类图片新闻中常用的报道方式，这类报道以简洁明了的线条和色彩，勾勒出垃圾分类的场景和人物，通过夸张和幽默的手法，增强新闻的可读性和趣味性。漫画和插画能够轻松吸引读者的注意力，同时以形象化的方式传达垃圾分类的知识和理念。

3.2.2　视频新闻

网络与新媒体视频是指以网络与新媒体为播放平台和传播渠道，WMV、RM、RMVB、MPEG、FLV 以及 MOV 等为播放格式，可以通过各种播放器在线直播或点播的声像文件。随着互联网带宽的逐步改善，用户对视频内容的需求逐步提高，视频正在成为网络与新媒体新闻中频繁使用的传播手段。

1. 视频新闻的特点

相较传统电视节目，网络与新媒体的视频新闻具有以下特点。

1）来源多样

尽管经营网络与新媒体视频新闻需要获得视听许可证及相关部门的授权，但这并不影响互联网开放、自由的本质。视频新闻的来源与文字、图片新闻一样，极其多元化：包括报社、电台、通讯社和电视台在内的传统媒体是主流的视频新闻源；综合性商业网站和垂直类视频网站具备直播、点播、互动分享等多重功能，是第二大视频新闻源；网民 UGC 生产的内容既有播客截取自电视台的，也有播客个人采集、制作的，还有播客在新闻现场拍摄的，数量庞大，题材多元化，是第三大视频新闻源。此外，还有社会文化传播公司、企业、机构、社会团体等发布自制视频的视频新闻源。

2）内容多元

来源多样带来的直接结果就是内容的多元化。来自传统媒体的视频内容已经覆盖到时事、军事、文化、科技、社会、民生、生活百态等多领域。来自用户 UGC 的内容更是五花八门：有突发事件中目击者现场拍摄的视频，如"汶川地震视频""央视新址配楼大火"；有网民在公共场所拍摄的新闻事件，如优酷网"我在现场"栏目所发布的视频；还有网民对身边人和事的真实记录，以及生活中的奇闻趣事视频。

3）易于存储

传统电视新闻转瞬即逝，不便于回看，更无法作为再编辑和再创作的素材。网络与新媒体的视频新闻，无论是直播还是非实时节目，只要网络服务器不出现问题，视频内容就能长期驻留在线上，还可以进行云存储。这样，用户不仅可根据需要随时在线收看视频，还可以将视频下载下来，离线收看；云存储中的视频还能够实现断点续看，传播效果要远高于传统电视新闻。

4）播放可控

传统电视新闻是线性播放，用户无法掌控播放时间、播放顺序和播放内容。网络与新媒体的视频新闻则有很大的自由度，用户可以选择收看直播或者点播，可以在页面收看或者用专门的播放软件或客户端收看，可以自己控制播放时间、播放顺序，可以进行回放、快进、录制、下载等操作，可以打开弹幕发表评论。播放可控的特点也为视频新闻创造了一些新的运营模式，如暂停时的广告、弹幕中的用户交互、播放器中的广告位等。

5）整合编排

不同于传统电视新闻线性编辑的特点，超链接的技术特性为网络与新媒体视频新闻的加工、组织、整合工作赋予了自身特点：可以对同类新闻、相关新闻、热门新闻等进行高效率的组织编排，可以借助互联网技术对不同类型的新闻进行整合排列，可以与 3D、动漫、沙画、图片等多媒体手段进行结合，可以与广告、电商等深度整合，这样便能产生出与传统电视新闻不一样的视频新闻。

6）实时参与

在当今数字化时代，尽管传统电视节目尝试通过短信、字幕、主持人口播、社交媒体互动等方式与观众交流，但这些互动形式往往显得较为表面和偶发性。相比之下，网络与新媒体的视频新闻在播放内容的同时，为媒体与用户、用户与用户之间建立了常态的、实时的、深入的对话、参与和交流渠道。例如，在 2022 年北京冬奥会报道中，众多网络与新媒体平台纷纷推出"边看边聊"功能，使观众能够实时与专家嘉宾进行在线沟通，分享见解，同时观众之间也能围绕比赛、运动员等热门话题展开讨论和交流，这种互动方式极大地提升了观众的参与感和观看体验。

7）环境依赖

环境依赖包括技术环境依赖和网络环境依赖。流媒体技术、P2P（peer-to-peer，对等网络）技术在视频新闻的普及上起到了关键性作用，网络带宽的提升也清除了用户在线收看视频的障碍。虽然技术条件与网络条件都在改善，但视频新闻依然对环境有很大的依赖，例如带宽不畅不仅影响用户的收看效果，也阻碍了用户形成通过网络收看视频的习惯。此外，一些网络与新媒体视频新闻需要专门的播放软件才能播放，存储、下载视频文件还会占用服务器的空间，增加网站的运营成本。

2. 视频新闻的类型

网络与新媒体视频新闻的类型与图片新闻一样，也呈现出多样化的样态。

从播出时间看，有超长视频、长视频、短视频、微视频。

从播出方式看，有单条视频、视频专辑、联播视频、系列视频、整合类视频。

从工艺上看，有原生态实拍类视频、后期剪辑制作类视频、原创策划类视频、全程直播类视频。

从表现力上看，有图视、动新闻、动画/动漫视频、3D 视频、全景视频、航拍视频、VR 视频。

相较传统电视新闻的一元特征和单维度摄制等特点，多元化的视频新闻不仅丰富了网络与新媒体视频新闻的内容和形式，更向用户提供了个性化选择的可能。

【案例 3-2】新华网视频报道纪念"抗美援朝胜利 70 周年"。

2023 年，新华网在纪念"抗美援朝胜利 70 周年"的专题报道中，创新性地采用了一系列视频报道手段，其中包含了史料与动画结合的 3D 动新闻、将静态纪念馆搬到网上的动态化 360° 全景视频、制作于演播室的原创策划类视频评论，以及让用户深度参与的移动端全景交互视频。这些多元化的报道形式不仅为观众提供了丰富的视觉体验，也有效地增强了历史的真实感和现场感，如图 3-7、图 3-8 所示。

图 3-7　3D 动新闻　　　　　　　图 3-8　360° 全景纪念馆

【分析】

3D 动新闻的应用：在报道抗美援朝的历史事件时，新华网充分运用了 3D 动新闻的技术手段。通过模拟历史场景，结合动画、旁白和音效，使得那些久远的历史画面得以生动再现。这种方式不仅使得新闻更加可读和可视，还让观众仿佛置身于那个特殊的时代，感受到那个时代的氛围和英雄们的英勇事迹。

360° 全景纪念馆的呈现：新华网还利用 360° 全景视频技术，将线下的抗美援朝纪念馆搬到了网上。观众可以通过网络，随时随地参观这个全景纪念馆，通过旋转和缩放，观看纪念馆的各个角落。这种交互式的体验方式，让观众成为观看内容的参与者，增强了沉浸感和体验感。

原创策划类视频评论的引入：除了上述技术手段外，新华网还制作了一系列原创策划类视频评论。这些评论节目结合历史资料和专家解读，对抗美援朝的历史意义、英雄事迹等进行了深入的剖析和评论。这种形式的报道不仅丰富了报道内容，也提升了报道的深度和广度。

3.2.3　短视频新闻

在视频新闻中，有一种需要单独了解且备受关注的视频产品——短视频。从用户角度看，流量消费承受度、收看流畅度和生活节奏等决定了短视频得以风行；从互动角度看，时长为几秒到几分钟的短视频易于在社交平台上传播和分享，用户更青睐这类短视频；从商业角度看，短视频因为用户易接受、产品易传播，运营价值更大。

对短视频与微视频的界定目前还不是很清晰，业界对二者有不同的理解。优酷网总裁古永锵解释说："微视频是指短则 30 秒、长则不超过 20 分钟，内容广泛，视频形态多样，涵盖小电影、纪录短片、DV 短片、视频剪辑、广告片段等，可通过 PC、手机、摄像头、DV、DC、MP4 等多种视频终端摄录或播放的视频短片。'短、快、精'、大众参与性强、'随时、随地、随意'是微视频的最大特点。"第一视频网对微视频的解释是："微视频指播放时长为 3 ～ 5 分钟的视频，适合在所有终端浏览和展示，尤其是手机。"艾瑞咨询对短视频的定义是："短视频指一种视频长度以秒计数，主要依托于移动智能终端实现快速拍摄和美化编辑，可在社交媒体平台上实时分享和无缝对接的一种新型视频形式。它融合了文字、语音和视频，可以更加直观、立体地满足用户的表达、沟通需求，满足人们之间展示与分享的诉求。"

短视频新闻除了对环境依赖较小，还具备了视频新闻所有的特点。当然，短视频新闻之所以风行，在于它有自身特点和独特的产品价值。

1）视频长度较短，传播速度更快

短视频长度一般在 5 分钟以内，移动端成为短视频传播的主要途径。用户只需几分钟，就可以拍摄一段短视频并完成发布、分享，供其他用户即时观看并再次传播与分享。即拍、即传、即看是短视频优于长视频的主要特点。

2）生产流程简单化，制作门槛更低

相较于专业化的长视频制作，短视频简化了内容生产流程，制作门槛相对较低，依托移动智能终端和相关软件就能完成拍摄、制作与编辑。一些智能手机和短视频制作 App 还提供了现成的滤镜、特效，使内容更加专业化。

3）易于参与和互动，社交媒体属性加强

短视频因为易于拍摄、制作、收看和传播，因此用户分享、参与短视频话题的便利性更高，互动人数会随之增加，话题探讨的深度也会加强。短视频将过去以图文为符号的交流升级为更高端、更直观的视频互动。

国内的短视频内容主要集中在娱乐领域，如明星、搞笑、美食等，多由用户创作。然而，新闻资讯类短视频也在逐步增多并受到关注。例如，2023 年某短视频平台与新华社合作推出"新华社快讯"栏目，通过短视频传递国内外重要新闻。同样，央视新闻在 2022 年加大了短视频投入，推出了多个快速、直观的新闻栏目，如"央视快讯"，并通过互动收集用户反馈，持续优化内容制作和分发。这些举措不仅提高了新闻资讯的关注度，也展现了短视频在新闻传播中的巨大潜力。

短视频新闻信息量更大，所包含的声画部分可以将文字无法直接描述或者易产生歧义的地方直接表现出来，连续的画面内容也比静态图片更直观和丰富，尤其适合突发事件的现场报道和快速发布。短视频新闻适合碎片化消费场景，这意味着用户可以在移动过程中完成新闻的收听收看。

国外的网络与新媒体公司积极创新，推出了一系列短视频新闻服务工具和发布平台，以迎合用户对快速、直观新闻资讯的需求。例如，在 2022 年，美国知名新闻网站《赫芬顿邮报》旗下的 NowThis News 通过扩大影响力和引入先进算法，为用户提供了个性化和精准的短视频新闻内容。另外，英国广播公司（BBC）在短视频新闻领域也继续保持领先地位。在 2022 年，BBC 在社交媒体平台上推出了一系列创新的短视频新闻服务，如与 TikTok 合作推出的 BBC TikTok Newsroom，通过短视频的形式向年轻用户传递新闻资讯。美国有线电视新闻网（CNN）也在短视频新闻领域有所创新，2023 年，CNN 与短视频社交平台 Reels 合作，推出了一个名为 CNN Reels News Brief 的短视频新闻服务，以快速、直观的方式向用户提供最新的新闻资讯。这些举措显示了国外网络与新媒体公司在短视频新闻领域的持续创新和努力，为用户提供更多样化的新闻选择。

3.2.4　数据新闻

数据新闻又被称为"数据驱动的新闻报道"（data-driven journalism）。作为一种运用于新闻叙事的工具、技巧与方法，数据新闻使得记者的工作核心由追求最先报道新闻向讲述某一事态变化背后的真正含义及如何讲述转变，"开辟了全媒体、互动性、游戏化、移动式的新闻叙事道路，完成了对传统新闻一元叙事的革新。这既是大数据时代开放理念的必然产物，也契合了新媒体环境下受众的阅听习惯"。

1. 数据新闻的特点

开放丰富的数据来源、结构化的叙事逻辑、可视化的呈现方式是数据新闻的三大特点。新兴的发布平台赋予了每个人收集和共享数据并把它转化为信息的能力。新媒体时代，信息从稀缺变为过剩，内容从整体变为碎片。因此，收集、筛选并呈现数据、信息这些表象背后的原因与真相有着越来越高的价值。同时，一个孤立的事件中零散的微内容往往缺少关联度，但如果从正确的角度挖掘、分析、清洗相关数据，却能发现极为重要的细节。因此，开放的、准确的大数据是数据新闻的前提。美国数据新闻的迅猛发展与 2009

年奥巴马政府发布的《开放政府令》及数据门户网站（data.gov）直接相关。

数据新闻能让任何人深入数据源当中，使用各类资源、工具、技术和方法等，验证、推断并挑战被普遍接受的假设而发现"故事的轮廓"，或提供"新的视角"，为将传统的新闻敏感性和有说服力的叙事能力与海量的数字信息相结合创造新的可能。数据可以是数据新闻的来源，也可以是讲述新闻故事的工具，还可以两者兼具。新闻媒体与新闻工作者运用数据新闻，可以从数据中寻找到独特的故事，可以通过信息图表来报道一个复杂的故事，可以借助数据新闻可视化帮助用户了解烦琐的问题。

将处理后的数据集、数据库、数据关系等转换为直观的图形进行可视化呈现，是数据新闻的必然选择，关系到数据新闻产品能否被认识和接受。目前采用的可视化数据呈现方式有静态可视化信息图、动态可视化信息图、交互式可视化信息图、动效交互结合的可视化信息图、可视化视频、交互式可视化视频等，以下为具体的表现手段。

（1）作为视觉化工具的信息图表包括图表（chart）、图解（diagram）、图形（graph）、表格（table）、地图（map）和列表（list）等。

用于可视化呈现的图形有饼图、条形图、柱状图、堆积条形图、堆积柱状图、曲线图（折线图）、散点图、气泡图、K 线图、雷达图、流程图、热点图、关系图、漏斗图、象形柱图、桑基图、平行坐标等。

（2）用于可视化表达的设计手段有面积的大小、尺寸的长短、条柱的高低、不同的颜色及颜色的深浅、不同的字体及字号的变化、动效的滑动方式等。

（3）用于可视化表达的内容手段有数字、比例、比率、百分比、极简文字、素材图等。

2. 数据新闻的三种样态

目前，数据新闻的表现样态主要有三种：可视化新闻信息图、基于数据集或数据库建构的数据新闻、数据驱动的新闻报道。

1）可视化新闻信息图

可视化新闻信息图是数据可视化在新闻报道领域的应用，即借助图形化的手段，准确、简洁、明晰地解读新闻、传递信息，让用户能快速抓住内容要点，让关键的数据点在可视化图形上一览无余。常见的可视化新闻信息图有"一图读懂""一图解读""一图速读"等，它是数据新闻最基础的表现样态，主要针对单篇文章或单个主题进行可视化解析，不需要对数据进行太多深层次的挖掘和分析。

【案例 3-3】新华网图解新闻报道 2023 年两会。

在 2023 年两会报道中，新华网利用图解新闻报道的方式，通过丰富的可视化元素，如图表、图像和动画，将政府工作报告、政策条文及数据统计等内容进行了直观、简洁的呈现。这些图解新闻报道不仅帮助读者迅速把握两会的核心议题和决策，还提高了新闻的易读性和传播效果，如图 3-9 所示。

图 3-9　新华网图解新闻报道 2023 年两会

【分析】

随着信息时代的快速发展，读者对于新闻的需求已经发生了深刻变化。政经类新闻，特别是政府工作报告等重要文件，往往内容繁杂、信息量大，难以在短时间内被普通读者完全理解。因此，新华网采用图解新闻报道的方式，通过挖掘和提炼新闻中的关键信息，以直观、简洁的可视化形式呈现，使得新闻更加贴近读者的阅读习惯和审美需求。

2）基于数据集或数据库建构的数据新闻

基于数据集或数据库建构的数据新闻，就是运用专业工具抓取海量的、碎片化的但有效的数据，并对其进行结构化、知识化处理，建成数据集或数据库，然后由各类专业人员对数据进行意义建构，梳理数据新闻的叙事逻辑，最后以形象、生动、简单的可视化、交互图表或视频呈现。基于数据集或数据库建构的数据新闻强调的是改变传统新闻内容的叙事模式，获得的是提升专业新闻的"阐释"效果。

【案例 3-4】《中国日报》与新华网剖析气候变化。

《中国日报》与新华网基于全球气候变化数据库，分别制作了数据新闻，以数据为线索，深度剖析了气候变化的严峻形势与应对之策，如图 3-10 所示。

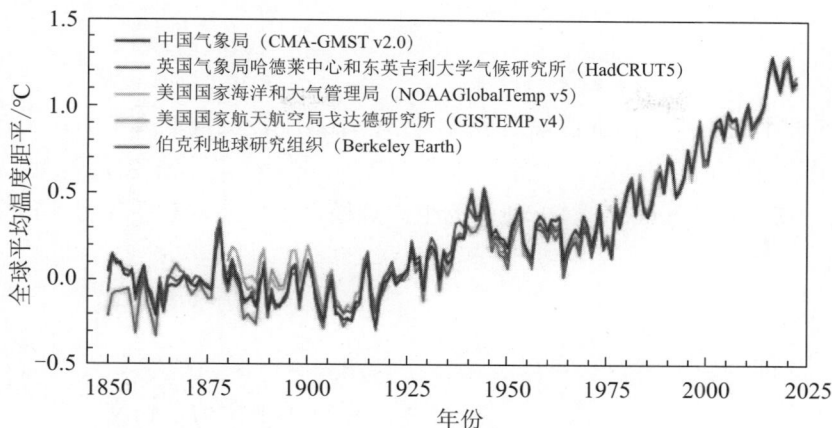

图 3-10　1850—2022 年全球平均温度距平（相对于 1850—1900 年平均值）

【分析】

《中国日报》推出的数据新闻《气候变化：数据揭示全球暖化趋势与挑战》，以翔实的数据和图表，展现了全球气温上升、极端天气事件频发、海平面上升等气候变化现象。该报道通过对比分析不同地区、不同时间段的气候数据，揭示了气候变化的区域差异和演变趋势。同时，报道还结合专家解读和政策分析，探讨了应对气候变化的可行路径和国际合作的重要性。

新华网则制作了交互式数据新闻《全球气候行动：数据地图见证减排努力与成效》。该报道通过动态地图和可视化图表，展示了各国在减少温室气体排放、发展可再生能源等方面的努力和成果。用户可以通过单击地图上的不同国家，查看其具体的减排目标、政策措施以及实施效果。这种交互式的报道方式不仅增强了用户的参与感和体验感，也使得复杂的气候变化问题变得更加直观和易于理解。

3）数据驱动的新闻报道

数据驱动的新闻报道，意味着产生的数据新闻不是停留在数据可视化信息图或简单呈现数据的层面，而是要通过对公开、海量的数据进行挖掘、分析，发现新的现象，得出新思考或新评价，预测新的可能或趋势。例如，从手机信号的密集程度来测算旅游人群的走向，从火车票的起始站和终点站判断旅客的行程，从交通事故的数据中判断最危险的路口、路段，从 GPS 记录仪记录的数据中计算出出租车的平均时速从而测算车辆运行的高峰时段。

3.2.5　H5 新闻

H5 是 HTML5 的简称，是移动互联网平台上最典型也最常用的传播技术，在技术层面具有易于传播和分享等多重优势，能够应用于各个领域和场景。

1.H5 新闻的特点

H5 新闻之所以成为移动互联网平台传播手段中的"常规武器"，是因为其具有以下五大特点。

1）适配性高

基于 H5 技术的应用和产品可以适应各型号移动终端，实现低成本的跨平台传播。这种高适配性降低了产品开发成本，不仅不需要在初始开发设计上过多投入，也无须后期持续升级迭代。高适配、低成本让 H5 新闻的生产规模不断扩大，产品种类、花样随之越来越多。

2）包容性强

这是 H5 新闻的重要特点，可以容纳文字、图表、音频、视频，可以融入音乐、游戏、动漫、卡通，可以代入场景、角色、情境，可以运用滑动、触碰、点击、翻转、超链接等交互方式。表现形式和应用手段的丰富多样与交叉混合使 H5 新闻具有了超强的传播力。

3）应用面广

抛开终端和技术上的某些限制因素，H5 产品理论上能够应用于所有领域，包括新闻传播、商务营销、生活娱乐、政务管理等。具体到新闻传播方面，经济、政治、民生、娱乐、历史、军事等各种性质的新闻报道中都可以运用 H5 技术来编辑制作新闻产品。

4）超强交互

移动端用户参与交互的便利性为在 H5 新闻中设计互动创造了条件，而 H5 技术又赋予了创作者多种交互设计工具。因此，无论是就简单内容的人机交互，还是需要深度参与的测试、游戏、问答等互动，都是在通过人性化的产品交互设计中提升用户的参与意愿，强化用户的参与感。

5）传播便利

H5 新闻的用户使用门槛较低，这种轻量级的产品无须下载、安装，用户扫描或点击即可阅读。目前，App、搜索引擎、应用市场、浏览器等都可以成为 H5 新闻的载体，用户一键开启、一键转发，畅通无阻地浏览和分享。同时，H5 新闻的多媒体、富媒体特质赋予产品较强的视觉冲击力和表现张力，画面感强，产品的创意性、趣味性和新鲜感为用户带来了良好的视听感受，使他们更有将该产品传播出去的意愿，更愿意在社交媒体中就该产品与其他人开展交流、互动。

2. H5 新闻的基本样式

设计、创意是 H5 产品的精髓。H5 新闻的表现形式琳琅满目、创新不断。但是，H5 新闻还是存在一些基本样式，这些基本样式或单独出现，或与其他样式交融、混合出更多颇具创意的 H5 新闻。

1）图文型

以图配文为主体，图的形式千变万化，可以是照片、插画、GIF 动图、背景图等，通常采用上下滑动或者左右滑动来进行多页切换。每页集中一个内容点，搭配动效出现，起到类似幻灯片的传播效果。图文型是早期 H5 新闻的主要表现样式，简单、直白、易用，制作成本低，此外也常用于招聘、海报、会议邀请等场景。

2）交互型

以用户参与交互为起始触发、启动产品，或将用户互动贯穿整个 H5 新闻，运用多种交互方式，包括点击、擦除、滑动、长按、手势、摇一摇等。例如 H5 新闻《中国之声两会新闻动车组》，需要用户向右划屏启动列车，然后点击相应的列车车厢阅读新闻。

3）游戏型

游戏具有趣味性、沉浸感和易操作性，将游戏融入 H5 新闻中，可以吸引用户深度参与，让用户通过上传内容、回答问题、参与测试、挑战记录等知识型小游戏或射击、棋牌、竞技等娱乐型小游戏，了解 H5 新闻推送的主题和内容。游戏型 H5 新闻建立在交互基础之上，用户不仅乐于参与，更乐于分享。

4）视频型

视频型又可理解为视频嵌入型，即在视频中嵌入几分钟的短视频。可以将整个 H5 新闻都设置为视频内容，只在开始和结尾提示主题信息；也可以在 H5 新闻中插入一段或几段短视频，与其他素材组合成一个完整的作品。视频的体积较大，几乎难以嵌入早期的 H5 产品中，但随着互联网技术的发展和 H5 技术的成熟，视频型 H5 新闻会因更强的表现张力而越来越普及。

5）模拟型

模拟型又称拟态型、带入型，通过对现实情境的模拟，将用户带入一个特定的场景中，让用户在自己"熟悉的环境"中体验、参与、操作。模拟场景包括：手机场景，如未接来电、陌生人来电、名人来电、手机桌面；微信场景，如视频邀请、朋友圈邀请、红包打开；社会生活场景，如机场、车站等交通出行场景，电梯、办公室、大厦等工作场景，餐厅、酒店、商场等日常生活场景。未来，只要创意和产品适配，没有什么场景是不可以模拟的。

除了这些基本表现样式，H5 新闻现在还有快闪、画中画、双屏互动、全景三维等各种新型样式。在设计制作 H5 新闻时，仅靠一种样式是不够的，需要各种样式混合、综合使用，如图文型 + 交互型、游戏型 + 交互型、图文型 + 视频型 + 交互型、模拟型 + 交互型等。2016 年用户热捧的 H5 新闻《穿越故宫来看你》就综合运用了说唱（rap）、场景模拟、游戏交互、卡通动漫、短视频等手段，其间甚至还穿插了设计方腾讯公司旗下的 QQ、微信、朋友圈应用。

3. H5 新闻的应用场景

H5 新闻主要以移动终端为传播载体，将新闻的真实性、时新性、重要性、新鲜性等价值要素，与 H5 技术直观、形象、动感、艺术的特点结合，立体化、可视化地表现新闻、解读新闻，从而让用户趣味性地欣赏和参与性地分享。H5 新闻的应用场景主要有五方面：新闻可视化、互动传播、解读新闻、整合资料和专题报道。

1）应用于新闻可视化

借助 H5 技术实现新闻可视化是最常见的应用场景，例如让突发事件的进展变成时间轴，让新闻发布会变成可视化的问答，让年终盘点变成炫酷的视频大片，最终让传统的文字＋图片动起来，让用户在交互中完成新闻阅读，这些都是传统新闻采编无法实现的。

【案例 3-5】H5 新闻报道《2023 年政府工作报告解读》。

在 2023 年两会期间，人民网精心制作了一款 H5 新闻报道《2023 年政府工作报告解读》，该报道以新颖的形式和丰富的内容吸引了大量网民的关注和参与，如图 3-11 所示。

图 3-11　政府工作报告解读

【分析】

人民网制作的《2023 年政府工作报告解读》H5 新闻报道，成功地将政府工作报告的核心内容以生动有趣的形式呈现给广大网民。通过图文并茂、动画音效等多种手段的运用，报道显得更加直观、易懂，同时也增强了网民的阅读体验和参与度。

2）应用于互动传播

PC 时代人机互动方式较为简单，以用户发帖、参与讨论、发布图片和视频的 UGC 生产为主，终端的固定限制了用户随时随地进行互动。移动互联网时代，智能终端不仅让用户有条件实时参与互动，而且互动方式和手段趋于多样化。将 H5 技术的交互性特征与新闻报道结合实现互动传播，已成为网络与新媒体制作 H5 新闻的主要方向。

3）应用于解读新闻

运用 H5 技术，将事件的重要新闻点和有冲击力的图片、视频挑选出来，制作成一个图文型或视频型 H5 新闻，能软化新闻的硬度，让新闻更好看、更耐看。在用 H5 技术解读新闻的过程中，图片一般是"主力"。运用 H5 技术可以使静态图片产生推、拉、摇、移的视频镜头效果；可以结合时间轴展示新闻事件全过程，形成新闻综述；可以结合数据、坐标解读事件的前因后果、来龙去脉，形成深度报道；可以结合关系图、四维图围绕一个人物或主题综合梳理编排，形成新闻故事。

【案例 3-6】H5 新闻解读《碳达峰、碳中和目标下的绿色生活》。

随着全球气候变化问题日益严峻，碳达峰和碳中和目标成为各国共同关注的焦点。为了普及相关知识，引导公众积极参与绿色低碳生活，某主流媒体推出了《碳达峰、碳中和目标下的绿色生活》的 H5 新闻解读，如图 3-12 所示。

图 3-12　碳达峰、碳中和目标下的绿色生活

【分析】

该 H5 新闻以生动的视觉呈现和交互设计，将碳达峰、碳中和等复杂概念转换为直观易懂的内容。首先，它通过精美的插图和动画，展示了全球气候变化的严峻形势以及碳达峰、碳中和目标的重要性。接着，通过一系列问题和互动环节，引导用户深入了解绿色生活的具体实践和益处。

4）应用于整合资料

历史资料和背景材料是新闻报道的重要组成部分。重大事件纪念日的报道需要整合历史资料，重点报道、突发新闻则需要同步背景资料。一般而言，资料、史料比较枯燥，将 H5 技术运用于资料整合，不仅能有逻辑地展现梳理后的资料，而且能为阅读精致页面的用户带来视觉美感，使其在动效中沉浸于内容。这样，不仅资料的价值得到了提升，传播的效果也得到了相应的增强。

【案例 3-7】《从脱贫攻坚到乡村振兴，这些历史性跨越你知道吗？》H5 新闻整合资料。

在脱贫攻坚取得全面胜利，并开启乡村振兴新征程的背景下，新华网推出了一款 H5 新闻《从脱贫攻坚到乡村振兴，这些历史性跨越你知道吗？》。该 H5 新闻通过答题交互的方式，生动展示了中国近年来在扶贫和乡村发展领域取得的重大成就。

【分析】

新华网为了配合国家脱贫攻坚和乡村振兴战略的深入推进，特别推出了这一 H5 新闻。作品采用精美的手绘插画和富有挑战性的答题交互形式，从脱贫攻坚的多个关键节点入手，引导用户参与答题。

用户通过答题，不仅可以检验自己对国家扶贫政策和发展历程的了解程度，还能在答题过程中逐步深入了解脱贫攻坚的艰辛与成就。每当用户完成一个答题环节，下一个页面就会呈现相关的历史资料和图片，详细展示中国在脱贫攻坚过程中的重大事件和标志性成果。

5）应用于专题报道

H5 技术为移动端专题报道提供了两条新的路径：一是高度整合，运用切换、弹出、划屏等手段将新闻报道的核心内容汇聚到一个 H5 新闻之中；二是化整为零，将大专题切割为一个个用 H5 技术来表现的小专题、微专题，形成专题矩阵。

【案例 3-8】2022 年北京冬奥会 H5 新闻专题报道。

2022 年，举世瞩目的北京冬奥会盛大举行。为了全面报道这一体育盛事，新华社新媒体平台推出了一系列 H5 新闻专题报道，通过创新的互动形式，为用户带来了丰富多样的冬奥内容体验。

【分析】

新华社针对 2022 年北京冬奥会，精心策划并制作了多个 H5 新闻专题报道，内容涵盖赛事进程、精彩瞬间、运动员故事、幕后揭秘等多方面。这些 H5 新闻以独特的视角和深入的分析，展现了冬奥会的独特魅力和深刻内涵。

其中，一个名为《冬奥风云录》的 H5 新闻专题，通过交互式时间线的形式，展示了冬奥会的历史沿革和重要事件。用户可以通过滑动时间轴浏览不同年份的冬奥盛况，感受冬奥精神的传承与发展。同时，该 H5 新闻还结合了丰富的图片、视频和音频素材，为用户带来了沉浸式的阅读体验。

另一个名为《冰雪英雄谱》的 H5 新闻专题，则聚焦于冬奥会上的杰出运动员。通过生动的漫画形象和故事化的叙述方式，该 H5 新闻展现了运动员们的奋斗历程和辉煌成就。用户可以通过单击不同的运动员头像，了解他们的成长故事和比赛经历，感受他们的拼搏精神和体育魅力。

3.2.6 VR/AR 新闻

2015 年，《纽约时报》推出一款名为 NYT VR 的 App，让读者使用谷歌 Cardboard 设备体验沉浸式的虚拟现实内容，这项发明成为 VR 作为新闻传播手段的标志性事件。VR/AR 新闻改变了新闻的呈现方式，带来了全新的讲故事方式，用户从过去的"看新闻"到"被带入新闻现场"，能产生"身临其境"的感觉，有利于提高用户的参与度。

1. 认识 VR/AR 和 VR/AR 新闻

VR（virtual reality）为虚拟现实，是利用计算机生成一种模拟环境，使用户可以沉浸到这种多源信息融合、交互的三维动态虚拟环境中进行体验的计算机仿真系统。其技术的核心特征可以被归纳为"3i"，即沉浸（immersion）、互动（interaction）和想象

（imagination）。

AR（augmented reality）为增强现实，是指把原本现实世界中一定时间、空间、范围内很难体验到的实体信息，通过计算机进行模拟仿真，之后再叠加在真实环境中，达到真实的环境与虚拟的物体同处一个画面或空间的效果，实现真实世界和虚拟世界的"无缝"集成。

对比 VR 和 AR，前者是一个完全被创造出来的世界，制作过程中需要综合多种技术，核心技术包括实时三维计算机图形技术，广角（宽视野）立体显示技术，跟踪观察者头、眼和手的技术，除此以外还有触觉 / 力觉反馈、立体声、网络传输、语音输入输出技术等，具有多感知性、存在感、交互性和自主性等特点；后者不是完全被创造出来的，而是利用三维建模、实时模拟等技术在现实的基础上增加虚拟物体，核心技术包括多媒体、实时视频显示及控制、多传感器融合、实时跟踪及注册、场景融合等新技术与新手段，具有信息集成、实时交互性和定位虚拟物体等特点。

VR 展示的是一个虚拟的世界，但能给用户带来真实的感受；AR 展示的是真实世界与虚拟物体叠加后的视觉效果，用户看到的场景与单纯用眼睛看到的现实场景相比"增加"了更多的信息。用户通过头盔、眼镜、数据手套等 VR/AR 设备，借助视觉、听觉及触觉等多种传感通道与三维虚拟世界进行逼真的实时交互，消解了以往观众对于新闻的隔阂感。用户可以从自己的视角出发，直接参与并完全进入虚拟场景，就像直接走入新闻现场一样，"亲身"体验世界上正在发生的大事。

2010 年，南加利福尼亚大学高级研究员罗尼·德拉佩纳（Nonny de la Pena）首次用"沉浸式新闻"的概念来定义使用虚拟现实技术制作的新闻："一种使观众能够对新闻中的故事或场景，获得第一人称视角体验的新闻生产方式。"《纽约时报》编辑杰克·西尔沃斯坦（Jake Silverstein）认为："虚拟现实的力量在于，它能在观众与人物和事件之间建立一种独特的移情关系。"

2. VR/AR 新闻的应用场景

据美国科技新闻网站 Engadget 报道，CNN 于 2017 年设立了一个全新的沉浸式新闻部门，名为 CNNVR，该部门每周推出一期虚拟现实新闻。而《纽约时报》早在 2016 年就开始推出每日播出的环景视频新闻节目，名为 The Daily 360。 VR/AR 新闻作为新型传播手段，已经被应用到了各类场景。

1）应用于娱乐和新闻直播

VR 直播最先被应用于大型综艺晚会、演唱会、体育赛事、娱乐节目，后被一些企业运用于产品发布会、大型活动等，发挥出其不同于普通直播的独特价值。

2017 年央视春晚利用 360°全景的拍摄设备首次实现 VR 直播，用户可选择上、下、左、右任意角度，获得更逼真的沉浸感，全视角感受春晚的现场氛围，犹如身临其境。2016 年里约奥运会期间，主办方在部分场馆架设全景摄像头，首次提供 VR 直播信号。美国 NBC 电视台购买了里约奥运会的 VR 转播权，推出共 85 小时的 VR 节目，包括奥运会开幕式和闭幕式，以及男子篮球、体操、田径比赛、沙滩排球等项目的直播和点播。用户可通过头戴设备观看，也可以通过手机下载相应 App 选择不同的拍摄角度观看，VR 的沉浸感让用户即使在家中也能感受到奥运会现场的热烈气氛。

VR 现场直播能拉近用户与新闻事件的距离，让用户产生一种全新的新闻实时"阅读"体验。用户只要戴上 VR 设备，就似乎被送达了新闻现场，时空穿越般地同步接收现场信息，更真切地体会和感受现场环境和气氛，真正对新闻留下深刻印象。

2）应用于重大活动报道和突发事件报道

在重大活动报道中，5G+VR 技术的运用进一步提升了新闻报道的交互性和沉浸感，为观众带来了前所未有的视听体验。以 2022 年北京冬奥会为例，央视新闻在报道中广泛采用了 5G+VR 直播技术，通过高清的 VR 摄像设备捕捉赛场上的每一个精彩瞬间，并通过 5G 网络实时传输给观众。观众只需通过手机或 VR 设备，就能身临其境地感受冬奥会的激情和魅力，仿佛置身于现场一般。这种报道方式不仅丰富了新闻报道的手段，也提升了观众的参与感和沉浸感。

在突发事件报道方面，VR 技术同样发挥了重要作用。以 2023 年某地地震灾害为例，由于地震导致的现场环境复杂且危险，新闻记者难以进入灾区进行全方位的采访和拍摄。然而，借助 VR 技术，新闻媒体能够模拟出灾区的真实环境，并通过 VR 设备让观众如身临其境地感受灾区的状况。这种报道方式不仅让观众更加直观地了解灾害的严重性，也增强了新闻报道的真实性和可信度。同时，通过 VR 技术展现的救援过程和受灾群众的生活状态，也激发了观众对灾区人民的同情和关爱之情，进一步增强了社会的凝聚力和向心力。

3）应用于科技类新闻报道

随着 VR 技术的不断发展，其在科技类新闻报道中的应用也越来越广泛。以 2023 年的火星探测任务报道为例，新华社推出了一款名为"火星之旅"的 VR 新闻报道产品。用户通过佩戴 VR 设备，仿佛置身于火星探测器发射现场，亲身感受火箭升空的震撼瞬间。在 VR 环境中，用户可以近距离观察火星探测器的构造和工作原理，深入了解探测任务的科学目标和技术难点。此外，产品还通过高清的 VR 影像，展现了火星表面的地貌特征和气候环境，为用户带来了沉浸式的火星探索体验。

除了深空探测报道，VR 技术也在古迹报道中发挥了重要作用。以 2022 年秦始皇兵马俑博物馆的 VR 展览为例，博物馆利用 VR 技术，将兵马俑坑内的珍贵文物以高清晰度的三维模型呈现在观众面前。观众通过佩戴 VR 眼镜，可以在虚拟环境中自由漫步，近距离欣赏兵马俑的雄伟壮观和精细工艺。同时，VR 技术还结合了音频解说和互动功能，使观众能够更深入地了解兵马俑的历史背景和文化内涵。

4）应用于新闻纪录片和纪实专题片

近年来，VR 和 AR 技术逐渐应用于新闻纪录片和纪实专题片的制作中，为观众带来了全新的视听体验。这些技术不仅让观众能够如身临其境地感受现场氛围，还通过叠加信息和材料，使纪录片的内容更加丰富和有深度。

以 2022 年播出的《抗击疫情：一线纪实》为例，这是一部运用 VR 技术制作的新闻纪录片。观众通过佩戴 VR 设备，仿佛置身于抗疫一线，与医护人员共同经历那些紧张而充满挑战的时刻。在 VR 技术的呈现下，观众能够目睹医护人员们日夜奋战在病房，感受他们与病毒抗争的艰辛与付出。这种身临其境的体验，使得观众对疫情的严峻性和医护人员的奉献精神有了更加深刻的认识。

而在 AR 技术的应用方面，以 2023 年播出的《气候变化：地球的挑战》纪实专题片为例。该片在传统纪录片的基础上，通过 AR 技术叠加了丰富的信息和数据，展示了全球气候变化带来的种种影响。观众在观看纪录片时，可以通过 AR 眼镜看到地图上不断变化的温度数据、海平面上升的趋势图以及受灾地区的真实场景。这些信息与画面的完美结合，不仅让观众对气候变化有了更加直观的了解，还增强了纪录片的说服力和感染力。

3.2.7　直播新闻

网络与新媒体的直播是指在互联网或移动互联网平台上，通过图文、全媒体、演播室访谈等方式对新闻发生现场及相关当事人进行实时播出的一种传播方式。它不是传统直播的网络呈现，而是融入了互动、多媒体等新技术，改变了原有的新闻资讯内容生产和传播方式，颠覆了新闻报道的生态。

1.直播新闻的特点

直播新闻以其独特的优势，成为网络与新媒体领域的重要报道形式。它不仅实现了新闻时效的最大化，也是获取原创内容的有效途径。近两年，直播新闻在多方面展现出了其鲜明特点。

1）同步性

以"联合国气候变化大会直播"为例，各大媒体纷纷进行了现场直播报道。通过直播，观众能够实时观看到各国代表的发言、谈判的进展以及会议的各项决议，仿佛置身于大会现场。这种同步性带给观众强烈的现场感和参与感，使得观众能够第一时间了解到全球气候变化的最新动态。

2）易留存

以"东京奥运会赛事直播"为例，各大媒体对各项赛事进行了全程直播，并将直播内容完整保存下来。观众在赛事结束后可以随时回看精彩瞬间和比赛全程，深入了解运动员的表现和赛事的进展。这种易留存的特点使得直播新闻能够长期保存并方便用户随时回顾。

3）易交互

以"世界杯足球赛直播"为例，观众在观看比赛直播的同时，可以通过弹幕和评论与主播和其他观众进行实时交流。他们讨论比赛战术、球员表现以及预测比赛结果，形成了热烈的互动氛围。这种交互性不仅增强了观众的参与感，也为主播提供了更多与观众互动的机会，进一步提升了直播新闻的吸引力。

4）原创性

以"某地区地震灾害现场直播"为例，某媒体迅速派出记者赶赴现场进行直播报道。记者通过直播向观众展示了灾区的实际情况、救援工作的进展以及受灾群众的生活状况，获取了第一手独家内容。这些原创内容不仅为媒体赢得了声誉，也为观众提供了更加真实、生动的新闻体验。

5）无限量

以"国庆阅兵仪式直播"为例，某媒体设置了多个直播点位，通过不同角度和视点的切换，为观众提供了全方位的直播体验。观众可以观看到阅兵仪式的不同环节、不同方阵的表演以及空中梯队的飞行表演，全面了解国庆阅兵的盛况。这种无限量的特点使得直播新闻能够更加丰富和全面地展现新闻事件。

6）低成本

随着技术的不断发展，直播新闻的制作成本逐渐降低。以"某乡村小学开学典礼直播"为例，学校利用一台智能手机和一个稳定的网络环境，就成功完成了开学典礼的直播报道。这种低成本的特点使得更多的机构和个人能够参与到直播新闻的制作中来，进一步推动了直播新闻的发展。

7）多样态

直播新闻可以与多种新技术和新设备结合，产生出更多样化的直播样态。以"某音乐会 VR 直播"为例，观众通过佩戴 VR 眼镜，仿佛置身于音乐会现场，与音乐家们共同感受音乐的魅力。这种沉浸式直播为观众带来了更加新颖和独特的视觉体验。

8）不确定性

直播新闻尽管具有诸多优势，但也存在一定的不确定性。以"某政治事件直播"为例，由于直播新闻是实时进行的，无法对内容进行提前筛选和编辑，因此可能存在政治风险、内容风险等问题。此外，信号不稳定和传输不顺畅也可能影响直播的顺利进行。因此，在进行直播新闻报道时，需要充分考虑这些风险因素并采取相应的应对措施。

2. 网络与新媒体直播的类别

从资讯直播到社交直播，从非营利性直播到营销类直播，从图文直播到 VR/AR 直播，网络与新媒体直播的发展演变带来了多类别的直播形态。了解网络与新媒体直播的类别，有利于利用这些直播形态所具有的不同特点进行有效传播。

按照直播手段进行分类，网络与新媒体直播可分为文字直播、图文直播、视频直播、多媒体直播和 VR/AR 直播。文字直播是网络与新媒体直播中最基本、最常用的一种类别。

图文直播是文字直播的发展，即在进行文字直播的同时穿插编发新闻现场的图片，丰富直播的内容。视频直播是将音视频信号转换为数字信号，再经由网络与新媒体平台进行传输的一种直播类别。多媒体直播，又称富媒体直播，将文字、图片、音频、视频和互动融合于一个页面，同时，直播内容可通过文字、图片和音视频等形式同时呈现。VR/AR 直播是借助 VR/AR 专业设备，将用户"送达"新闻现场，用户不是作为直播的观众，而是完全沉浸到现场环境中，感受一种全新的新闻实时"阅读"体验，这种直播方式能够真正拉近用户与新闻事件的距离。

按照直播对象进行分类，网络与新媒体直播可分为突发新闻直播、活动直播、发布会或会议直播、访谈直播、庭审直播、赛事直播。突发新闻直播是资讯直播中最有价值、最需技术支持但风险最高的一类直播。活动、发布会或会议、访谈已经是直播的"常客"，甚至有些活动、会议已经将直播作为一种营销手段。庭审直播是将直播作为法务公开的一种工具，通过在互联网端预告和实录呈现庭审现场，实现了法律审判的公开、透明和舆论监督。体育赛事是网络与新媒体出现之后最早运用直播的一类对象，视频直播、多媒体直播是其主要方式。

按照直播呈现方式进行分类，网络与新媒体直播可分为全程实录直播、过程性直播、穿插式直播和评议式直播。全程实录直播是对诸如新闻发布会、人物访谈和体育赛事等活动进行全面、完整甚至一字不落的记录，内容包括发言和对话的全部内容、比赛的全部经过。过程性直播是直播员根据自己对新闻事件的理解与把握，在直播新闻事件的过程中，有选择性地记录重点信息，然后在直播页面上发布。穿插式直播是直播员在直播过程中不仅全文记录、发布新闻现场，而且会穿插新闻背景资料、数据、图片、视频等，使直播从单纯的记录变为立体式的报道。评议式直播是在直播新闻事件的同时，邀请专家学者对事件进行述评，也就是在传递信息的同时还能解读信息，帮助网民了解新闻事实。

此外，根据直播发布平台的不同，有 PC 端网页直播、微博直播（微直播）、手机新闻客户端直播等；根据直播的场域不同，有演播室直播、户外即采即发直播和演播室 + 户外直播等；根据直播工具的不同，有摄像机直播、手机直播和无人机直播等。

3.3　网络与新媒体的媒体融合

互联网革命性力量源于其背后的技术创新，这些创新不仅赋予人类社会新能量与智慧，更打破传统社会组织结构，瓦解旧有生产关系与社会基础。媒体融合正是这场革命在媒体领域的体现，它瓦解了固有格局，实现了内容生产的多样化、渠道传播的融合化，使媒体从业者向全能型发展。简而言之，网络与新媒体的媒体融合推动了媒体行业的深刻变革与升级。

3.3.1　了解媒体融合

数字与网络技术的广泛应用，带来的不仅是传播媒体的革新，更打破了报纸、广播与电视等传统媒体间固有的界限，令原本泾渭分明的几种媒体或主动或被动地参与到一场革新性的融合之中，即"媒体融合"（media convergence），也被称为"媒介融合"。

美国麻省理工学院的伊契尔·索勒·普尔（Ithiel de Sola Pool）教授从传播技术与形态方面入手，在其《自由的科技》（*Technologies of Freedom*）一书中提出，媒体融合意味着多种媒体在技术发展的影响下将呈现出功能性的融合，即依托数字技术与互联网技术使媒体内容、系统与渠道实现一体化。

从组织机构运营的角度，媒体融合也被某些学者定义为"印刷的、音频的、互动性数字媒体组织之间的战略性文化联盟"。这种战略性文化联盟反映在媒体融合上就是经营多种不同类型的媒体（如电视、网站和报纸），并同时覆盖内容的生产、传播与反馈渠道，运营范围涵盖了电视、广播、报纸、杂志、出版、互联网、移动网等多个领域，拥有众多知名媒体品牌，并在一定范围内垄断了内容的制作与传播，实现内容与渠道的资源共享。

因此，我们可以看出媒体融合有狭义和广义之分。狭义的媒体融合是指微观层面上探索技术、功能、形态的简单组合对媒体生产、流程和人员的改变，如中央厨房、融媒体中心建设等。广义的媒体融合则是从社会整体的宏观层面审视媒体融合所带来的深远意义与丰富内涵，探讨与媒体相关的一切要素在社会范围内的互动以及这些互动所产生的多重影响，如传媒产业政策、体制机制的融合等。

3.3.2 媒体融合的层次与推进策略

1. 媒体融合的层次

媒体融合建立在跨媒体协作与深度整合的基础上，旨在实现资源共享、优势互补和效益最大化。这一进程可划分为三个层次，并在实践中展现出新的趋势与特点。

1）第一层次：新闻内容生产的深度融合

在新闻内容生产层面，融合不仅体现在信源、策划、采访、编辑和审核等环节，更在于通过创新手段提升新闻附加值。例如，近年来，新华社推出了"AI 合成主播"系列，利用 AI 技术生成逼真的虚拟主播，实现 24 小时不间断的新闻播报。这不仅丰富了新闻表现形式，也大大提高了新闻传播的效率和覆盖面。

2）第二层次：经营与品牌的全面融合

在经营与品牌层面，媒体机构通过广告、经营、人员和品牌的深度融合，实现了品牌价值的最大化。以央视新闻为例，其在新媒体平台上积极拓展业务，通过微博、微信、短视频平台等多渠道传播，不仅提升了品牌知名度，也有效带动了广告收入的增长。同时，央视新闻还通过与其他媒体机构的合作，共同策划大型报道项目，进一步提升了品牌影响力。

3）第三层次：渠道多样化的深度融合

在渠道多样化层面，媒体融合更加注重资源整合、数据融合和用户融合。以人民日报为例，其通过构建大数据平台，对用户行为进行深入分析，实现精准推送和个性化服务。同时，人民日报还积极与其他媒体和平台进行合作，共享资源、互通有无，形成了多渠道、全方位的传播格局。

2. 推进策略

在构建媒体融合的路径上，新技术发挥着关键作用。以下是五方面的推进策略。

（1）加强基础设施建设，利用 5G、大数据、云计算等新技术，打造智能化、高效化的传播平台。例如，各大媒体纷纷推出新闻客户端和智能音箱等新产品，为用户提供更加便捷、多元的新闻获取方式。

（2）推动内容与技术深度融合，利用 AR、VR、AI 等先进技术提升新闻内容的呈现效果和互动体验。如人民日报推出的"VR 看两会"系列报道，让用户能够如身临其境地感受两会现场的氛围。

（3）实现传播方式的多元化与整合化，满足不同用户的个性化需求。各大媒体纷纷尝试直播、短视频、社交媒体等多种传播方式，为用户提供更加丰富、多样的新闻内容。

（4）以数据为驱动，实现精准传播和高效运营。通过收集和分析用户数据，媒体机构能够更准确地了解用户需求和行为习惯，从而制定更加精准的传播策略。

（5）利用互联网的超链接属性，实现人与信息、人与人、信息与信息、人与场景、信息与场景的多重连接。通过构建开放、共享的传播生态，媒体机构能够实现资源的最大化利用和价值的最大化创造。

3.3.3　媒体融合的发展演变和现状

20 世纪 80 年代就有对媒体融合的研究、探讨和实践，但国内真正开启媒体融合之路是在移动互联网发展、开放平台出现、媒体形态多样化之后。

1. 国内媒体融合的发展演变

2014 年 8 月，习近平总书记在中央全面深化改革领导小组第四次会议上强调，要遵循新闻传播规律和新兴媒体发展规律，强化互联网思维，坚持传统媒体和新兴媒体优势互补、一体发展，坚持先进技术为支撑、内容建设为根本，推动传统媒体和新兴媒体在内容、渠道、平台、经营、管理等方面的深度融合，着力打造一批形态多样、手段先进、具有竞争力的新型主流媒体，建成几家拥有强大实力和传播力、公信力、影响力的新型媒体集团，形成立体多样、融合发展的现代传播体系，要一手抓融合，一手抓管理，确保融合发展沿着正确方向推进。同时，在这次会议上，出台了《关于推动传统媒体和新兴媒体融合发展的指导意见》。这是关于媒体融合第一次全面、系统、完整的阐述，也是首次将传统媒体和新兴媒体融合发展上升到战略层面。

从 2014 年到 2020 年，6 年的媒体融合实践大致经历了四个阶段的发展演变。

第一阶段是围绕渠道加大投入与建设。在这一阶段，中央级媒体和省级媒体在移动端建立了多个新闻客户端，占领移动传播制高点。同时在第三方平台上创建账号，如官方微博账号和微信公众号，并开通视频直播窗口等，形成全媒体传播体系，覆盖上亿用户。以人民日报为例，目前拥有 29 种社属报刊、31 家网站、110 个微信公众号及 20 个手机客户端等的人民日报已不再是一张报纸，而是一个全媒体形态的"人民日报媒体方阵"，是拥有报纸、杂志、网站、电视、广播、电子屏、手机报、微博、微信、客户端等 10 多种载体、320 个终端载体的媒体集团，覆盖用户超过 3.5 亿人。

第二阶段是内容形式创新，即坚持内容为王，生产出多款用户关注度高、互动性强、全民参与的新媒体产品。人民日报的"军装照" H5 作品吸引了 10 亿用户参与互动；新华社推出的《那年，我们 21》总传播量达 5.7 亿次；央视新闻新媒体通过"智能大屏 + 移动小屏""长视频 + 短视频"等方式，让"习近平主席二〇一九年新年贺词"的相关报道累计观看量在短短 1 小时内超过 1.6 亿次，新年贺词里的"金句"迅速在网上热传。

第三阶段是推动平台化发展。平台可以使用户的需求得到一站式满足，从而具备强大的黏性。人民日报建成了全国党媒信息公共平台，推出"平台 + 内容生产者"的"人民号"，吸纳入驻媒体机构 7000 余家，一些优质的自媒体也纷纷进驻，平台日均审核推送原创资讯 3500 余条。新华社推出服务全国媒体的"现场云"新闻在线生产系统，为入驻媒体免费提供基于移动端的全媒体采编发功能。中央广播电视总台上线"全国智慧县级融媒体平台"，打造县级融媒体矩阵传播平台。

第四阶段是跨业、跨界融合。从新闻媒体向社会服务、游戏、电商、政务等多领域发展，探索出内容运营模式、新闻 + 社区服务模式、技术服务模式（包括系统搭建、"两微一端"代运营与内容审核风控等）、媒体电商模式。

2. 国内媒体融合的现状

目前，媒体融合的格局初步形成，大致形成三个层级，面向三个发展方向。

以人民日报、新华社和中央电视台为代表的央媒媒体融合推进迅速，成效显著：内容上爆款产品频出，用户关注度高；渠道上传播体系基本建成，传播力与影响力与日俱增；经营上探索多种模式创新，增强主流媒体竞争力。因此，中央级媒体的媒体融合方向是构建"新型传播平台"，担负作为新闻传播与舆论引导的策源地和主阵地的使命。

以浙江"媒立方"、上海报业集团、天津"津云"为代表的省级媒体集团媒体融合立足于新媒体，推动技术创新，再造业务流程，重塑体制机制。一方面推出多款移动端产品，另一方面将业务从媒体层面转向电商、游戏、社区服务等方向。经济发达地区的省级媒体集团融合迅速，商业模式多样化；欠发达地区的省级媒体融合步伐缓慢，融合成效不明显。因此，省级媒体集团的融合方向是担负新型主流媒体的重任，成为区域内媒体融合的样本，并为下一级的媒体融合提供指导和技术支持。

以"长兴传媒""项城市融媒体中心"为代表的县级融媒体中心建设总体上刚刚起步。虽然县级各媒体一直以来体量较小，长期没有进入市场化体系，融媒体中心建设问题繁多，体制、技术、市场、用户等方面都存在亟待解决的问题；但是，县级媒体发展已经进入国家舆论战略视野，县级融媒体中心已被看作提高舆论引导能力、提升社会治理水平的重要一环。因此，县级融媒体中心将担负地方社会治理的职责，成为网上群众路线的实践之地。

3.3.4　国内媒体融合的实践案例

近两年，随着新媒体技术的快速发展和受众需求的多样化，国内媒体机构在媒体融合方面取得了显著进展。以下是几个近两年的国内媒体融合实践案例。

1. 人民日报"智慧媒体"战略

近年来，人民日报积极推进"智慧媒体"战略，通过引入人工智能、大数据、云计算等先进技术，实现了新闻内容的智能化生产、分发和互动。人民日报开发了智能写作系统，可以自动生成新闻稿件，提高了报道的时效性和准确性。同时，通过构建用户画像和个性化推荐算法，人民日报实现了精准推送，提升了用户体验。此外，人民日报还推出了系列智能化产品和服务，如智能语音播报、智能问答等，满足了用户多样化的需求。

2. 新华社"新华智云"平台

新华社近年来打造了"新华智云"平台，该平台以人工智能为核心，集成了新闻采集、生产、分发等多个环节，实现了新闻内容的智能化处理。通过利用自然语言处理、图像识别等技术，新华智云平台能够自动提取新闻要点、生成摘要，并为用户提供个性化的新闻推荐。此外，该平台还提供了智能编辑、智能审核等功能，提高了新闻生产的效率和质量。

3. 浙江日报报业集团"天目新闻"客户端

浙江日报报业集团近年来推出了"天目新闻"客户端，通过整合集团内部的新闻资源和技术优势，实现了新闻内容的多媒体展示和互动传播。该客户端不仅提供了文字、图片、视频等多种形式的新闻内容，还引入了直播、短视频等新媒体形态，增强了用户的参与感和体验感。同时，"天目新闻"客户端还积极与政府部门、企业等合作，提供政务信息、民生服务等功能，实现了媒体与社会的深度融合。

这些案例展示了国内媒体机构在媒体融合方面的积极探索和创新实践。通过引入先进技术、整合内部资源、拓宽传播渠道等方式，这些媒体机构实现了新闻内容的智能化生产、多媒体展示和互动传播，提升了传播效果和用户体验。这些成功案例为国内其他媒体机构提供了宝贵的经验和启示，推动了整个行业的进步和发展。

第 4 章　网络与新媒体的设计基础

观看视频

　　随着科技的飞速发展，网络与新媒体技术正在重塑媒体行业的格局。从普通网页到 H5 界面，从短视频到直播，从社交媒体到虚拟现实，新媒体技术带来的变革正在不断刷新我们对媒体的认识。本章介绍网络与新媒体的设计基础，主要介绍网页设计及短视频制作基本知识。

4.1　网页设计基础

网页设计基础包括设计与认知、设计原则、设计方法、设计导航与设计版式等关键概念和要点，它们可以帮助用户创建具有吸引力和功能性的网页。同时，随着时间的推移，可以进一步学习和掌握更高级的设计技巧和工具。

4.1.1　设计与认知

设计与认知是一个综合性的领域，旨在创建更有效、更易用、更令人满意的产品和系统。通过深入了解用户的认知过程，设计师可以更好地满足他们的需求，提高用户体验，并减少认知负荷。这些原则适用于许多不同的领域，包括界面设计、教育设计、产品设计和广告设计。设计与认知主要涉及以下方面：用户界面设计、用户测试和反馈、认知心理学原理。

1. 图式理论概述

图式理论（schema theory）是认知心理学中的一个重要理论，它用来解释人类记忆和知识组织的方式。该理论由心理学家弗雷德里克·巴特利特（Frederick Bartlett）于 20 世纪 30 年代首次提出，后来在认知心理学领域得到广泛研究和发展。图式理论认为，人们的知识和记忆以"模式"或"图式"的形式组织，这些图式用于帮助我们理解和处理新信息。

（1）图式。图式是一种认知结构，它包含了有关特定主题或概念的信息、经验和期望。每个图式是我们头脑中的一个框架，用于存储和组织相关知识。例如，你可能有一个关于"家庭"的图式，其中包括了有关家庭成员、家庭活动、家庭规则等信息。

（2）脚本。脚本是图式的一种特殊形式，它描述了特定情境或活动的常规步骤和期望。例如，一个关于"去餐厅用餐"的脚本可能包括订座、点餐、用餐和付款等步骤。

（3）缺失信息和填充。在处理新信息时，人们倾向于使用已有的图式和脚本来理解和填充缺失的信息。这意味着我们可能会根据已有知识来做出一些假设，以便更好地理解新的情境。

（4）归纳和概括。图式理论强调了知识的归纳和概括过程。人们通过将新信息与已有的图式相关联，来更好地理解和记忆新知识。

（5）记忆失真。由于人们的记忆受到已有的图式和脚本的影响，因此在回忆事件时可能出现失真。这意味着人们可能会以符合他们的期望和经验的方式来回忆事件，而不一定准确反映实际情况。

总之，图式理论强调了认知结构的重要性，以及我们如何使用已有的知识框架来理解新信息。这一理论对于解释记忆、学习、问题解决和决策过程都具有重要的启示，它有助于我们理解人类思维和认知的基本原理。

2. 图式理论与网页设计

图式理论是认知心理学中的一种理论，用于解释人类如何组织和理解信息。它强调了已有的认知结构，即图式，对于我们理解和处理新信息的影响。在 Web 设计中，图式理论具有重要的应用，因为它有助于设计师了解用户如何感知和交互网页内容。

4.1.2　设计原则

设计原则是在不同设计领域中指导和影响设计过程的基本准则和指导原则。这些原则有助于确保设计满足用户需求、具有美感、易于理解和实现。以下是一些常见的设计原则：紧凑原则、对齐原则、重复原则和对比原则。

1. 紧凑原则

在网页设计中，紧凑原则是一种设计理念，旨在有效利用有限的屏幕空间，以提供尽可能多的信息和功能，同时保持页面的整洁和易用性。紧凑原则有助于确保网页内容紧凑而不显得拥挤，以便用户能够轻松找到所需的信息。以下是一些与紧凑原则相关的最佳实践。

（1）信息层次结构：在页面上使用信息层次结构，以便用户可以快速浏览并找到所需的信息。使用清晰的标题和段落，确保重要信息突出显示。

（2）简洁的文本：使用简洁而富有信息的文本，避免冗长的叙述。删除不必要的语言和复杂的句子，使文本更易于理解。

（3）布局一致性：保持页面布局的一致性，包括导航、颜色、字体和元素排列。这有助于用户更容易识别和理解页面。

（4）压缩图片和多媒体：优化图片和多媒体元素，以减小文件大小，提高页面加载速度。使用现代的图像压缩技术和格式，如 WebP 或 JPEG 2000。

（5）响应式设计：确保网页可以适应不同设备和屏幕尺寸，以提供一致的用户体验。

（6）折叠内容：使用可展开 / 折叠的内容块，以便在页面上显示更多信息，但不会让页面变得过于拥挤。

（7）基于用户行为的设计：根据用户的行为和需求动态加载内容，以确保页面上始终显示最相关和重要的信息。

（8）密码和表单设计：在登录表单和注册表单中使用紧凑的设计，减少不必要的字段和步骤。

（9）色彩和对比度：使用适当的色彩和对比度，以突出重要元素和信息，确保文本易于阅读。

（10）页面速度优化：优化网页加载速度，包括减小文件大小、减少 HTTP 请求和使用浏览器缓存。

　　紧凑原则不仅有助于提供更多信息，而且还有助于提高用户体验，因为用户不需要花费过多时间寻找所需的信息。然而，在追求紧凑性时，设计师需要平衡信息丰富度和页面可读性之间的关系，以确保页面看起来整洁、吸引人，并且易于使用。

　　一个典型的紧凑原则的例子是电子邮件主题行的设计。在电子邮件的主题行中，发送者需要在有限的字符数内传达主要信息，以吸引收件人的注意并提供有关邮件内容的概要。

　　例如，一个在线商店可能向客户发送促销邮件。在这种情况下，紧凑原则将要求发送者在主题行中使用简洁的语言，以传达以下信息。

　　（1）促销性质：邮件的目的是促销产品或服务。

　　（2）优惠内容：邮件可能包含什么样的优惠，如折扣、优惠券或免费送货。

　　（3）截止日期：如果促销有截止日期，应在主题行中提及。

　　（4）品牌标识：包括品牌标识以使邮件容易识别。

　　一个紧凑的主题行可能如下所示。

限时优惠：50% 折扣，本周末截止，Brand X

　　在这个例子中，主题行清晰、简洁，传达了邮件的目的、优惠细节和截止日期，同时包括了品牌标识。这样的主题行可以吸引收件人的注意，提供重要信息，并鼓励他们打开邮件以了解更多详情，同时保持了紧凑性，不会显得拥挤或冗长。这是一个紧凑原则在电子邮件设计中的实际应用示例。

　　2.对齐原则

　　对齐原则是设计原则之一，它强调在设计中将元素与页面上的其他元素或参考线对齐，以创建一种视觉上的统一和整洁。对齐原则有助于页面的结构、可读性和美感，并使用户更容易理解和浏览内容。以下是关于对齐原则的一些关键概念。

　　（1）视觉整齐性：对齐元素可以提供页面的视觉整齐性，使页面看起来更有条理和专业。视觉整齐性有助于减少混乱和让页面更易于阅读。

　　（2）一致性：对齐元素有助于创建一致的布局和结构，这在整个设计中很重要。一致性使用户更容易预测在页面上找到信息的位置。

　　（3）层次结构：对齐可以用于强调页面上不同元素的层次结构。通过在垂直或水平方向上对齐元素，可以表明它们之间的关系，例如，一个标题和相关段落之间的关系。

　　（4）可读性：对齐有助于提高文本和其他内容的可读性。文本对齐可以使文本均匀排列，使其更容易阅读。

　　（5）平衡：对齐元素有助于平衡页面上的视觉元素，以便页面看起来更吸引人并避免视觉上的不平衡感。

　　对齐可以在垂直、水平和斜向上进行。常见的对齐方式包括左对齐、右对齐、居中对齐和两端对齐。设计师通常会根据具体的设计需求和风格选择适当的对齐方式。

【**案例 4-1**】网页对齐案例。

以下是一个简单的示例，说明如何在网页上使用对齐原则，如图 4-1 所示。

```html
<!DOCTYPE html>
<html>
<head>
    <style>
        .container {
            width: 500px;
            margin: 0 auto;              /* 水平居中对齐 */
        }
        h1 {
            text-align: center;          /* 文本居中对齐 */
        }
        p {
            text-align: left;            /* 文本左对齐 */
        }
    </style>
</head>
<body>
    <div class="container">
        <h1> 欢迎访问我们的网站 </h1>
        <p> 这是一个示例文本，用于演示对齐原则。</p>
    </div>
</body>
</html>
```

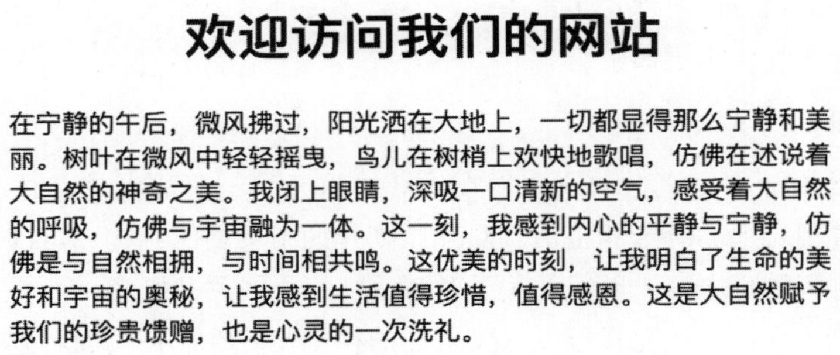

欢迎访问我们的网站

在宁静的午后，微风拂过，阳光洒在大地上，一切都显得那么宁静和美丽。树叶在微风中轻轻摇曳，鸟儿在树梢上欢快地歌唱，仿佛在述说着大自然的神奇之美。我闭上眼睛，深吸一口清新的空气，感受着大自然的呼吸，仿佛与宇宙融为一体。这一刻，我感到内心的平静与宁静，仿佛是与自然相拥，与时间相共鸣。这优美的时刻，让我明白了生命的美好和宇宙的奥秘，让我感到生活值得珍惜，值得感恩。这是大自然赋予我们的珍贵馈赠，也是心灵的一次洗礼。

图 4-1　对齐原则图

在这个示例中，标题和段落文本使用了不同的对齐方式，以强调它们之间的不同层次结构。容器也使用了水平对齐方式，以确保页面内容在页面中心对齐。这些对齐选择有助于页面的整体结构和可读性。

3. 重复原则

重复原则是设计中的一个关键原则，它强调在设计中使用重复的元素，以创建一种视觉上的一致性和统一性。通过在设计中重复相似的元素，如颜色、字体、形状、图标和排列方式，可以强调页面的整体结构，提供用户一个一致的视觉体验。以下是关于重复原则的一些关键概念和好处。

（1）一致性：重复元素有助于创建一致的设计。这包括一致的颜色方案、字体选择和排列方式。一致的设计使用户更容易理解和导航页面。

（2）品牌标识：重复元素有助于强调品牌标识。通过在不同页面和材料中使用相同的标志、颜色和字体，可以建立强大的品牌识别度。

（3）视觉引导：重复元素可以用于引导用户的视线和焦点。通过在页面上重复使用特定的元素，可以引导用户关注重要信息或交互元素。

（4）视觉平衡：重复可以用于创造视觉平衡。通过在页面上平衡地重复元素，可以使设计看起来更吸引人并减少视觉混乱。

（5）简约性：通过重复元素，设计可以保持简约。相同的元素在整个设计中出现，不需要过多的变化或多样性。

（6）易记性：重复元素有助于增强信息的易记性。用户可能更容易记住和识别与设计中重复的元素相关的信息。

（7）情感和风格：重复元素可以用于传达情感和风格。通过重复特定的设计元素，如图标、颜色和排列方式，可以强调设计的整体风格。

（8）用户体验：重复元素有助于提高用户体验，因为用户在不同页面和交互中看到相同的元素，可以更轻松地理解和使用。

重复原则在各种设计领域中都有广泛应用，包括网页设计、平面设计、品牌设计和用户界面设计。通过合理使用重复元素，设计可以变得更具吸引力、一致并易于理解，提高了设计的质量和效能。

一个常见的重复原则的例子是公司的品牌标识和标志的一致性。公司的标志通常在各种材料和媒体上使用，包括网站、名片、广告、产品包装等。通过保持品牌标识的重复性，公司可以建立强大的品牌识别度，让用户轻松识别并记住该品牌。

举一个具体的例子。假设一家名为"ABC 电子"的公司有以下品牌标志和标识元素。

（1）公司标志：包括一个蓝色的圆形图标，其中包含公司名称的缩写 ABC。

（2）公司颜色：公司的主要颜色是蓝色和白色。

（3）公司字体：公司在所有材料上使用相同的字体，如 Arial。

这家公司遵循重复原则，确保这些品牌元素在不同媒体和材料上保持一致。以下是如何应用重复原则的一些示例。

（1）网站设计：ABC 电子的网站使用公司标志作为主页的页眉。公司标志的蓝色也在整个网站的设计中以一致的方式使用，例如在按钮、链接和标题中。

（2）名片设计：公司的名片包括公司标志和公司名称的缩写。名片的背景颜色也采用公司的主要颜色，即蓝色和白色。

（3）广告和宣传册：在广告和宣传册中，公司使用相同的颜色和字体，以确保与品牌标识的一致性。公司标志也在这些材料上出现。

通过在不同媒体和材料上重复使用相同的品牌元素，ABC 电子公司确保了其品牌标识的一致性。这有助于用户轻松识别公司，并建立了一个稳固的品牌形象，增强了品牌的可识别度和忠诚度。这是一个重复原则在品牌设计中的实际应用示例。

4. 对比原则

对比原则是设计中的一项重要原则，它强调在设计中使用对比来突出不同元素之间的差异，以创造视觉吸引力、提高可读性和传达信息。对比原则有助于使页面更吸引人，使关键信息更明显，并改善用户体验。以下是对比原则的一些关键概念。

（1）颜色对比：一种常见的对比是通过在文本和背景之间使用不同的颜色，以确保文本清晰可读。例如，黑色文本在白色背景上具有高度对比。

（2）字体和字号对比：不同字体和字号的对比可以用于强调不同层次的信息。标题文本通常使用较大的字号和粗体字体，而正文文本使用较小的字号。

（3）形状和大小对比：不同形状和大小的元素可以用于在设计中创建对比。例如，一个大的按钮与周围的小文本链接形成明显的对比。

（4）空间对比：通过调整元素之间的间距和对齐方式，可以创建空间对比。适当的间距可以帮助元素在页面上更清晰地分离。

（5）颜色饱和度和亮度对比：在设计中可以使用颜色的饱和度和亮度来创建对比。饱和度高和亮度低的颜色通常更显眼。

（6）文本与图像对比：将文本与图像结合使用，通过合适的颜色和布局，可以创造引人注目的对比效果。

（7）重要信息的对比：关键信息和呼叫到动作按钮通常需要与周围内容形成对比，以引起用户的注意。

对比原则在网页设计、平面设计、应用程序设计和品牌设计中都有广泛应用。它有助于改善设计的吸引力，使关键信息更加明显，并提高用户体验。通过巧妙地应用对比，设计师可以传达信息、引起用户的兴趣并提高设计的效果。

【案例 4-2】应用对比原则设置颜色。

当应用对比原则到代码设计中，通常会考虑文本和背景之间的对比，以确保文本易于阅读。以下是一个 HTML 和 CSS 的示例，演示如何应用对比原则来设置文本颜色和背景颜色，以使文本清晰可读。

```
<!DOCTYPE html>
<html>
<head>
    <style>
        body {
            background-color: #333;              /* 背景颜色为深灰色 */
            color: #fff;                          /* 文本颜色为白色 */
            font-family: Arial, sans-serif;
            text-align: center;
            padding: 20px;
        }
        h1 {
            font-size: 36px;
        }
        p {
            font-size: 18px;
        }
```

```
        </style>
    </head>
    <body>
        <h1> 欢迎来到我们的网站 </h1>
        <p> 这是一个对比原则的示例，通过设置文本颜色和背景颜色，使文本清晰可读。对比有助于提高
可读性。</p>
    </body>
    </html>
```

在这个示例中，背景颜色设置为深灰色（#333），文本颜色设置为白色（#fff）。这种高对比的设置使文本在背景上清晰可读，遵循了对比原则，提高了页面的可读性。文本的大小也被调整，以确保不仅对比足够强烈，还使文本易于阅读。

通过在代码中应用对比原则，可以创建清晰易读的用户界面，确保文本和内容能够有效地传达信息，并提高用户体验。对比原则不仅限于文本和背景颜色，还可以应用于其他设计元素，以强调差异并增强可视效果。

4.1.3　设计方法

本节介绍如何设计适于扫描的网页，适于扫描的网页是指网页的布局和内容结构使用户能够快速浏览和找到所需信息，而不必详细阅读每个字或段落。这对于提高用户体验和确保用户可以快速获取他们感兴趣的信息非常重要。

1. 建立清晰的视觉层次

视觉层次是指在设计中通过排列和呈现不同元素以及确定它们之间的重要性和关系，以引导用户的视线和注意力，使用户能够快速识别和理解信息的过程。视觉层次是在网页设计、平面设计、用户界面设计和其他设计领域中非常重要的概念，因为它有助于传达信息、提供结构并提高用户体验。

1）视觉层次关键原则

视觉层次包含以下关键原则。

（1）对比：通过使用颜色、字体大小、形状和其他视觉元素的对比，强调不同元素的重要性。

（2）排列：将相关元素组织和排列在一起，以显示它们之间的关系。这可以通过对齐、分组和布局来实现。

（3）字体和样式：使用不同的字体、字号和样式来表示不同级别的信息。标题通常使用较大的粗体字体，而正文文本使用较小的普通字体。

（4）颜色：使用颜色来突出重要的元素或信息。醒目的颜色通常吸引更多的注意力。

（5）空间：调整元素之间的间距，以强调其重要性。重要元素通常会更靠近页面顶部或居中排列。

（6）形状和图形：使用形状、图标或图形来引导用户的视线，以突出关键信息或呼叫到动作。

（7）图像：使用大型图像来引起用户的兴趣，并传达重要信息。

（8）一致性：保持页面上的颜色、字体和样式的一致性，以确保用户能够轻松识别和理解它们。

通过在设计中应用这些原则，设计者可以建立视觉层次，使用户能够更容易识别和理解页面上的内容。这有助于提高用户体验，引导用户与页面互动，并确保可以满足其需求和目标。

2）建立清晰的视觉层次

建立清晰的视觉层次是网页设计中的关键因素，它有助于用户更容易地浏览和理解页面上的内容。视觉层次指的是在页面上创建不同元素之间的优先级和关系，以使用户能够快速识别和关注最重要的内容。以下是一些关于建立清晰的视觉层次的最佳实践。

（1）使用标题和副标题：使用清晰的标题和副标题来引导用户的注意力。标题通常是页面上最大的文字，用于突出主要主题，而副标题用于提供更多详细信息。

（2）字体大小和样式：使用不同的字体大小和样式来表示不同级别的信息。标题可以使用较大的粗体字体，而正文文本可以使用较小的普通字体。

（3）颜色对比：使用颜色对比来突出重要内容。例如，将重要的文本或按钮着色为醒目的颜色，以使其在页面上更加显眼。

（4）空间和排列：调整元素之间的间距和排列方式，以强调其重要性。重要元素可以更靠近页面顶部或居中排列。

（5）图像和图形：使用大型图像、图标或图形来引导用户的视线，以突出关键信息或呼叫到动作。

（6）嵌套和分组：将相关元素分组在一起，以表示它们之间的关系。例如，将一组相关选项放在一个框中。

（7）引导线和箭头：使用引导线和箭头来引导用户的目光，以指示重要的内容或行动。

（8）颜色和图标的一致性：保持页面上的颜色和图标的一致性，以确保用户能够轻松识别和理解它们。

（9）响应式设计：确保视觉层次在不同屏幕尺寸和设备上一致，以提供一致的用户体验。

（10）用户行为分析：使用分析工具了解用户如何与页面交互，调整视觉层次以满足用户需求。

视觉层次主要分为以下部分。

（1）网页标题：网页的标题位于页面的顶部，使用较大的粗体字体。例如标题明确指出网页的主题"旅游目的地推荐"。

（2）主要内容区域：位于标题下方，使用相对较大的普通字体。此区域包括了一组旅游目的地的简要介绍，每个目的地都有一个大图像和一个标题。目的地的标题使用较大的字体，并以粗体显示。图像和文本之间有适当的间距，使它们清晰分离。

（3）辅助信息区域：在主要内容区域下方，有一个辅助信息区域，用于提供更多关于旅游目的地的详细信息。这些详细信息以较小的字体呈现，以示其相对较低的重要性。使用有序列表来列出目的地的特点，使用户更方便浏览。

（4）侧边栏：在页面的右侧有一个侧边栏，包含有关旅行公司的联系信息和导航链接。联系信息使用较小的字体，表示其次要性。导航链接使用小的字号，以示其相对较低的重要性。

视觉层次通过使用不同的字体大小、样式和排列方式来创建。标题和主要内容使用较大的字体，加粗显示，使其在页面上突出显示。辅助信息和侧边栏中的内容使用较小的字体，以示其次要性。这种层次结构有助于用户迅速识别主要内容，而不会让他们在次要信息上浪费时间。这是一个清楚的视觉层次的示例，有助于提高用户体验和页面的可读性。

2. 使用习惯用法

使用习惯用法是指在设计中遵循用户已经习惯了的界面和交互模式，以提高用户的舒适感和可用性。这包括符合用户期望的布局、导航方式、图标和交互元素。

（1）保持一致性：在整个网站或应用程序中保持一致的设计元素，如颜色、字体、按钮样式等，以确保用户在不同页面之间的一致性体验。

（2）遵循标准布局：采用常见的布局结构，如顶部导航栏、侧边栏、主要内容区域等，以使用户更容易理解和导航。

（3）使用熟悉的图标：选择用户熟悉的图标，以表示常见的操作，例如放大镜表示搜索、垃圾桶表示删除等。

（4）符合操作模式：在交互方面遵循常见的操作模式，例如使用类似"单击""拖动""滚动"等的常见操作。

（5）响应用户期望：在用户期望发生的地方提供常见的功能，例如在网站的顶部提供搜索框，或在底部提供联系信息。

（6）易于理解的导航：提供清晰、简单的导航结构，以便用户可以轻松找到所需的信息。

（7）输入和表单一致性：在表单和输入方面使用一致的设计，例如相似的输入框样式和按钮样式。

（8）交互反馈：提供及时的、符合用户期望的交互反馈，例如按钮单击后的状态变化或加载指示器。

（9）移动设备适应性：在移动设备上使用常见的手势和触摸交互，以提供一致的移动体验。

通过使用习惯用法，设计者可以降低用户的学习曲线，使他们更容易上手并更愿意与界面互动。这有助于提高用户满意度和页面的可用性。习惯用法在大量的知名网页中都有使用，例如淘宝、支付宝、QQ 等。

【案例4-3】淘宝页面。

我们可以看到淘宝的页面样式是统一的，无论是整体颜色还是按钮颜色基本都是一致的。淘宝主要将页面划成了三部分：页眉部分、主要内容和页脚部分。

页眉部分：主要涉及个人信息和登录信息。

主要内容：对齐原则，放在页面的正中，十分醒目。主要内容也分为侧边栏和主要内容区域。侧边栏主要放置的是导航链接小工具；主要内容区域放置的是各种购物信息。

页脚部分：整个网页信息、网安编号等。

淘宝页面如图4-2所示。

图4-2　淘宝页面

划分明确的页面区域是一种有助于提高用户体验和页面可读性的设计方法。以下是一个简单的 HTML 和 CSS 示例，演示如何划分一个典型的网页为明确的区域。

```
<!DOCTYPE html>
<html lang="zh-CN">
<head>
    <meta charset="UTF-8">
    <meta name="viewport" content="width=device-width, initial-scale=1.0">
    <title> 划分页面区域示例 </title>
    <style>
        body {
            font-family: Arial, sans-serif;
            margin: 0;
            padding: 0;
            background-color: #f4f4f4;
            color: #333;
        }
        header {
            background-color: #333;
            color: #fff;
            padding: 10px;
            text-align: center;
        }
        #main-content {
```

```
            display: flex;
            justify-content: space-between;
            max-width: 1200px;
            margin: 20px auto;
        }
        #sidebar {
            width: 25%;
            background-color: #eee;
            padding: 20px;
            border-radius: 8px;
        }
        #main {
            width: 70%;
            background-color: #fff;
            padding: 20px;
            border-radius: 8px;
        }
        #footer {
            background-color: #333;
            color: #fff;
            padding: 10px;
            text-align: center;
            position: fixed;
            bottom: 0;
            width: 100%;
        }
    </style>
</head>
<body>
    <header>
        <h1> 划分页面区域示例 </h1>
    </header>
    <div id="main-content">
        <div id="sidebar">
            <h2> 侧边栏 </h2>
            <p> 这是侧边栏的内容。可以放置导航链接、小工具等。</p>
        </div>
        <div id="main">
            <h2> 主要内容区域 </h2>
            <p> 这是主要内容区域。包含页面的主要信息和元素。</p>
        </div>
    </div>
    <div id="footer">
        <p> 页脚信息 © 2023</p>
    </div>
</body>
</html>
```

在这个示例中，页面被划分为三个明确的区域：header（页眉）、main-content（主要内容）、footer（页脚）。在 main-content 中，又有两个子区域：sidebar（侧边栏）和 main（主要内容区域）。这种划分使得页面结构清晰，用户能够轻松地理解和导航。每个区域都有其独特的样式和背景颜色，以便清晰地区分彼此，这个页面与淘宝页面风格是一致的。

3. 减轻视觉污染

1）为什么要减轻视觉污染

减轻视觉污染是为了提高用户体验和页面可读性。以下是一些减轻视觉污染的重要原因。

（1）提高可读性：清晰简洁的设计有助于提高文字和内容的可读性。当页面过于繁杂时，用户可能难以集中注意力阅读信息。

（2）降低认知负担：过多的视觉元素和复杂的布局会增加用户的认知负担。简化设计可以减轻用户的认知负担，使其更轻松地理解页面内容。

（3）提升用户导航体验：清晰的页面结构和布局使用户更容易理解网站或应用程序的导航方式。减轻视觉污染有助于提升用户的导航体验。

（4）降低视觉疲劳：过于繁杂和混乱的设计可能导致视觉疲劳，影响用户在页面上停留的时间和舒适度。简化设计可以降低这种疲劳感。

（5）提高页面加载速度：简化页面结构和减少不必要的元素有助于提高页面加载速度。快速的加载时间对用户体验至关重要。

（6）增加信息传递效果：当设计简洁明了时，信息更容易传递给用户。清晰的设计有助于确保用户能够快速理解页面上的关键信息。

（7）提升品牌形象：简洁的设计通常被认为更专业和现代，有助于提升品牌形象。反之，视觉混乱可能会影响用户对品牌的印象。

总体而言，减轻视觉污染有助于创造一个用户友好、易于理解和愉悦的设计，提升用户对网站或应用程序的整体满意度。

2）减轻视觉污染的方法

通过采取这些设计方法，可以创造一个更为清晰、简洁且用户友好的设计，降低视觉污染，提升用户体验。

（1）简化布局和结构：避免过度复杂的布局和结构，保持页面简洁，使用户能够轻松理解和导航。

（2）有限的颜色调色板：使用有限的颜色调色板，确保颜色搭配协调。避免使用过于鲜艳或对比度过高的颜色。

（3）合理使用空白：利用适当的间距和内边距，确保页面元素之间有足够的空白。这有助于提高可读性并减轻视觉压力。

（4）选择清晰的字体：使用易读的字体，并确保字体大小和行距适中。避免使用过小或过大的字体。

（5）限制视觉元素数量：精简页面上的图像、图标和其他视觉元素，只保留对用户体验有实际意义的元素。

（6）统一风格和样式：保持页面元素的一致性，包括颜色、字体、按钮样式等。这有助于减少混乱感。

（7）控制动画和效果：谨慎使用动画和过渡效果，确保它们对用户体验有帮助，而不是分散注意力或导致混乱。

（8）层次结构清晰：使用清晰的层次结构和排列，确保页面元素的关系清晰。避免过多的重叠或视觉杂乱。

（9）避免闪烁和强烈的对比：减少页面元素的闪烁和强烈的对比，以降低视觉不适感。

（10）响应用户反馈：收集用户反馈，关注用户认为混乱或难以理解的部分，并进行必要的改进。

（11）测试可用性：进行用户测试，评估页面的易用性和用户满意度。根据测试结果进行优化。

4.1.4　设计导航

设计导航是网站或应用程序中至关重要的一部分，因为它直接影响用户如何浏览和访问内容。设计导航时应考虑的关键要点有：一致性、清晰的标签、可见性、响应式设计、反馈和状态指示、搜索功能、用户测试、快捷方式和快速访问、分级结构。

网页导航的惯例是指在设计中常见且被用户广泛接受的导航模式和元素，这些惯例有助于用户在不同网站上迅速找到所需信息，提供了一致性和可预测性。以下是一些常见的网页导航惯例。

1. 顶部导航栏

顶部导航栏位于页面的顶部，通常包含网站的主要部分或页面链接。这是最常见的导航位置之一，用户很容易找到。顶部导航栏是网页设计中常见的导航元素，通常位于页面的顶部。它是用户访问网站主要页面的常见入口之一。以下是一些顶部导航栏的常见特征和最佳实践。

（1）Logo/ 网站标志：通常位于导航栏的左侧或中间，单击网站标志通常会返回网站的首页。

（2）导航链接：包含网站的主要页面链接，如首页、关于我们、服务、联系我们等。这些链接通常水平排列在导航栏中。

（3）下拉菜单：当网站有多个子页面或子目录时，可以使用下拉菜单组织和显示更多的导航选项。这提供了一种分层结构，方便用户找到特定页面。

（4）搜索框：一个明显的搜索框允许用户直接输入关键字进行搜索。搜索框通常位于导航栏的右侧。

（5）用户登录 / 注册：如果网站需要用户登录或注册，相关链接通常会显示在导航栏的右侧。这样的链接可以是文本链接，也可以是按钮。

（6）响应式设计：导航栏应该具有良好的响应式设计，确保在不同屏幕尺寸上能够正常显示。在小屏幕上，可以采用折叠菜单或下拉菜单。

（7）通知或消息图标：如果有与用户相关的通知或消息，则可以在导航栏中显示一个图标，提醒用户查看。

（8）语言切换：如果网站支持多语言，则提供一个语言切换选项，让用户选择他们偏好的语言。

（9）样式一致性：保持导航栏的样式一致性，包括颜色、字体和排列方式。这有助于提供一种统一的用户体验。

（10）导航栏固定：在用户滚动页面时，可以选择将导航栏固定在页面的顶部，以便用户随时访问导航选项。

（11）辅助功能：确保导航栏对辅助技术用户友好，包括合适的焦点状态、语义标记和键盘可访问性。

这些是设计顶部导航栏时可以考虑的一些建议。具体的设计取决于网站的特定需求和用户体验目标。

【案例 4-4】网页导航案例。

此示例包括一个具有 Logo、导航链接、搜索框和用户登录的典型顶部导航栏，如图 4-3 所示。这个例子中，导航栏包含 Logo、四个导航链接、一个搜索框和一个用户登录链接。导航链接在鼠标指针悬停时会有背景颜色的变化。用户可以根据实际需求进行修改和扩展。

```html
<!DOCTYPE html>
<html lang="en">
<head>
    <meta charset="UTF-8">
    <meta name="viewport" content="width=device-width, initial-scale=1.0">
    <title>统一按钮样式的顶部导航栏示例</title>
    <style>
        body {
            font-family: Arial, sans-serif;
            margin: 0;
            padding: 0;
        }
        header {
            background-color: #3498db;
            color: #fff;
            padding: 10px 20px;
            display: flex;
            justify-content: space-between;
            align-items: center;
        }
        .logo {
            font-size: 24px;
            font-weight: bold;
        }
        nav {
            display: flex;
            align-items: center;
        }
        nav a, .user-login {
            color: #fff;
            text-decoration: none;
            margin: 0 15px;
            padding: 8px 15px;
            border-radius: 5px;
            transition: background-color 0.3s ease;
        }
        .btn: hover {
            background-color: #2980b9;
```

```
        }
        .search-box {
            margin-left: auto;
            padding: 5px;
            display: flex;
        }
        .search-input {
            padding: 5px;
            border: 1px solid #fff;
            border-radius: 5px;
            background-color: #fff;
            color: #3498db;
        }
    </style>
</head>
<body>
    <header>
        <div class="logo">Logo</div>
        <nav>
            <a href="#" class="btn">首页 </a>
            <a href="#" class="btn">关于我们 </a>
            <a href="#" class="btn">服务 </a>
            <a href="#" class="btn">联系我们 </a>
        </nav>
        <div class="search-box">
            <input type="text" class="search-input" placeholder=" 搜索 ...">
        </div>
        <a href="#" class="user-login btn">登录 </a>
    </header>
    <!-- 页面主要内容在这里 -->
</body>
</html>
```

图 4-3　顶部导航栏

2. 侧边导航栏

侧边导航栏在网页设计中具有许多好处，使得它成为一种常见的导航元素。以下是一些侧边导航栏的优势。

（1）空间利用效率：侧边导航栏通常位于页面的边缘，能够充分利用页面宽度，特别适合在大屏幕上展示大量导航选项。

（2）快速导航：用户可以快速访问网站的不同部分或页面，无须滚动页面。这对于用户体验而言是一种便利。

（3）清晰的组织结构：侧边导航栏可以清晰地组织网站的不同部分，形成层次结构，使用户更容易理解网站的整体布局。

（4）易于扩展：当网站需要添加新页面或部分时，侧边导航栏可以轻松扩展，而不会影响整体布局。这使得网站的维护和更新更为简便。

（5）突出重点：通过在侧边导航栏中突出显示重要的链接，设计者可以引导用户关注网站的核心内容，提高用户对关键信息的注意力。

（6）响应式设计：侧边导航栏相对容易适应不同屏幕尺寸，可通过响应式设计在小屏幕上折叠或以其他形式呈现，以提供更好的移动端体验。

（7）提高导航一致性：在不同页面上使用相同的侧边导航栏可以提高导航一致性，帮助用户更轻松地切换和导航。

（8）美观性：侧边导航栏的设计可以增加页面的美观性，通过选择合适的颜色、图标和排版，使页面看起来更具吸引力。

总体而言，侧边导航栏是一种强大的导航设计元素，能够改善用户体验，提高网站的可访问性和可用性。然而，设计师需要根据具体的网站需求和用户群体来选择是否使用侧边导航栏以及如何设计它。

【案例 4-5】侧边导航栏案例。

在这个例子中，侧边导航栏（.sidebar）包含一组链接，用户可以通过单击这些链接来导航到不同的页面或部分。链接在鼠标指针悬停时会有背景颜色的变化。content 类用于设置主要内容区域，确保内容不被侧边导航栏遮挡，如图 4-4 所示。

```
<!DOCTYPE html>
<html lang="en">
<head>
    <meta charset="UTF-8">
    <meta name="viewport" content="width=device-width, initial-scale=1.0">
    <title>侧边导航栏示例</title>
    <style>
        body {
            font-family: Arial, sans-serif;
            margin: 0;
            padding: 0;
        }
        .sidebar {
            height: 100%;
            width: 250px;
            position: fixed;
            top: 0;
            left: 0;
            background-color: #333;
            padding-top: 20px;
            display: flex;
            flex-direction: column;
            align-items: center;
            color: #fff;
        }
        .sidebar a {
            padding: 10px;
            text-decoration: none;
            color: #fff;
            transition: background-color 0.3s ease;
        }
        .sidebar a:hover {
            background-color: #555;
        }
```

```
            .content {
                margin-left: 250px;
                padding: 20px;
            }
            .active-link {
                background-color: #555; /* 选中状态 */
            }
    </style>
</head>
<body>
<div class="sidebar">
    <a href="#" class="active-link">首页 </a>
    <a href="#">产品 </a>
    <a href="#">关于我们 </a>
    <a href="#">联系方式 </a>
    <a href="#">新闻 </a>
</div>
<div class="content">
    <!-- 页面主要内容在这里 -->
    <h1>欢迎访问网站 </h1>
    <p>这是网站的主要内容区域。</p>
</div>
</body>
</html>
```

图 4-4　侧边导航栏

3. 面包屑导航

面包屑导航是一种在网站或应用程序中显示用户当前位置的导航元素，它通常位于页面的顶部或上方，以一种层次结构的方式显示用户是如何到达当前页面的。面包屑导航通常以一系列链接的形式显示，用户可以通过单击链接返回之前的页面或层次。

面包屑导航的名称来自面包屑的比喻，就像在森林里留下一串面包屑来标记回家的路线一样，用户可以通过面包屑导航来"回溯"到网站的更高级别或之前的页面。

以下是一个简单的面包屑导航示例。

首页 > 产品分类 > 电子设备 > 智能手机

在这个示例中，用户可以单击"首页"链接返回网站的首页，然后逐级返回之前的页面。

面包屑导航有以下优点。

（1）导航性：用户可以清楚地了解他们的当前位置，并在需要时返回其他页面，而不必依赖浏览器的"后退"按钮。

（2）降低迷失度：对于大型网站或深层次的网站结构，面包屑导航有助于降低用户在网站上迷失的可能性。

（3）提高用户体验：用户能够更轻松地浏览网站，因为他们知道如何回到以前的页面，无须重新搜索或导航。

（4）清晰的网站结构：面包屑导航强调了网站的结构，帮助用户理解网站的组织方式。

在设计面包屑导航时，通常按照从当前页面到首页的逆序排列，以便用户能够逐级返回。面包屑导航可以通过 HTML 和 CSS 实现，也可以使用 JavaScript 来动态生成，具体实现方式取决于用户的网站和技术栈。

4. 标签式导航

标签式导航（tab navigation）是一种常见的网页导航元素，通常用于切换显示不同内容或页面区域。标签式导航通常位于页面的顶部或上方，由一组水平标签（选项卡）组成，用户可以单击这些标签以切换显示不同的内容或页面。

每个标签通常与特定的内容或页面相关联，用户单击标签时，相关内容将显示在同一页面的下方或主要内容区域。标签通常使用文本标签或图标 + 文本标签的组合。

以下是一些标签式导航的常见应用场景和优点。

（1）标签菜单：标签式导航常用于网站上的主导航，允许用户在不同页面之间切换，例如"主页""产品""关于我们"等。

（2）内容切换：标签式导航也可用于切换同一页面上的不同内容，例如切换不同产品的详细信息、查看不同新闻类别等。

（3）设置和选项：在应用程序和用户界面中，标签式导航用于切换设置标签，帮助用户访问不同的设置和配置。

（4）分页：在一些应用程序中，标签式导航用于分页内容，以减少页面的滚动并改善内容的组织。

（5）清晰的组织：标签式导航可以清晰地组织不同的内容或选项，用户可以轻松找到所需信息。

（6）直观的导航：用户可以直观地单击标签来切换内容，无须复杂的导航结构。

（7）即时反馈：标签通常在用户单击时立即切换，提供即时的反馈，用户知道他们所选择的内容是什么。

（8）节省空间：标签式导航通常占用较少的屏幕空间，适用于有限空间的页面或应用程序。

（9）增强可交互性：通过标签式导航，用户可以更积极地参与和探索内容，提高用户体验。

实现标签式导航通常需要 HTML、CSS 和 JavaScript 的组合。HTML 用于定义标签，CSS 用于样式化标签，JavaScript 用于处理标签的交互和切换内容。标签式导航的设计和样式取决于网站或应用程序的需求和设计风格。

【案例 4-6】标签式导航案例。

以下是一个简单的标签式导航的 HTML 和 CSS 代码示例，用于切换不同页面。

```html
<!DOCTYPE html>
<html lang="en">
<head>
    <meta charset="UTF-8">
    <meta name="viewport" content="width=device-width, initial-scale=1.0">
    <title> 标签式导航示例 </title>
    <style>
        body {
            font-family: Arial, sans-serif;
            margin: 0;
            padding: 0;
        }
        .tab-menu {
            display: flex;
            background-color: #333;
            color: #fff;
        }
        .tab {
            padding: 10px 20px;
            cursor: pointer;
            transition: background-color 0.3s ease;
        }
        .tab: hover {
            background-color: #555;
        }
        .content {
            padding: 20px;
        }
        .hidden {
            display: none;
        }
    </style>
</head>
<body>
    <div class="tab-menu">
        <div class="tab" onclick="showContent(1)"> 标签 1</div>
        <div class="tab" onclick="showContent(2)"> 标签 2</div>
        <div class="tab" onclick="showContent(3)"> 标签 3</div>
    </div>
    <div class="content" id="content1">
        <h2> 标签 1 内容 </h2>
        <p> 这是标签 1 的内容。</p>
    </div>
    <div class="content hidden" id="content2">
        <h2> 标签 2 内容 </h2>
```

```
        <p> 这是标签 2 的内容。</p>
    </div>
    <div class="content hidden" id="content3">
        <h2> 标签 3 内容 </h2>
        <p> 这是标签 3 的内容。</p>
    </div>
    <script>
        function showContent(tabNumber) {
            for (let i = 1; i <= 3; i++) {
                const content = document.getElementById('content${i}');
                content.classList.add('hidden');
            }
                const selectedContent = document.getElementById('content${tabNu
mber}');
            selectedContent.classList.remove('hidden');
        }
    </script>
</body>
</html>
```

在此示例中，我们创建了三个标签（"标签 1""标签 2""标签 3"），用户可以单击这些标签来切换不同的内容。单击标签时，JavaScript 函数 showContent( ) 会根据用户的选择显示相应的内容。CSS 样式用于定义标签的外观，包括悬停效果。

4.1.5　设计版式

设计版式（layout）是网页设计的重要组成部分，它涉及页面上各个元素的排列、位置和相对大小，以确保页面的信息和内容以有组织的方式呈现给用户。一个好的网页版式可以提高用户体验、可读性和页面的吸引力。

设计版式是网页设计的基础，通过合理的版式设计可以让用户更轻松地理解和互动网站的内容。根据特定项目的需求和目标，用户可以选择不同的版式和设计风格。

1. 页面比例

页面比例是指网页或屏幕上的内容区域的宽度与高度之间的比例关系。页面比例在网页设计和排版中非常重要，因为它影响了页面的外观、布局和用户体验。不同的页面比例可以用来实现不同的设计效果。

以下是一些常见的页面比例以及它们的特点。

1）4∶3（标准屏幕）

这是较传统的页面比例，它的宽度是高度的 4/3 倍。这种比例适合大部分桌面显示器，因此在过去常常被用于网页设计。它提供了足够的宽度来显示内容，同时保持一定的高度，适用于大多数网站。

【案例 4-7】4∶3（标准屏幕）案例。

以下是一个简单的 HTML 和 CSS 示例，用于创建一个 4∶3（标准屏幕）的页面布局。在这个示例中，将页面分成 4 个相等的列，以创建标准屏幕比例的布局。

```
<!DOCTYPE html>
<html lang="en">
<head>
    <meta charset="UTF-8">
    <meta name="viewport" content="width=device-width, initial-scale=1.0">
    <title>4：3 标准屏幕布局 </title>
    <style>
        body {
            font-family: Arial, sans-serif;
            margin: 0;
            padding: 0;
        }
        .container {
            display: flex;
            flex-wrap: wrap;
            max-width: 800px; /* 适应 4：3 宽高比 */
            margin: 0 auto;
        }
        .column {
            flex: 1;
            padding: 20px;
            box-sizing: border-box;
            border: 1px solid #ccc;
        }
    </style>
</head>
<body>
    <div class="container">
        <div class="column">
            <h2>列 1</h2>
            <p> 这是列 1 的内容。</p>
        </div>
        <div class="column">
            <h2>列 2</h2>
            <p> 这是列 2 的内容。</p>
        </div>
        <div class="column">
            <h2>列 3</h2>
            <p> 这是列 3 的内容。</p>
        </div>
        <div class="column">
            <h2>列 4</h2>
            <p> 这是列 4 的内容。</p>
        </div>
    </div>
</body>
</html>
```

在这个示例中，创建了一个包含四个相等宽度列的容器。每列都包含一些示例文本内容。容器的最大宽度设置为 800px，以便在 4：3 的屏幕上保持适当的宽高比。用户可以根据具体需求自定义内容和样式，以适应网页设计。

2）16：9（宽屏幕）

这是目前最常见的页面比例，它的宽度是高度的 16/9 倍。它适合现代宽屏显示器和高清电视，因此在视觉媒体、视频播放和应用程序中广泛使用。它提供更宽的内容显示区域，适合展示多媒体内容。

【**案例 4-8**】16：9（宽屏幕）案例。

以下是一个简单的 HTML 和 CSS 示例，用于创建一个 16：9（宽屏幕）的页面布局。在这个示例中，将页面分成两列，以创建宽屏幕比例的布局。

```html
<!DOCTYPE html>
<html lang="en">
<head>
    <meta charset="UTF-8">
    <meta name="viewport" content="width=device-width, initial-scale=1.0">
    <title>16：9 宽屏幕布局 </title>
    <style>
        body {
            font-family: Arial, sans-serif;
            margin: 0;
            padding: 0;
        }
        .container {
            display: flex;
            justify-content: space-between;
            max-width: 1280px; /* 适应 16：9 宽高比 */
            margin: 0 auto;
        }
        .left-column {
            flex: 1;
            background-color: #f0f0f0;
            padding: 20px;
        }
        .right-column {
            flex: 2; /* 右侧列宽度是左侧的 2 倍，以实现 16：9 宽高比 */
            background-color: #ddd;
            padding: 20px;
        }
    </style>
</head>
<body>
    <div class="container">
        <div class="left-column">
            <h2> 左侧列 </h2>
            <p> 这是左侧列的内容。</p>
        </div>
        <div class="right-column">
            <h2> 右侧列 </h2>
            <p> 这是右侧列的内容，宽度是左侧列的 2 倍。</p>
        </div>
    </div>
</body>
</html>
```

在这个示例中，创建了一个包含两列的容器，左侧列的宽度是右侧列的 1/2，以实现 16：9 的宽高比。容器的最大宽度设置为 1280px，以适应 16：9 宽屏幕比例。左侧列和右侧列都包含一些示例文本内容，并使用不同的背景颜色来区分它们。用户可以根据具体需求自定义内容和样式，以适应网页设计。

3）1：1（正方形）

1：1（正方形）设计的意义在于其能够提供一种独特的外观和一致性，适用于多种应用场景，尤其是在社交媒体、移动设备和图像展示方面。在选择页面布局时，考虑目标受众和内容类型是非常重要的，以确保设计与需求相符。

4）9∶16（竖屏）

这是竖屏手机的常见比例，用于移动设备上的页面和应用。它的宽度小于高度，适合垂直滚动的内容。

9∶16 这一比例反映了页面的宽高比，其中第一个数字代表宽度，第二个数字代表高度，常用于描述竖屏手机或竖直显示设备，确保页面适应竖屏手机的显示方向，从而充分利用屏幕空间并优化显示效果。

5）自定义比例

有时，设计师可以选择自定义页面比例，以满足特定的设计需求。例如，某些艺术或创意项目可能会选择非常独特的页面比例，以突出其独特性。

选择适当的页面比例取决于项目目标、受众和内容类型。响应式设计技术使得页面能够适应不同尺寸和比例的屏幕，以提供更好的用户体验。无论选择哪种页面比例，都要确保内容排版、图像和文本都适应所选的比例，以实现一致和吸引人的设计。

2. 网页的分栏

网页的分栏是一种常见的排版技术，用于将网页内容分成不同的列或区域，以更好地组织和呈现信息。分栏布局有助于提高可读性、减少页面混乱和提供更好的用户体验。以下是一些关于网页分栏的常见方式和建议。

1）网格系统

使用网格系统是实现网页分栏的有效方法。网格将页面划分为多个水平行和垂直列，每列用于容纳特定类型的内容。常见的网格系统包括 12 列、16 列或其他列数，具体选择取决于用户的设计需求。

网格系统是网页设计和布局中的关键概念，它用于将网页分割成行和列的二维结构，以便更有效地安排和定位页面上的内容元素。以下是有关网格系统的详细信息。

（1）网格单元：网格系统将页面分成多个网格单元，这些单元可以是等宽或不等宽的，具体取决于设计需求。网格单元通常是页面的基本构建块，用于容纳文本、图像、按钮等元素。

（2）行和列：网格系统通常包括水平行和垂直列。行用于定义页面的水平部分，列用于定义页面的垂直部分。设计师可以根据需要自定义行和列的数量，以满足特定的设计要求。

（3）列宽和间隔：每个列可以具有不同的宽度，而列之间的间隔可以自定义。这使得设计师可以更灵活地控制页面的布局，以适应不同的内容。

（4）响应式设计：许多现代网格系统支持响应式设计，这意味着页面布局可以根据用户的设备和屏幕尺寸进行调整，有助于确保页面在不同设备上都能够正常显示。

（5）栅格布局：将内容元素按照网格单元的布局进行排列的方法。元素可以跨越多个网格单元，这使得设计师可以更精确地控制页面的外观。

（6）设计一致性：网格系统有助于确保页面上的元素对齐和一致，从而提高页面的可读性和吸引力。设计师可以使用网格来确保元素在页面上的分布是有序的。

（7）内容块：网格系统可以将页面内容划分为不同的块，每个块可以包含特定类型的内容或功能。这有助于更好地组织页面并引导用户的注意力。

（8）流体布局：一些网格系统支持流体布局，即页面元素的宽度可以根据屏幕尺寸自动调整，以适应不同分辨率的屏幕。

网格系统是现代网页设计的基础之一，它使设计师能够更轻松地创建有吸引力、一致性和响应式的布局。常见的网页设计工具和前端框架，如 Bootstrap、Foundation 和 Grid 系统等，都提供了强大的网格系统，使设计师能够更高效地工作。

【案例 4-9】使用 HTML 和 CSS 创建网格系统。

在这个示例中，使用 CSS 的 grid 属性来定义一个简单的网格系统，将页面分为三列。这是一个基础示例，用户可以根据需要自定义网格系统的大小、列数和样式。

```
<!DOCTYPE html>
<html lang="en">
<head>
    <meta charset="UTF-8">
    <meta name="viewport" content="width=device-width, initial-scale=1.0">
    <title> 简单网格系统示例 </title>
    <style>
        .grid-container {
            display: grid;
            grid-template-columns: repeat(3, 1fr);
            /* 创建三列网格，每列平均分配剩余空间 */
            grid-gap: 20px; /* 列之间的间隔 */
        }
        .grid-item {
            padding: 20px;
            border: 1px solid #ccc;
            text-align: center;
        }
    </style>
</head>
<body>
    <div class="grid-container">
        <div class="grid-item"> 列 1</div>
        <div class="grid-item"> 列 2</div>
        <div class="grid-item"> 列 3</div>
        <div class="grid-item"> 列 4</div>
        <div class="grid-item"> 列 5</div>
        <div class="grid-item"> 列 6</div>
    </div>
</body>
</html>
```

在这个示例中，创建了一个名为 grid-container 的 div 元素，它是网格系统的容器。我们使用 display：grid；来启用网格布局，并使用 grid-template-columns 定义三列的网格，每列使用 1fr 单位，表示平均分配剩余的空间。grid-gap 属性定义了列之间的间隔。

　　然后，在容器内放置了一些带有类名 grid-item 的 div 元素，它们代表网格中的不同内容元素。这些元素被自动放置在网格中的不同列中。

　　用户可以根据需要自定义这些代码示例，以创建符合设计需求的网格系统。这只是一个基本示例，网格系统的灵活性使用户能够实现各种不同的布局。

2）等宽分栏

　　在等宽分栏中，每列的宽度是相等的。这种布局适合于简单的排版和内容均匀分布的情况。

【案例 4-10】等宽分栏。

　　等宽分栏是一种常见的网页布局方法，其中网页的列具有相同的宽度。这种布局适用于简单的页面设计，其中每列都包含相似的内容。以下是一个使用 HTML 和 CSS 创建等宽分栏的示例。

```
<!DOCTYPE html>
<html lang="en">
<head>
    <meta charset="UTF-8">
    <meta name="viewport" content="width=device-width, initial-scale=1.0">
    <title>等宽分栏示例</title>
    <style>
        .container {
            display: flex;                     /* 使用 Flex 布局 */
            justify-content: space-between;  /* 列之间平均分配剩余空间 */
        }
        .column {
            width: 30%;                        /* 列的宽度为 30% */
            padding: 20px;
            border: 1px solid #ccc;
            box-sizing: border-box;            /* 防止边框增加列宽度 */
        }
    </style>
</head>
<body>
    <div class="container">
        <div class="column">
            <h2>列 1</h2>
            <p>这是列 1 的内容。</p>
        </div>
        <div class="column">
            <h2>列 2</h2>
            <p>这是列 2 的内容。</p>
        </div>
        <div class="column">
            <h2>列 3</h2>
            <p>这是列 3 的内容。</p>
        </div>
    </div>
</body>
</html>
```

　　在这个示例中，创建了一个名为 container 的 div 元素，它使用 Flex 布局来实现等宽分栏。每个列的宽度被设置为 30%，以确保它们拥有相同的宽度。justify-content：space-between；属性用于在列之间平均分配剩余的空间，从而创建等宽分栏。

每列包含标题和内容，它们可以根据具体需求自定义。列的内边距和边框样式也可以根据设计需求进行调整。等宽分栏是一种简单且常见的布局方式，特别适用于展示一些类似的内容或功能的情况。用户可以根据需要增加或减少列数，以适应具体设计要求。

3）不等宽分栏

不等宽分栏允许为不同的列指定不同的宽度，以更好地满足内容需求。这对于突出某些内容或创建多层次布局非常有用，列的内边距和边框样式也可以根据设计需求进行调整。这种不等宽分栏布局适用于需要强调某些内容或创建多层次布局的情况，可以根据具体设计要求进行自定义，如图4-5所示。

图 4-5　不等宽分栏

3. 版面率

版面率（frame rate）通常用FPS（frames per second）表示，是指在某个时间段内，显示设备能够呈现图像的速度，也就是每秒显示多少帧图像。在计算机图形、视频和动画领域，版面率是一个非常重要的性能指标。

高版面率通常表示图像以更高的速度刷新，呈现更流畅的视觉效果。一般来说，人眼可以感知到的最佳版面率是60FPS，这意味着每秒刷新60帧图像。如果版面率较低，用户可能会感到动画效果不流畅，而较高的版面率可以提供更好的用户体验。

在不同的应用中，版面率有不同的要求。例如，视频播放通常以30FPS或更高的速度播放，以呈现平滑的视频流。在视频游戏中，高版面率对于响应时间和游戏性至关重要，因此通常追求60FPS或更高的目标。

在网页设计和开发中，也追求较高的版面率，以确保页面上的动画、过渡和交互效果更流畅。网页性能的优化、硬件加速、响应式设计和优化图像等因素都可以影响版面率。

总之，版面率是指显示设备每秒呈现图像的速度，它对于各种应用的视觉体验和性能都有重要影响。高版面率通常被认为是提供流畅用户体验的重要因素。

版面率在应用和网站开发中是一个重要的性能指标，尤其在需要呈现动画、视频和交互效果的情况下，高版面率是至关重要的。以下是一些应用领域，其中版面率特别重要。

（1）电子游戏和游戏网站：游戏通常需要在高版面率下运行，以提供顺畅的游戏体验。较高的版面率有助于减少延迟，并提供更流畅的游戏画面和操作响应。在线游戏网站也需要优化以支持高版面率。

（2）视频流和媒体网站：视频播放需要较高的版面率，以呈现平滑的视频流。媒体网站和流媒体服务通常会优化视频播放，以提供高质量的视觉体验。

（3）交互式应用和移动应用：交互式应用，如社交媒体、在线购物应用和移动游戏，通常会使用动画和过渡效果来增强用户体验。高版面率有助于这些动画效果的流畅呈现。

（4）虚拟现实和增强现实：虚拟现实和增强现实应用需要极高的版面率，以确保头部追踪和图像渲染的实时性。低版面率可能导致晕动病或不适感。

（5）在线教育和培训平台：通常包含教育视频、互动课程和模拟实验。高版面率有助于提供清晰的教育内容和互动元素。

（6）电子商务：该网站通常包含产品展示和交互元素。高版面率可以提高用户对产品的展示和体验，促进销售。

（7）数据可视化：该应用需要能够以高版面率呈现图表、图形和实时数据更新，以便用户可以有效地分析和理解信息。

综上所述，高版面率对于各种应用和网站类型都具有重要性。开发者和设计师通常会优化网页和应用，以确保它们在不同设备上以高版面率运行，提供出色的用户体验。不同应用可能有不同的版面率目标，但总体目标是提供流畅、清晰和高质量的视觉和交互体验。

4. 图版面积

图版面积是一种用于描述设计元素在页面上吸引和捕捉用户注意力程度的概念。不同的设计元素，例如文本、图像、颜色和排版，都可以具有不同的视觉重量，这意味着它们在页面上的显眼度不同。理解和控制图版面积是设计中的重要方面，因为它可以用来引导用户的注意力和传达信息。

以下是一些影响图版面积的因素。

（1）颜色：鲜艳、对比度高的颜色通常会更容易吸引用户的目光。在设计中，可以使用鲜明的颜色来突出重要的元素。

（2）大小：大型元素通常拥有更高的视觉重量。通过放大某个元素，可以使它在页面上更加显眼。

（3）对比度：元素与周围环境的对比度可以影响它的视觉重量。高对比度的元素更容易被注意到。

（4）排列：元素的位置和布局也会影响它们的视觉重量。通常，位于页面中心、顶部或左上角的元素会更引人注目。

（5）文本：粗体文本、大标题和重要字词也会具有较高的视觉重量，因为它们会吸引用户的注意力。

通过控制这些因素，可以引导用户的目光，强调重要内容，优化页面布局，以及传达信息。例如，在广告设计中，使用明亮的颜色和大字标题可以提高广告的视觉吸引力。在网页设计中，使用色彩、图像和排版来引导用户的目光，使他们更容易找到所需的信息。

了解和运用图版面积的原则可以改善设计的效果，使用户更容易理解和与页面互动。这对于各种设计项目都非常重要。

图版面积在设计中的主要作用是引导用户的注意力和传达信息。它帮助设计师控制页面上不同元素的显眼程度，以确保用户关注到重要的内容，同时不被不必要的元素分散注意力。以下是图版面积的主要作用。

（1）引导用户的注意力：通过控制元素的颜色、大小、对比度和位置，设计师可以引导用户的目光，使其集中在页面上的特定元素上。

（2）强调重要信息：通过增加特定元素的视觉重量，设计师可以突出显示重要的信息、标题或呼叫到动作，以确保用户不会错过关键信息。

（3）改善用户体验：通过优化布局和排版，可以提供更好的用户体验，使用户更轻松地浏览和理解页面内容。

（4）提高互动效果：在交互式设计中，图版面积有助于创建动画效果、按钮和链接的视觉引导，从而鼓励用户进行互动。

（5）传达情感和品牌：通过选择特定的颜色和图像，可以在设计中传达情感和品牌特质，以吸引目标受众。

（6）减少混乱：有效的图版面积管理可以减少页面的混乱感，使页面更加清晰和易于理解。

总的来说，图版面积是一种重要的设计原则，它有助于优化用户体验，确保信息有效传达，提高页面的可用性和吸引力。设计师可以运用图版面积的原则来创造吸引人的设计，从而更好地满足用户的需求和期望。

5. 跳跃率

跳跃率（bounce rate）是指用户访问网站或页面后，在没有与该网站或页面的其他内容互动的情况下离开的百分比。具体来说，跳跃率是测量单次访问后用户立即离开网站或页面而没有与其他页面或内容进行互动的指标。跳跃率通常以百分比表示，计算方法如下。

跳跃率＝进入网站的访问次数 / 离开网站的访问次数 ×100%

跳跃率是网站分析中的一个关键指标，用于评估网站的用户体验和页面吸引力。通常，较低的跳跃率表示用户更愿意浏览网站的多个页面或与网站互动，而较高的跳跃率可能表示用户没有找到感兴趣的内容，或者他们对网站的访问不满意。

以下是一些与跳跃率相关的要点。

（1）目标页面：跳跃率通常是针对特定页面或网站的整体指标，但也可以根据不同页面或内容来分析。例如，某个页面的跳跃率可以不同于整个网站的跳跃率。

（2）降低跳跃率：许多网站所有者和营销人员的目标。这可以通过改善页面设计、提供有吸引力的内容、改进导航、减少加载时间和优化用户体验来实现。

（3）网页分析工具：如 Google Analytics 可以提供有关跳跃率的详细数据，帮助网站所有者了解用户的行为和兴趣。

（4）跳跃率的理解：高跳跃率并不总是坏事。对于某些页面，如联系页面或单一信息页面，高跳跃率可能是正常的，因为用户可能在查看内容后立即离开，而不需要与其他页面互动。因此，必须考虑页面的性质。

（5）目标设置：根据网站的目标，可以设置不同的跳跃率目标。某些页面可能旨在提供信息，而另一些页面可能旨在促使用户进行购买或注册等互动。根据不同的目标，跳跃率的可接受水平可能会有所不同。

综上所述，跳跃率是一个重要的网站分析指标，用于评估用户体验和页面吸引力。理解跳跃率并采取适当的措施来降低它可以改善用户参与度和网站的综合表现。

4.2　短视频制作

近几年，越来越多的人喜欢看短视频，不管是什么软件，只要是社交软件，都会有短视频被推广，另外专门制作视频的 App 越来越多，可以说我们今天的生活已经被手机 App 填满了。所以对于短视频运营策划来说，到底该怎么做呢？

4.2.1　短视频的特点与种类

短视频是指在各种新媒体平台上播放的、适合在移动状态和短时休闲状态下观看的、高频推送的视频内容，时长几秒到几分钟不等。其内容融合了技能分享、幽默搞怪、时尚潮流、社会热点、街头采访、公益教育、广告创意、商业定制等主题。由于内容较短，可以单独成片，也可以成为系列栏目。

1. 短视频的特点

短视频即短片视频，是一种互联网内容传播方式，一般是在互联网新媒体上传播的时长在 5 分钟以内的视频。随着移动终端普及和网络的提速，短平快的大流量传播内容逐渐获得各大平台、粉丝和资本的青睐。

短视频的特点如下。

（1）内容丰富、短小精悍。

（2）富有创意，具有个性化。

（3）传播迅速，互动性强。

（4）门槛低，创作过程简单。

（5）目标精准，能发营销效应。

（6）观点鲜明，内容集中。

短视频按照形式分为以下三种。

（1）图文类：精美的图片配上文字、背景音乐即可。这类视频制作简单，找一些好看的图片素材和视频模板即可，新手也可以轻松搞定。

（2）视频类：没有图文素材，全部都由视频素材剪辑而成的短片。这类内容比图文类内容更加生动，传播效果优于图文类，但剪辑难度比纯图文要复杂。

（3）图文视频类：图片文字和视频素材穿插构成的短片。这类内容可以在视频中插入一些图文资料、照片等素材，需要进行混剪，表现形式比图文类更加丰富生动。

2. 短视频的内容种类

（1）纪录片：一条、二更是国内较为早出现的短视频制作团队，其内容形式多数以纪录片的形式呈现，内容制作精良，其成功的渠道运营优先开启了短视频变现的商业模式，被各大资本争相追逐。

（2）网红 IP 型：papi 酱、回忆专用小马甲、艾克里里等网红形象在互联网上具有较高的认知度，其内容制作贴近生活。庞大的粉丝基数和用户黏性背后潜藏着巨大的商业价值。

（3）草根恶搞型：以快手为代表，大量草根借助短视频风口在新媒体上输出搞笑内容，这类短视频虽然存在一定争议性，但是在碎片化传播的今天也为网民提供了不少娱乐谈资。

（4）情景短剧：套路砖家、陈翔六点半、报告老板、万万没想到等团队制作的内容大多偏向此类表现形式，该类视频短剧多以搞笑创意为主，在互联网上有非常广泛的传播。

（5）技能分享：随着短视频热度不断提高，技能分享类短视频也在网络上有非常广泛的传播。

（6）街头采访型：目前短视频的热门表现形式之一，其制作流程简单，话题性强，深受都市年轻群体的喜爱。

4.2.2　短视频策划

企业可以依据企业文化、产品特质、员工个性先建立内部社群，并形成群的亚文化，再慢慢走向开放，引入外部活跃的积极粉丝用户，最后形成内外的双向交流。

短视频策划包括以下内容。

1. 知道自己的视频风格

首先要明确自己的定位，然后根据自己的定位发布自己的视频。例如，想发美食的视频，那就专攻美食类的视频。

2. 熟知对手

在发布视频的初期肯定没有什么流量，所以这时候需要自己去观看一下自己前辈的视频，他们入行比自己早，可以借鉴他们的经验。一定要了解和自己发一类视频的账户，熟悉其风格，以及流程。当然，看到其不足的地方，我们尽量去避免。

3. 观看评论

要经常回复自己的粉丝，做到留住老粉，收获新粉。在初期自己是什么定位就发什么视频，不要贪多。先做好一件事情，等自己有一定流量之后，再去发别的视频。

4．关键词抓住人心

视频的标题一定要新奇，吸引人心，因为一个好的标题可以让大家想去看你的视频，增加流量，所以要在视频的关键词上抓住人心，这样才可以别出心裁，让看短视频的用户更喜欢自己。

其实拍摄短视频还需要优秀的团队和短视频剧本，一个好的剧本可以吸引读者的眼球，所以需要有经验的人去写剧本，接着就是拍摄视频，这些交给专业摄像师来做就好。

最后，拍摄好视频后需要专业的剪辑人员来进行剪辑，需要添加背景音乐。另外还要注意标题，这是很重要的地方，好的标题是吸引观看者的重点。

4.2.3　短视频拍摄

短视频拍摄主要包括拍摄软件选择、运用镜头语言、选择拍摄方位与角度、使用空镜头、使用移动镜头、使用分镜头、延时摄影、慢动作拍摄、使用绿幕等内容。

1．拍摄的软件

1）抖音

抖音作为新的音乐媒介，呈现了新的音乐形式并带动了新的音乐潮流，在使用抖音短视频时，可以自主选择拍摄效果。抖音有丰富的音乐库、音效库和新式封面，有添加、复制、变速、倒放、旋转等操作，根据文字图标提示，几乎完全能够自行解决剪辑问题，如图 4-6 所示。

图 4-6　抖音

2）快手

快手是一个火热的短视频社区软件，用快手拍摄，可以选择美颜效果、配字幕和音乐、添加喜欢的滤镜、细调单个部位的美颜程度、选择合适的文字气泡等。快手的操作和抖音的操作类似，可以自己选择想要上传的视频进行编辑，讲究拍摄短视频的清晰度、完整性。应注意想要表达的简介，以及视频的时长。作品发布后，其他用户可以观看该作品，并且进行评论，如图 4-7 所示。

图 4-7　快手

3）美拍

美拍让短视频更好看。"美拍"的备受追捧得益于其背后企业——美图公司，通过公司的品牌效应，使得"粉丝们"将制作精美的短视频内容分享到微博、微信、QQ等第三方社交平台，从而帮助美拍在推广过程中达到了裂变式的病毒传播效果，为美拍积攒了庞大的潜在用户群体，如图 4-8 所示。

图 4-8　美拍

2. 运用镜头语言

1）景别

根据镜头与主体的距离，景别可分为以下几类。

（1）大远景：远距离镜头，人物很小，常见的有航拍镜头。

（2）远景：深远的镜头景观，人物在画面中只占很小的位置。从广义上讲，根据不同的景观距离，视野分三个层次：大视野、远视和小视野。

（3）大全景：包括整个拍摄对象和周围环境的图片，通常被用作影视作品的环境介绍，也被称为最广泛的镜头。

（4）全景：摄入全身或小场景的影视画面，相当于戏剧和歌舞剧场舞台框中的景观。

在全景中可以看到角色的动作和环境。

（5）小全景：比全景小很多，画面可以保持相对完整。

（6）中间场景：拍摄人物小腿以上部分的镜头，或用于拍摄相同的场景镜头，是表演场景中常用的场景。

（7）半身景：俗称半身像，是指从人物腰部到头部的景色，又称中近景。

（8）近景：拍摄时取人物胸部以上的影视画面，有时也用于表现场景的某一部分。

（9）特写：相机在非常近距离拍摄的对象。通常以人肩以上的头像作为拍摄参考，旨在强调人体的某个部位，或相应的物体细节、景物细节等。

（10）大特写：又称细节特写，是指突出人物头像、身体或物体的某一部位，如眉毛、眼睛等。

2）相机的运动

在拍摄过程中，相机有很多不同的运动方式，下面分别进行介绍。

（1）推：推拍、推镜头，是指被摄体不动，由相机进行向前运动拍摄，拍摄范围由大到小，分为快推、慢推、猛推等，与变焦距推拍有本质区别。

（2）拉：被摄体不动，由相机进行向后运动拍摄，拍摄范围由小变大，分为慢拉、快拉、猛拉等。

（3）摇晃：相机的位置不动，机身依靠三脚架上的底盘做上、下、左、右、旋转等运动，让观众站在原地环顾四周，看看周围的人或事。

（4）移动：也称为移动拍摄。从广义上说，运动拍摄的各种方式都是移动拍摄。但从一般意义上说，移动拍摄是指将相机放置在运输工具（如轨道或摇臂）上，然后沿着水平面在移动中拍摄对象。

（5）跟踪：跟踪拍摄。

（6）上升：镜头做上升运动，同时拍摄对象。

（7）下降：与上升镜头相反，即镜头下降同时拍摄对象。

（8）俯拍：常用于宏观展现环境、场合的整体面貌。

（9）仰拍：常带有高大、庄重的意义。

（10）甩：甩镜头，又称扫镜头，是指从一个被摄体甩到另一个被摄体，可以用来表现急剧变化。这个镜头可以作为场景变换的手段。

（11）悬挂：悬挂拍摄，包括空中拍摄，往往具有广泛的表现力。

（12）空：又称空镜头，是指没有剧中角色（人或动物）的纯景镜头。

（13）切割：转换镜头的总称。任何镜头的剪接都是一次切割。

（14）综合：综合拍摄，又称综合镜头。通常是将推、拉、摇、跟、移、升、降、俯、仰、甩、悬、空等几种拍摄手法结合在一个镜头中拍摄。

（15）短：短镜头，电影中指 30 秒以下、24 帧 / 秒的连续画面镜头，电视剧中指 30 秒以下、25 帧 / 秒的连续画面镜头。

（16）长：长镜头，连续画面镜头 30 秒以上。

（17）变焦拍摄：相机不动，通过镜头焦距的变化，使远处的人或物清晰可见，或使近景从清晰到虚拟。

（18）主观拍摄：又称主观镜头，即表现剧中人物的主观视线，视觉镜头，往往具有可视化描写心理的作用。

3. 拍摄方位与角度

想要拍出精彩有趣的短视频，需要掌握"运镜"的技巧和拍摄角度。镜头按照是否运动，可以分为固定镜头和运动镜头。

固定镜头就是相机固定不动进行拍摄，直播或者拍微课时常用固定镜头。

如果是拍情景短片，那么用得比较多的则是运动镜头，简称"运镜"，它是指相机一边移动一边摄影的拍摄方式。

1）常用的运镜方法

常用的运镜方法有推、拉、摇、跟、移、升降、晃动。

（1）推镜头。

推镜头就是相机越来越靠近被拍对象，不断放大被拍对象的特征，取景范围越来越小，如从近景变成特写。

例如自拍时，本来手机离脸很远，显得脸小，然后手机慢慢向脸靠近，把脸拍得越来越大，连脸上的痘痘都能看清了，这个运动镜头就是推镜头。

推镜头的主要作用就是突出被拍对象或者烘托气氛。

例如，人物的内心活动可以通过五官或者四肢的细节特写更好地传达出来，这个时候就可以采用推镜头的方式。

举个例子，如果要拍摄一个主角威胁别人的镜头，为了表现主角的威慑力，就可以通过推镜头，不断放大主角犀利的眼神或者攥紧的拳头等，来增加紧张恐怖的氛围。

（2）拉镜头。

拉镜头是与推镜头完全相反的运动方式。

拉镜头就是相机离被拍对象越来越远，周围的环境会慢慢浮现，取景范围越来越大，但是被拍对象也会越来越小。例如从中景变成全景。

拉镜头可以慢慢展现出被拍对象的环境，使画面更丰富完整，也可以用于转换场景或者制造一些出乎意料的情节等。

假设正在拍摄一部关于家庭团聚的短视频。故事的核心围绕一桌丰盛的晚餐展开，家人们欢聚一堂，共度佳节。视频开始时，镜头聚焦在餐桌上的一道精致菜肴上，展现其细腻的纹理和诱人的色彩。随着镜头的缓慢后拉，画面逐渐展现出坐在餐桌周围的家人们的脸庞，他们的表情充满了幸福和期待。镜头继续拉远，观众开始看到整个餐厅的布局、温馨的装饰、柔和的灯光以及窗外模糊的夜景，营造出一种温暖而祥和的氛围。当镜头拉至足够远的距离时，整个场景变得一览无余，观众可以感受到这个家庭团聚的温馨和重要性，以及浓厚的节日氛围。

（3）摇镜头。

摇镜头就是相机的位置不动，然后借助三脚架，使相机在原地 360° 旋转拍摄，就类似一个人站在路中间，然后左顾右盼，观察四周的环境，视线从一点移动到另一点。

摇镜头可以更好地展现大场面，扩展视野，视觉信息更丰富，也可以展现对比、并列等特殊关系。

例如，给一排领导摄影时，需要每个领导都有个特写，那么这时候镜头就可以从左摇到右，依次特写。

再如，有两个势均力敌的人物对峙，就可以在两人对立的侧面，从左摇到右，表示并列。但如果两个人物一强一弱，那么从强势一方由上摇到下，就可以形成强烈的对比效果，有种恃强凌弱的感觉；反过来，从弱势一方由下摇到上，也可以形成强烈的对比，进一步体现出敌强我弱的特点，配合表情，还可以展现出不畏豪强的英雄气概，或者大敌当前的压迫感等。

（4）跟镜头。

跟镜头就是相机跟着被拍对象移动，被拍对象走到哪里，相机就跟到哪里。

跟镜头可以更好地展现拍摄主体移动时周围环境的变化。在使用跟镜头时，可以结合推镜头、拉镜头、移镜头等一起使用。

（5）移镜头。

跟镜头是被拍对象动，相机机位才动。摇镜头是被拍对象不动，相机机位也不动。

而移镜头则不一样，不管被拍对象动不动，相机的机位都会一直变化，也就是相机沿某一方向边移动边拍摄。

例如，将相机装在移动轨上，就可以边移动边拍摄，画面非常丰富，具有流动感。

举个例子，要想展现河边的完整风貌，就可以采用移镜头的方式。

（6）升降镜头。

升降镜头是指相机借助升降装置一边升降一边拍摄。

升降镜头一般用于大场面的拍摄，可以展现整体环境，渲染气氛，也可以用来展现高大物体的局部特征等。

（7）晃动镜头。

晃动镜头就是做一些没什么规律的摇摆拍摄，可以用来拍摄一些地震晃动、头晕、晕车所看到的晃动画面。

2）镜头角度

拍摄时，除了要注意镜头的运动方式，还要注意拍摄镜头的角度。

镜头的角度一般有如下五种。

（1）鸟瞰镜头。

鸟瞰镜头就是相机像小鸟一样在天上飞过，拍到被拍对象正上方的镜头。

例如，拍人正面平躺在床上时，鸟瞰镜头，拍到的就是人物的正脸；拍人正在走路时，鸟瞰镜头，拍到的就是人的头顶。

（2）仰视镜头。

仰视镜头类似人抬头仰望时拍到的镜头。这种镜头会显得被拍对象比较高大。如果拍照时想要看上去比较高挑，就可以选择仰视镜头。

（3）俯视镜头。

俯视镜头类似人低头观察时拍到的镜头。这种镜头会显得被拍对象比较弱小。

（4）平视镜头。

平视镜头就是摄影机处于与被拍对象的眼睛相同的高度时进行的拍摄。

这种镜头是客观视角下的镜头，也是最常用的。

（5）倾斜镜头。

倾斜镜头类似人歪着头看时拍到的镜头。这种镜头具有不平衡感，使画面充满不稳定性与不确定性。倾斜镜头一般用来表现无所适从、迷茫的心理活动或者面临危机等，制造一种紧张焦虑的感觉。

采用不同的镜头运动方式和拍摄角度，可以避免单一镜头造成的单调乏味。只有优秀的视频策划，流畅、自然的运镜及合适的取景角度以及合理巧妙的镜头组合，才能打造一条精彩的短视频。

4. 使用空镜头

空镜头又称景物镜头，指影片中做自然景物或场面描写而不出现人物（主要指与剧情有关的人物）的镜头，如图 4-9 所示。

图 4-9　自然景物

空镜头常用以介绍环境背景、交代时间空间、抒发人物情绪、推进故事情节、表达作者态度等，具有说明、暗示、象征、隐喻等功能。在短视频中，空镜头能够产生借物寓情、见景生情、情景交融、渲染意境、烘托气氛、引起联想等艺术效果，在情节的时空转换和调节影片节奏方面也有独特的作用。

空镜头有写景与写物之分：写景空镜头为风景镜头，往往用全景或远景表现，以景为主、物为陪衬，如群山、山村、田野、天空等；写物空镜头又称"细节描写"，一般采用近景或特写，以物为主、景为陪衬，如飞驰而过的火车、行驶的汽车等。如今空镜头已不单纯用来描写景物，已成为影片创作者将抒情手法与叙事手法相结合，来加强影片艺术表现力的重要手段。

空镜头也有定场的作用，如发生在山林里的一个故事，开篇展示山林全景，雾气围绕着小山村，表现出神秘的意境，如图 4-10 所示。

图 4-10　山林全景

5. 移动镜头

移动镜头是动静结合的拍摄，即"动态画面静着拍，静态画面动着拍"。在拍摄正在运动的人或物时，镜头可以保持静止，如路上的行人、车辆等，如图 4-11 所示。这类镜头的画面属于动态画面，如果镜头也运动起来，画面将会变得混乱，找不到拍摄的主体。

图 4-11　路上的行人与车辆

当拍摄静止的画面时，镜头也一起静止会显得画面有些单调。在拍摄时可以使用滑轨从左至右缓慢移动镜头，或上下移动镜头，如图 4-12 所示。移动时需要保持平稳，避免拍摄时的画面抖动。

图 4-12　移动镜头

6. 使用分镜头

分镜头可以理解为短视频中的一小段镜头，电影就是由若干分镜头剪辑而成的。它的作用是用不同的机位呈现不同角度的画面，带给观众不一样的视觉感受，使其更快地理解视频想要表达的主题。

使用分镜头时需与脚本结合，如拍摄一段旅游视频，可以通过"地点＋人物＋事件"的分镜头方式展现整个内容，如图 4-13 所示。第一个镜头介绍地理位置，拍摄一段环境或景点视频。

图 4-13　第一个镜头

第二个镜头拍摄一段人物介绍视频，人物可以通过镜头向观众打招呼，告诉观众你是谁，如图 4-14 所示。

图 4-14 第二个镜头

第三个镜头可以拍摄人物的活动，如吃饭或在海边畅玩的画面，如图 4-15 所示。

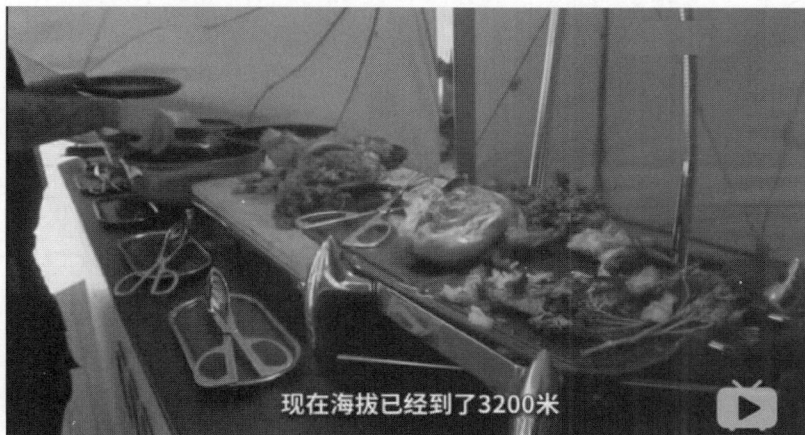

图 4-15 第三个镜头

7. 延时摄影

视频是动态的，用手机或相机的录像功能就可以连续捕捉场景内发生的一切，还可以捕捉声音等媒体。与照片相比，视频每秒就有几十帧，相当于在连续地播放照片，由于有动态模糊的处理，因此看起来很连贯。当然，帧越高，画面越流畅。

而这个短短的几秒的动态图，耗费了摄影师几小时的时间，用上百张照片组合后才能呈现出的效果。简而言之，延时摄影可以让照片以动态的形式存在，看起来像是几秒的视频，但它仍是照片，想要视频的效果，可以将其保存为其他格式，加入背景音乐，这就是延时摄影的重点——可以变成图片，也可以变成视频。如果想要延长"视频"的时间，就必须拍摄更多的照片来延长后面的内容，这是让照片动起来的技巧。

8. 慢动作拍摄

慢动作指的是画面的播放速度比常规播放速度更慢的视频画面。之所以画面的播放速度慢，是因为慢动作视频的每秒帧数比常规速度视频要高很多，也即每秒内播放的画面要更多，呈现出来的细节更加丰富，画面就要比正常速度的视频更慢些。

在大部分手机自带相机的拍摄模式中，都有"慢动作"模式，有些手机也叫作"慢镜头"。直接切换到慢动作模式，即可拍出具有慢动作效果的画面。慢动作视频画面的播放速度较慢，视频帧数通常为 120 帧/秒以上，记录的画面动作更为流畅，也叫作升格。

拍摄慢动作视频对光线的要求较高，尤其是拍摄 8 倍或 32 倍慢动作时，光线一定要非常强，才能拍摄到更加曝光到位、更加流畅的画面。因为慢动作视频每秒需要播放更高的帧数，也即每秒需要捕捉到更多的画面，如果光线不够强，拍摄到的视频画质就会比较差，慢动作的倍数设置得越高，就越需要更强的光线才能保证画面的清晰度。拍摄慢动作时也需要保证手机的稳定，稳定的手持或借助脚架、稳定器拍摄都可，在拍摄过程中如果手机比较晃动，画面就会不稳定。

另外，慢动作适合拍摄运动速度比较快的景物，如果拍摄运动速度很慢或者静态的景物，拍出来的画面会特别慢或者是静态的画面，缺少动感。

9. 绿幕的使用

绿幕是用来抠像的，也就是说在后期处理时要进行抠像合成，所以背景色和被摄物体的颜色要区分开来，与 Photoshop 的魔棒工具一个道理，会选中一个颜色进行抠像。

采集图像的摄影机的三原色是红、绿、蓝，感光芯片的采集也是遵循三原色原理，但是信号的采集是 RGGB，也就是有两份绿色，所以导致摄影机对绿色是最敏感的。而且绿色对人眼的刺激也比较大。绿色和蓝色是人体肤色最少的颜色，因为一般的人肤色，尤其是亚洲人，肤色多为暖色调，偏红偏黄比较多，因此如果是红幕，人体也会受影响。所以在众多电影拍摄时都会使用绿幕。

1）用正确的绿幕

要使用不反光的绿幕材料，并寻找"色键绿"和"数字绿"等颜色，这些颜色适合与绿幕一起使用。夜景拍摄时也可以使用蓝幕材料。

2）将拍摄主体与背景分离

拍摄主体至少离绿幕 6ft（约 1.8m），这样能最大范围减少散射和绿幕背景上的阴影。

3）格式的选择

以最高比特率拍摄。10b 的颜色肯定比 8b 好，ProRes 422 和 ProRes 444 也是不错的选项，如果能拍 Raw 则是更佳的选择。

4）正确曝光背景

分别对前景和背景布打光，均匀地给绿幕打光也很重要。正确的曝光有助于避免绿色光的散射。

5）减少动态模糊

用更快的快门速度来减少动态模糊，这样有助于拍摄更干净的抠像画面。

4.3　短视频后期制作

后期制作与拍摄一样，有很多关于美学、节奏感、画面感的要求，并不是随随便便剪的视频都能火。后期制作对于拍摄来说，就是灵魂。如果后期技术差、审美差、画面协调感差，基本上拍摄的素材再好也拯救不了。

4.3.1　短视频后期处理软件

短视频的一般工作都在后期，后期的重点在于剪辑。剪辑的目的是让视频看起来内容更加精练，将不必要的片段取出，同时做好前后的衔接。现在的短视频创作中，很多创作者会把视频的精彩片段截取一部分放在视频的开头，留下吸引人关注的悬念，以提高作品的完播率。

剪映是由抖音官方推出的一款视频编辑工具，可用于短视频的剪辑制作和发布。剪映带有全面的剪辑功能，有多样滤镜和美颜的效果，以及丰富的曲库资源。自 2021 年 2 月起，剪映支持在手机移动端、Pad 端、Mac 计算机、Windows 计算机全终端使用。

剪映是一款关于视频剪辑的软件，用户可以在这里进行视频的制作和后期处理。其功能非常齐全，可以让用户将自己所拍摄的视频制作成大片的效果，也可以让用户将制作的视频上传到抖音、快手等平台，如图 4-16 所示。

图 4-16　剪映

导入视频，单击"新建项目"按钮就可以选择素材进行视频创作。

进入编辑界面后，在屏幕正下方会发现剪映的十大功能：剪辑、音频、文本、贴纸、滤镜、特效、比例、背景、调节、美颜。

（1）剪辑功能：在剪辑中，可以对视频进行基础操作，包括分割、变速、旋转、倒放等。

（2）音频功能：在抖音的视频中，BGM（背景音乐）是非常重要的一项元素。用户可以选择剪映中内置的音乐，也可以导入自己喜欢的音乐。

（3）文本功能：剪映内置了丰富的文本样式和动画，操作简单，输入文字后简单操作即可轻松达到自己想要的效果。

（4）贴纸功能：在视频编辑过程中，用户可以添加各种图片、动画、文字、小视频等贴纸到视频中，以增强视频的装饰性和趣味性。剪映提供了多种分类的贴纸，包括收藏、表情、VIP、情绪、互动、春日、女神节、指示、旅行、遮挡、复古、科技、电影感、开学复工、自然元素、闪闪、线条风、爱心、浪漫、科技、炸开、美食等，共计30种分类。

（5）滤镜功能：剪映中内置了7类34种风格的滤镜，可以满足大多数视频场景下的使用需求。

（6）特效功能：剪映中还内置了6大类合计91种特效供用户选择使用。

（7）比例功能：剪映中可以直接调整视频比例及视频在屏幕中的大小。

（8）背景功能：剪映把背景当成了视频的画布，用户可以调整画布的颜色和样式，也可以上传自己满意的图片当作背景。

（9）调节功能：用户可以通过调节亮度、对比度、饱和度、锐化、高光、阴影、色温、色调、褪色来剪辑视频。

（10）美颜功能：在剪映中，可以对视频进行磨皮和瘦脸操作。

4.3.2　视频素材的基本处理

拍摄一个优秀的视频，素材片段一定不少。素材处理的专业程度如何会直接影响最终视频效果的表达。素材的详细处理也就是画面拍摄和后期剪辑。

1. 视频初始参数的设置

1）分辨率

720p：倘若制作的是短视频，且只是在手机上播放观看的，一般720p就够了。

1080p：满足在手机及电视、计算机这些大尺寸屏幕上观看。

2k/4k：不推荐使用的参数，因为2k、4k的分辨率可能会导致计算机后期剪辑无法处理，需要购买更高配置的计算机。

2）帧率

如果拍出来的视频后期需要放慢（升格画面），帧率就要调高些；不需要放慢的正常情况下，帧率可以调低些，如24帧/秒或25帧/秒。

3）码率

码率只要取一个适当的值，之后直接统一用这个数值就可以了，效果差别不大。

2. 裁剪视频尺寸

1）使用 App 端软件"微商视频助手"

微商视频助手是一款功能丰富的视频制作 App，它有助于用户实现高效、省时的视频制作和编辑，提高在视频制作方面的处理效率。同时，这款软件还提供了其他特色的功能，如书单视频、提词器、特效字幕、图片流动及 GIF 制作等，这些特色功能能够满足用户在日常生活、工作中的多种使用需求，提高创作效率。

打开该软件，进入应用首页，选择"画面裁切"功能，上传视频文件后，会自动跳转至操作界面。可以看到在界面下方罗列了多个视频画面裁切比例的模板，其中包含了一些媒体平台的比例模板，可以根据自己的裁切需求进行选择。

确定视频画面尺寸裁切的比例后，还可以根据创作的需求，进行画面的垂直翻转和左右翻转，增添视频剪辑的趣味性，创作不一样的视频；待完成一系列的调整后，即可单击"完成"按钮导出视频。

2）使用 App 端软件"无痕去水印"

这是一款功能多样的水印处理软件，它可以实现图片和视频的水印添加、去除，帮助用户快捷方便地处理图片和视频的水印。同时，这款软件还能够帮助用户进行图片编辑、人像抠图、物品抠图、提词器及修改 MD5 等操作，满足不同创作需求。

打开该软件，在功能首页找到"视频剪辑"功能，选择视频文件，待文件上传完成后跳转至操作界面；向左拖动下方操作功能栏，找到"画面比例"调整按钮，单击该按钮进入调整界面；根据自己的创作需求，选择调整的视频画面比例，完成后导出视频即可。

3）使用 PC 端软件"一键剪辑"

这是一个功能便捷的视频剪辑工具，可以进行视频画面裁切、视频截取、视频合并及视频转换等操作，帮助用户快捷地进行视频的剪辑，提高剪辑效率。此外，该软件还提供了音频转换、视频加水印及音 / 视频提取等功能。

安装并打开该软件，在软件首页找到"画面裁切"功能，单击进入功能操作页面；将视频文件拖入窗口，或单击下方的"添加视频"按钮上传视频；进入操作界面后，可直接在右下方的裁剪比例模板中选择一个比例，也可手动输入原点坐标、大小等进行裁切的调整；完成后，单击"立即裁切"按钮导出视频即可。

4.3.3　视频变速

（1）打开剪映软件，创建一个新的项目，在编辑界面中单击"导入"按钮，可以导入所需编辑的视频，这里也可以导入音频或者图片进行编辑，如图 4-17 所示。

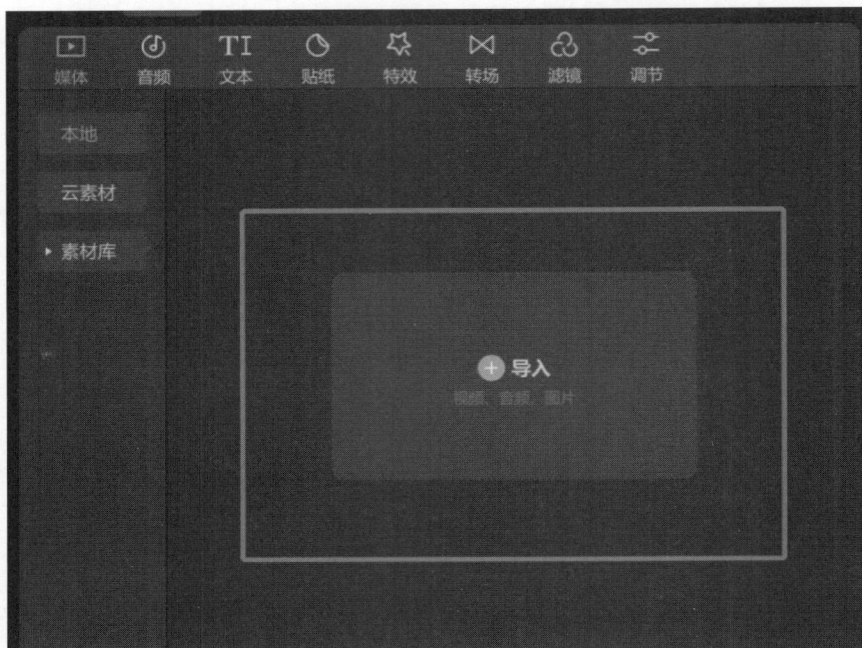

图 4-17　单击"导入"按钮

（2）确认视频存放的文件夹位置，在剪映"导入"选项中找到预备调整的视频所在文件夹，视频添加成功后，会在界面下方视频轨道中显示完整视频，按住鼠标使指针在轨道上滑动可以查看不同时间点的视频，如图 4-18 所示。

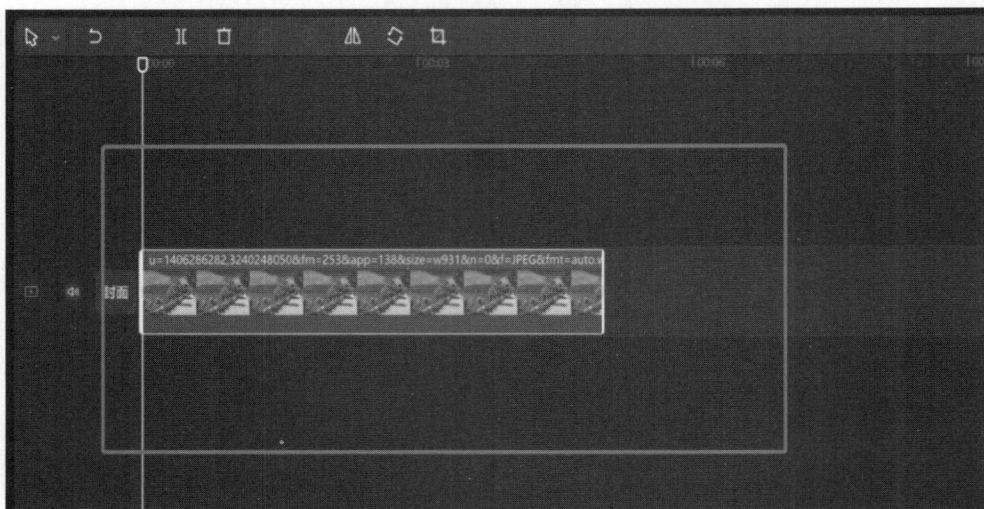

图 4-18　添加视频

（3）单击编辑界面右上方的"变速"选项，通过拖动倍速进度条可以改变视频的变速，如图 4-19 所示。

（4）通过不断调整视频的速度倍数，查看不同变速下的视频效果，最终确定视频最佳的倍速效果，完成视频变速的设置，如图 4-20 所示。

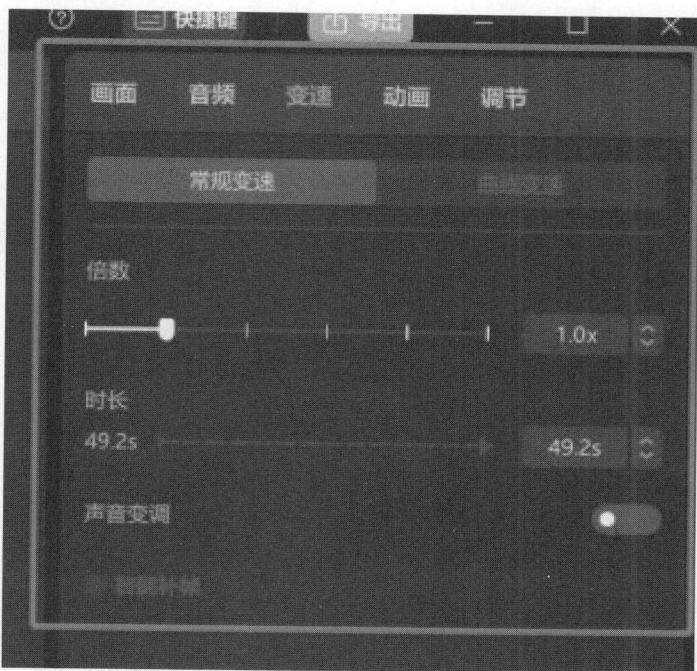

图 4-19　选择变速

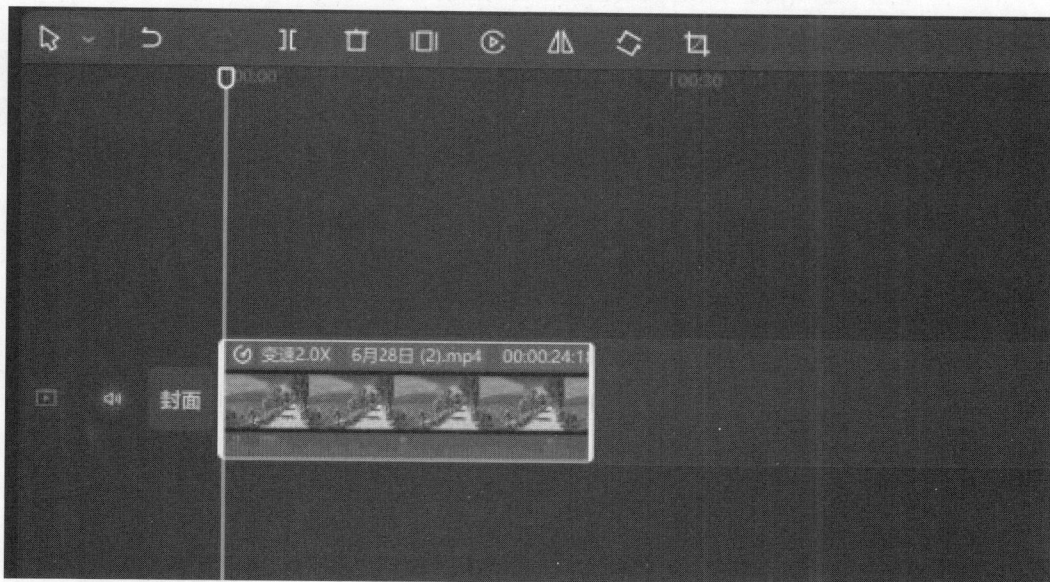

图 4-20　完成变速

4.3.4　视频剪辑

视频剪辑是使用软件对视频源进行非线性编辑，将加入的图片、背景音乐、特效、场景等素材与视频进行重混合，对视频源进行切割、合并，通过二次编码，生成具有不同表现力的新视频。

1.调整视频排列方式

（1）打开剪映软件，创建一个新的项目，在编辑界面中单击"导入"按钮，可以导入所需编辑的视频，这里也可以导入音频或者图片进行编辑，如图 4-21 所示。

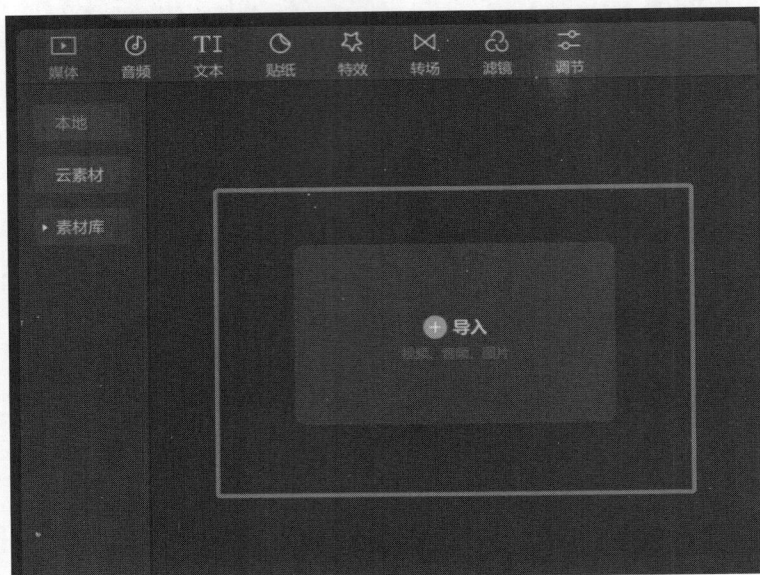

图 4-21　单击"导入"按钮

（2）确认视频存放的文件夹位置，在剪映"导入"选项中找到预备调整的视频所在文件夹，视频添加成功后，会在界面下方视频轨道中显示完整视频，按住鼠标使指针在轨道上滑动可以查看不同时间点的视频，如图 4-22 所示。

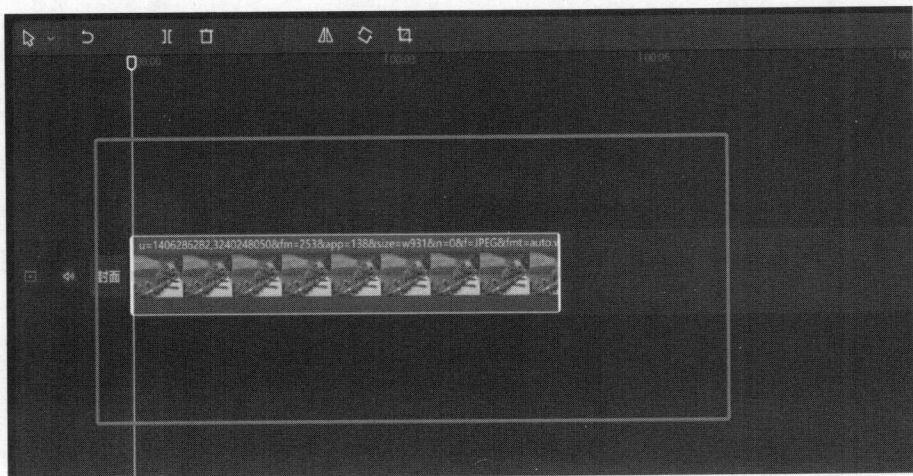

图 4-22　添加视频

（3）单击已经导入的视频图框进入剪辑界面，如图 4-23 所示。单击视频轨道上方工具栏中的"分割"按钮（按快捷键 Ctrl+B），可以将视频分割成多个片段，用鼠标按住视频的某个片段，可以拖动该视频片段到适当的位置，如图 4-24 所示。

图 4-23　进入剪辑界面

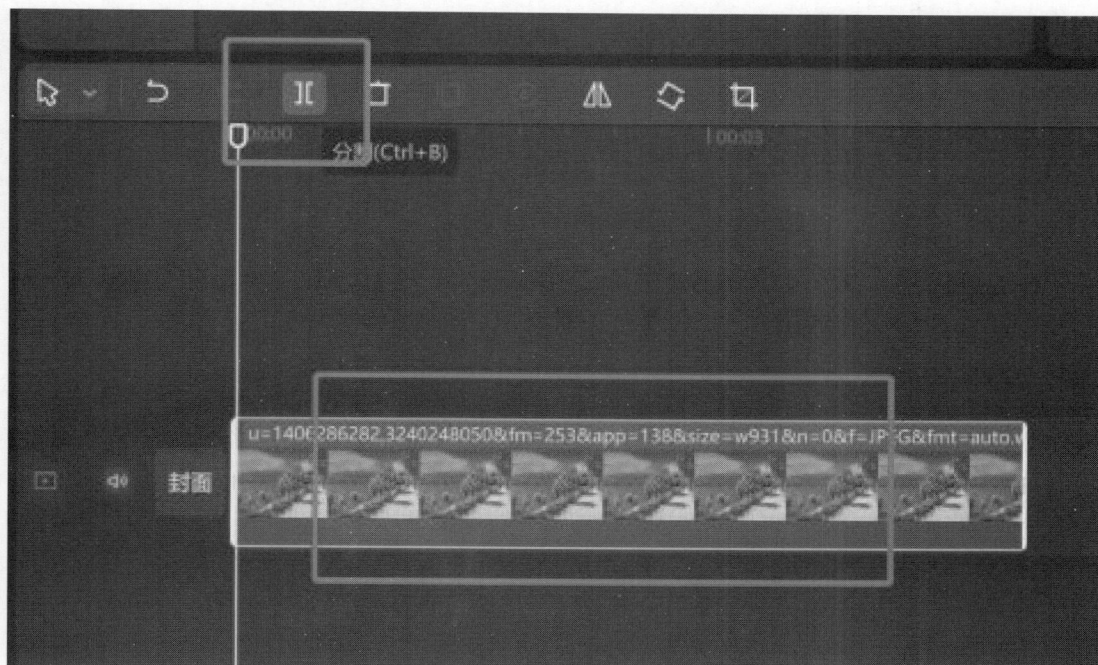

图 4-24　剪辑视频

2. 复制与删除

（1）打开剪映软件，创建一个新的项目，在编辑界面中单击"导入"按钮，可以导入所需编辑的视频，这里也可以导入音频或者图片进行编辑，如图 4-25 所示。

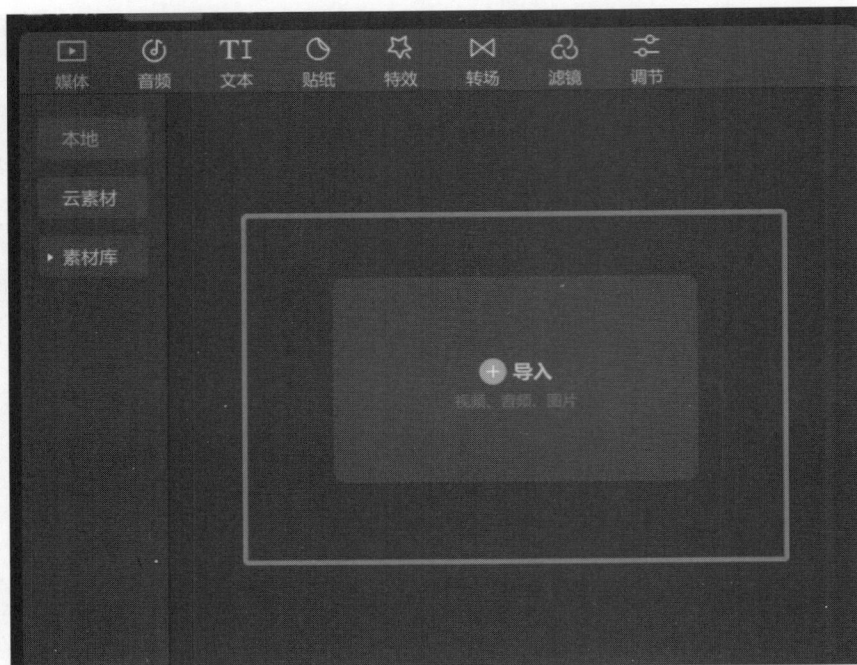

图 4-25　单击"导入"按钮

（2）确认视频存放的文件夹位置，在剪映"导入"选项中找到预备调整的视频所在文件夹，视频添加成功后，会在界面下方视频轨道中显示完整视频，按住鼠标使指针在轨道上滑动可以查看不同时间点的视频，如图 4-26 所示。

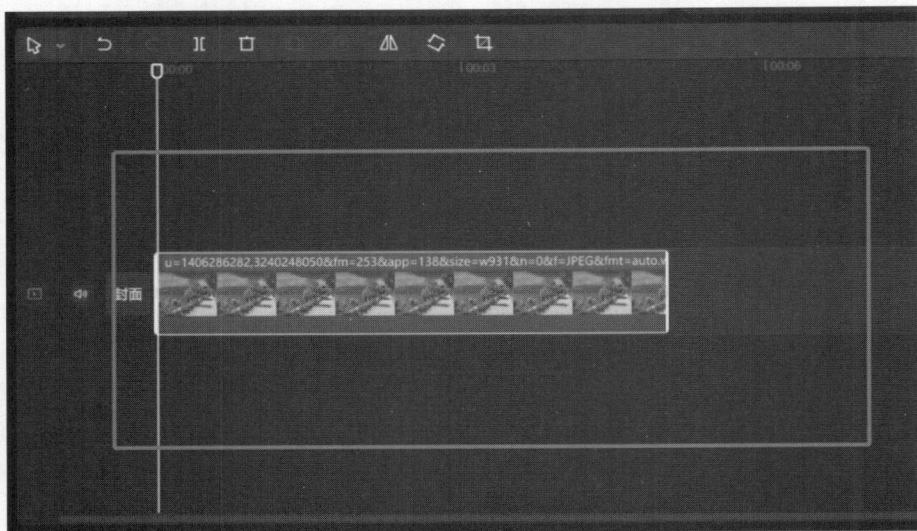

图 4-26　添加视频

（3）确定想要复制的视频片段，右击或者使用快捷键 Ctrl+C 复制该视频片段，用鼠标拖动视频轨道上的时间轴将视频片段放到位置上，右击或者使用快捷键 Ctrl+V 粘贴该视频片段，粘贴后的视频片段将会出现在视频轨道的上方，如图 4-27 所示。

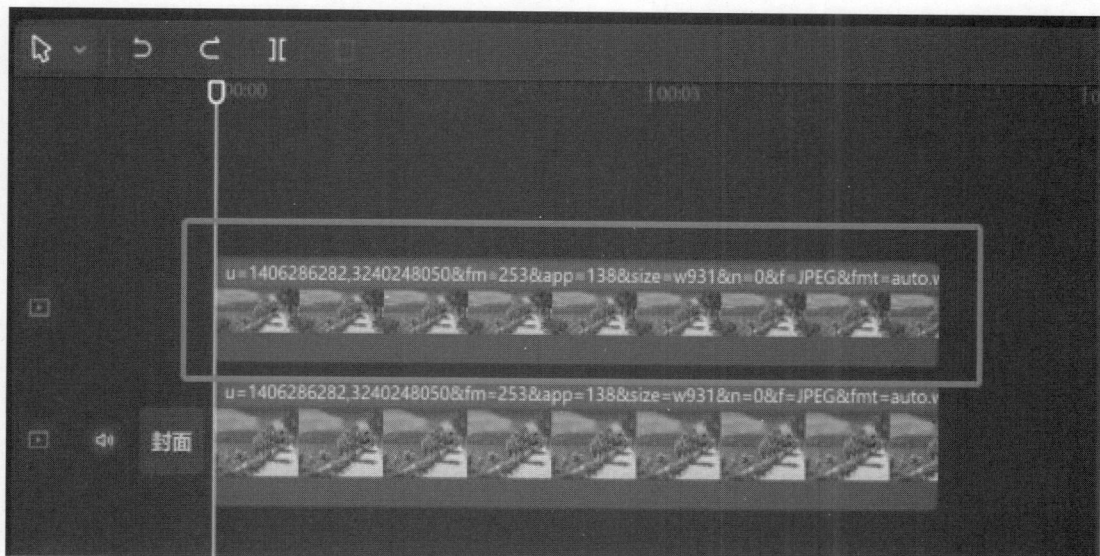

图 4-27　复制视频

（4）如果想要删除整个视频或者某个视频片段，可以选中该视频或者视频片段，单击视频轨道上方选项栏中的"删除"按钮，即可完成视频的删除，如图 4-28 所示。

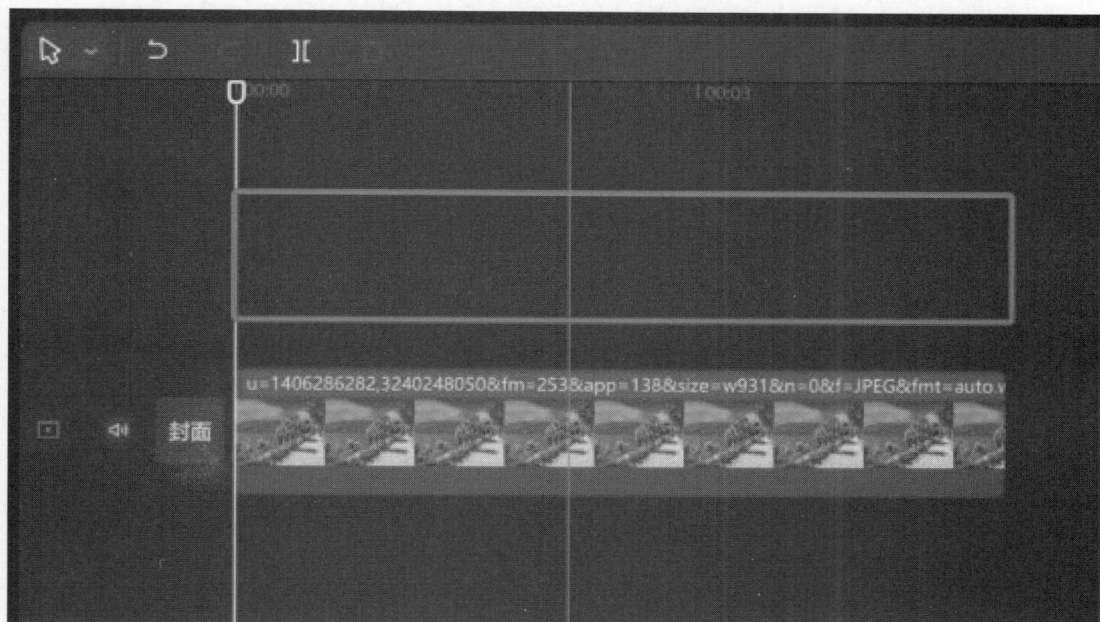

图 4-28　删除视频

3. 拆分与重组

（1）打开剪映软件，创建一个新的项目，在编辑界面中单击"导入"按钮，可以导入所需编辑的视频，这里也可以导入音频或者图片进行编辑，如图 4-29 所示。

（2）确认视频存放的文件夹位置，在剪映"导入"选项中找到预备调整的视频所在文件夹，视频添加成功后，会在界面下方视频轨道中显示完整视频，按住鼠标使指针在轨道上滑动可以查看不同时间点的视频，如图 4-30 所示。

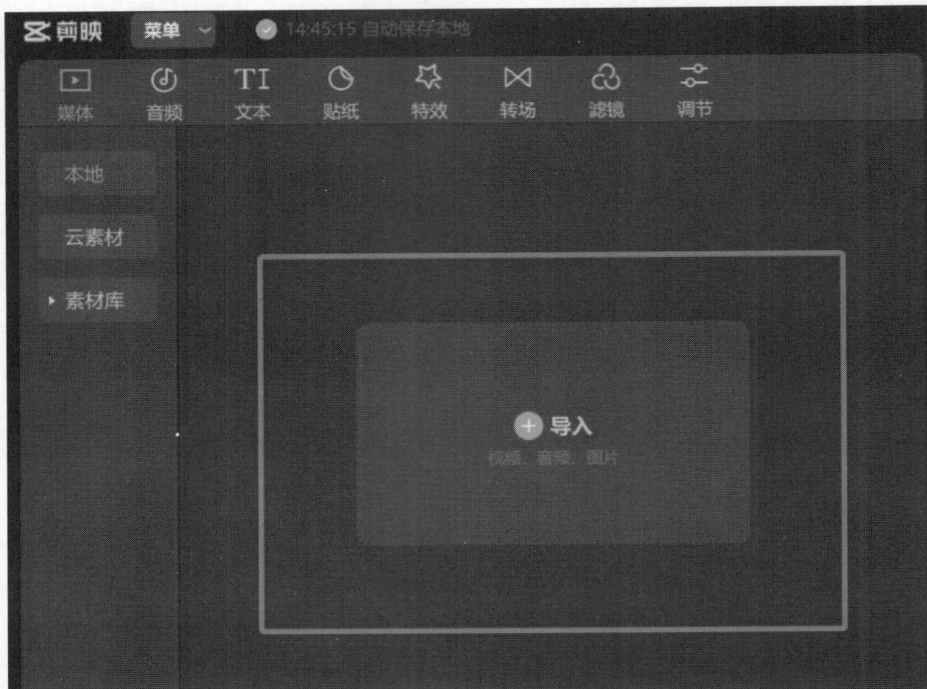

图 4-29　单击"导入"按钮

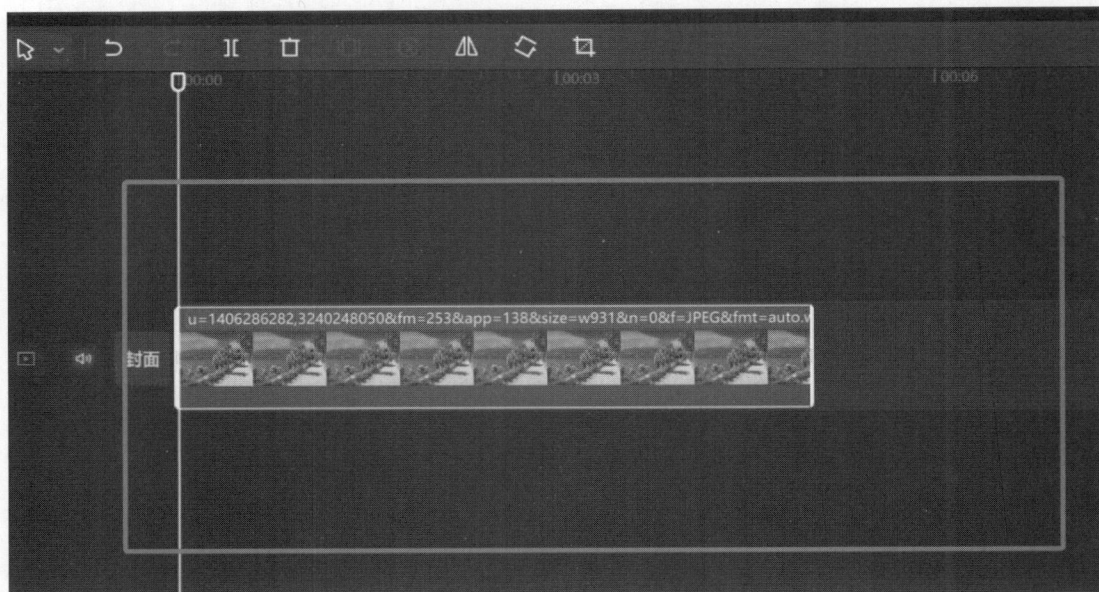

图 4-30　添加视频

（3）确定好视频片段的时间范围，通过视频轨道上方的"分割"按钮将视频分割成多部分，如图 4-31 所示。

126

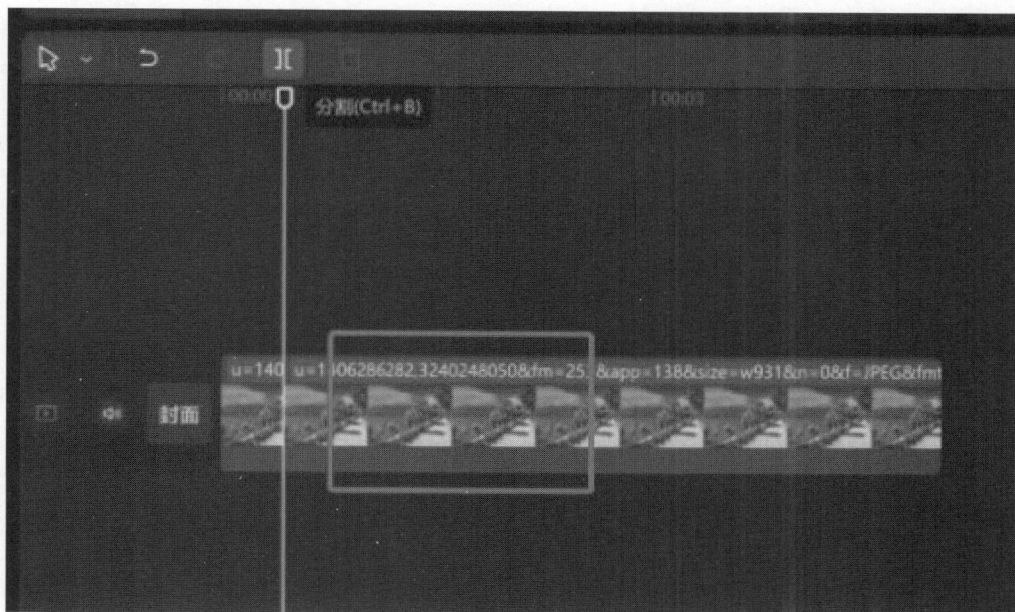

图 4-31 分割视频

（4）如果想要将已经拆分成多段的视频进行重组，这时可以通过视频的导出来实现，单击编辑界面右上方的"导出"按钮，即可将多个视频片段合并后导出，如图 4-32 所示。

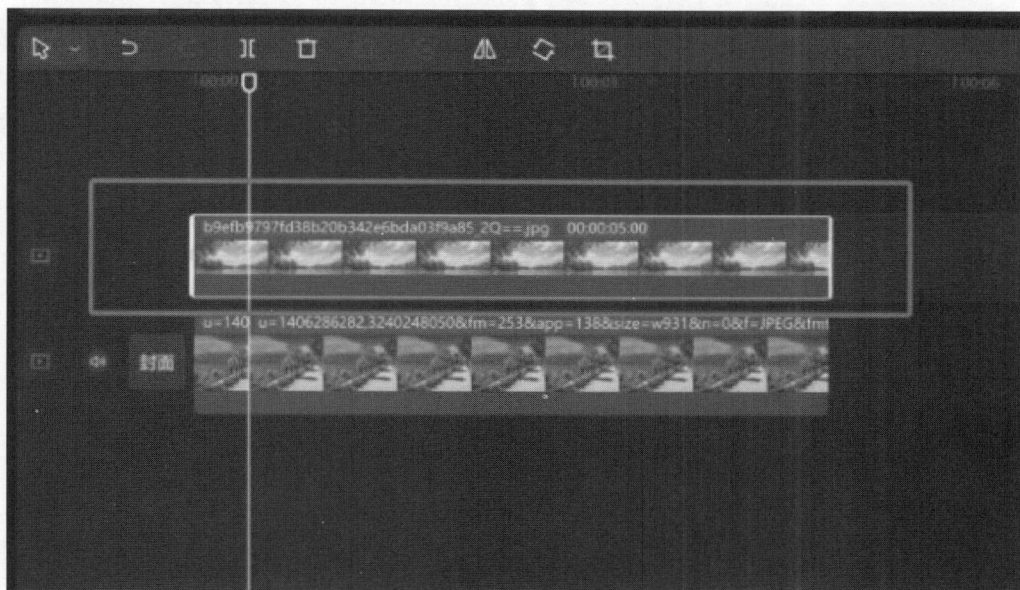

图 4-32 单击"导出"视频

4.3.5 蒙版应用

（1）打开剪映软件，创建一个新的项目，在编辑界面中单击"导入"按钮，可以导入所需编辑的视频，这里也可以导入音频或者图片进行编辑，如图 4-33 所示。

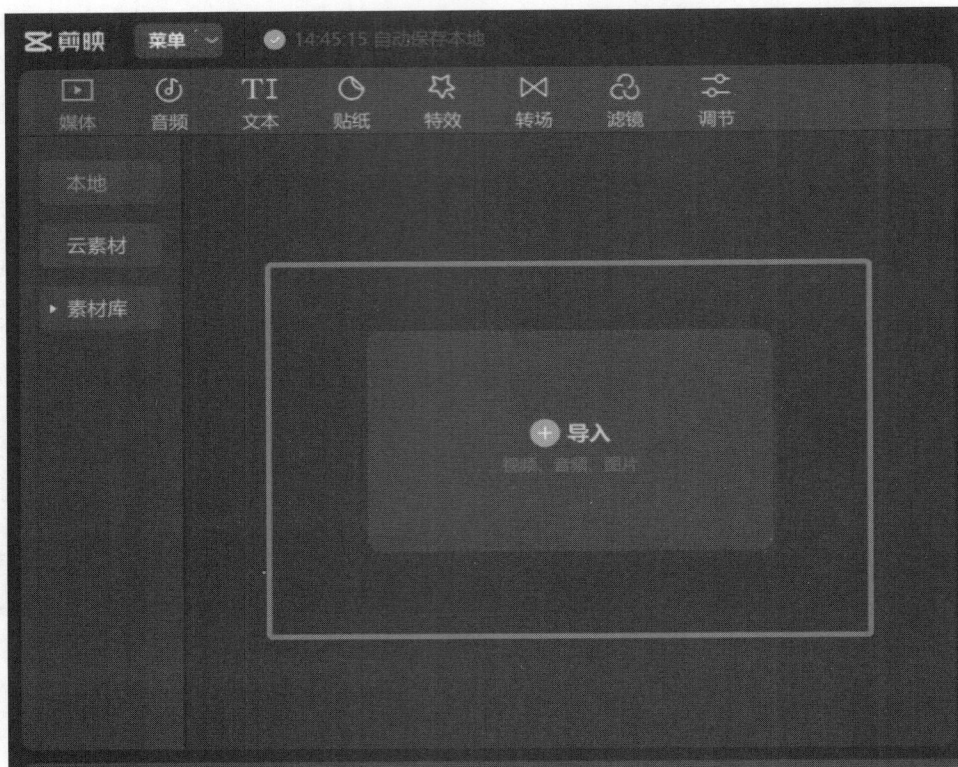

图 4-33　单击"导入"按钮

（2）确认视频存放的文件夹位置，在剪映"导入"选项中找到预备调整的视频所在文件夹，视频添加成功后，会在界面下方视频轨道中显示完整视频，按住鼠标使指针在轨道上滑动可以查看不同时间点的视频，如图 4-34 所示。

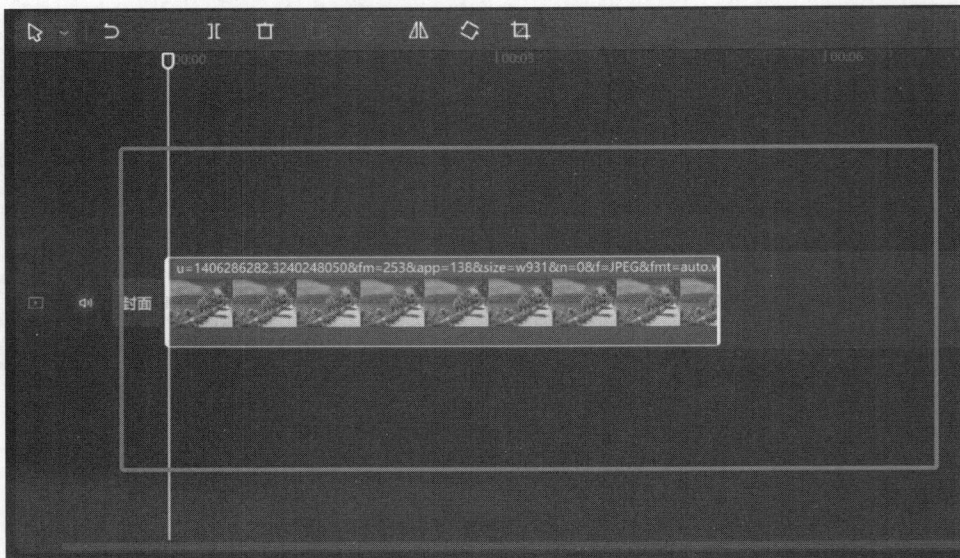

图 4-34　添加视频

（3）选中下方视频轨道，单击右上方"画面"选项中的"蒙版"，如图 4-35 所示。进入蒙版界面后，可以选择不同风格的蒙版来满足视频编辑需求。

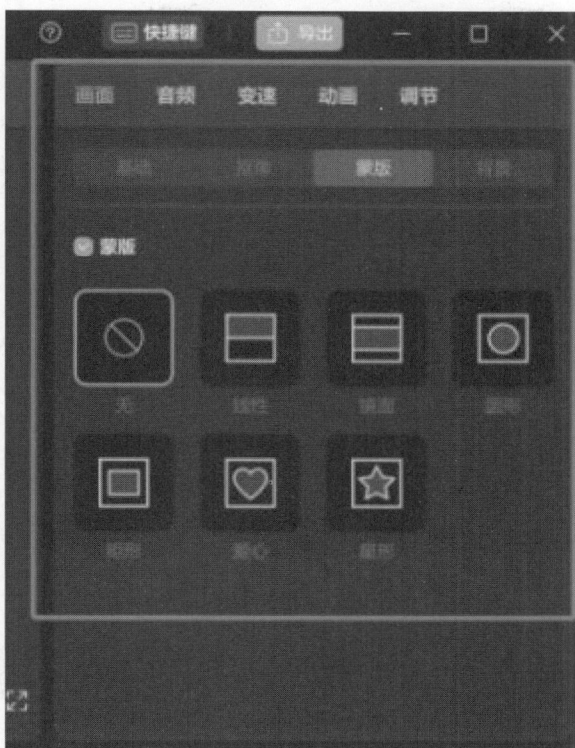

图 4-35　导入素材

（4）查看"蒙版"选项中的蒙版种类，并浏览不同蒙版展示效果，根据视频编辑需求，选择自己喜欢的蒙版，例如选择爱心蒙版，如图 4-36 所示。

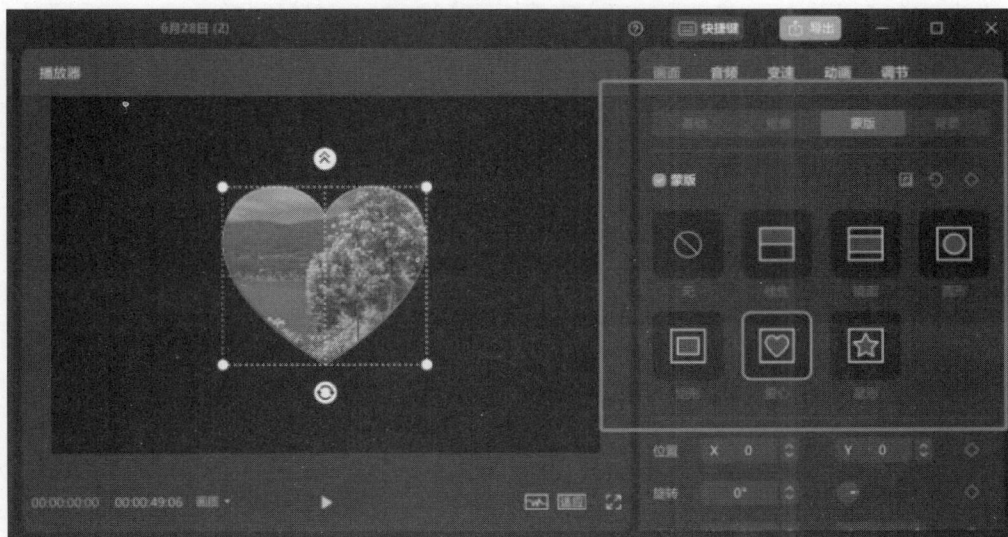

图 4-36　选择蒙版

4.3.6 视频调色

（1）打开剪映软件，创建一个新的项目，在编辑界面中单击"导入"按钮，可以导入所需编辑的视频，这里也可以导入音频或者图片进行编辑，如图4-37所示。

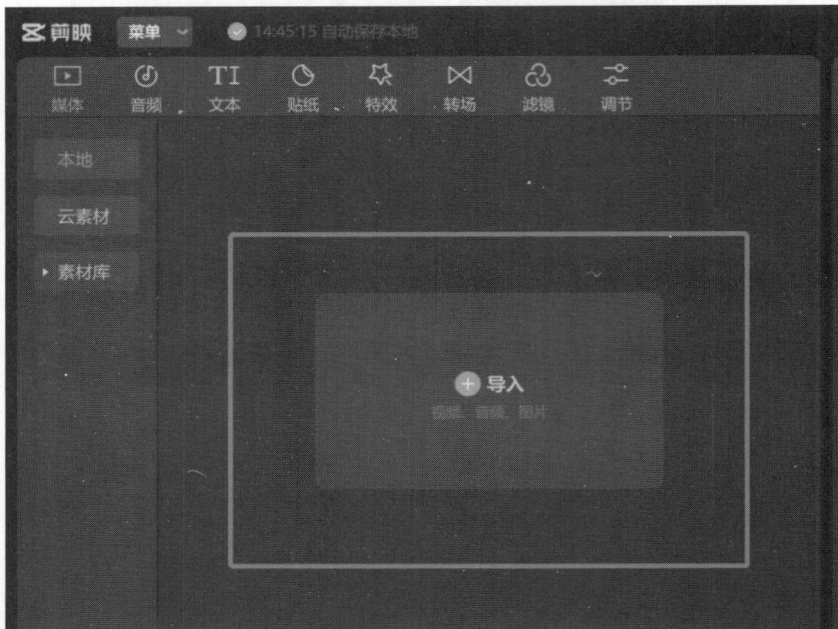

图 4-37　单击"导入"按钮

（2）确认视频存放的文件夹位置，在剪映"导入"选项中找到预备调整的视频所在文件夹，视频添加成功后，会在界面下方视频轨道中显示完整视频，按住鼠标使指针在轨道上滑动可以查看不同时间点的视频，如图4-38所示。

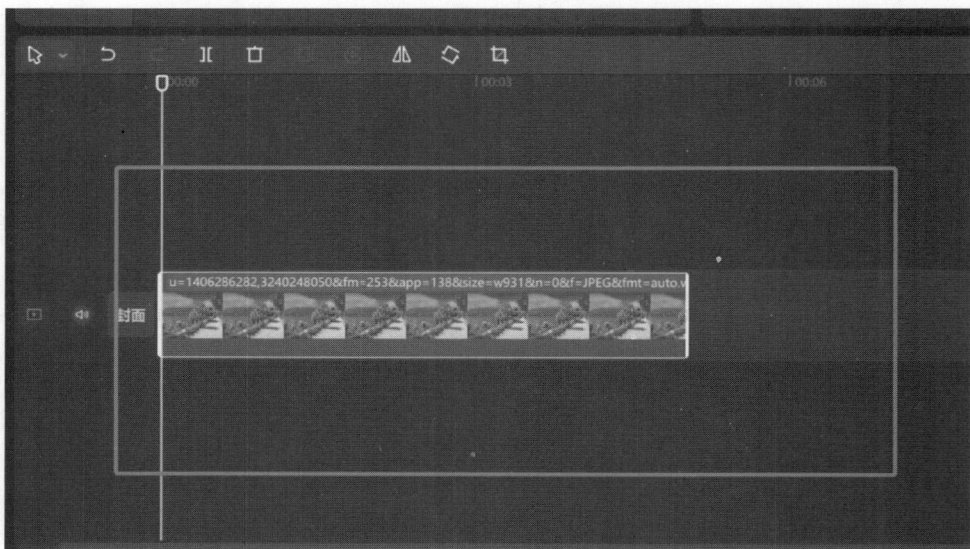

图 4-38　添加视频

（3）单击编辑界面下方视频轨道中的视频，在右上方选项栏中选择"调节"选项，可以对视频的色彩、明亮度等进行调节，如图 4-39 所示。

（4）在"调节"选项中选择 HSL，根据视频的调整需求，在 HSL 中调整视频色相、饱和度、亮度等，如图 4-40 所示。

图 4-39　导入素材

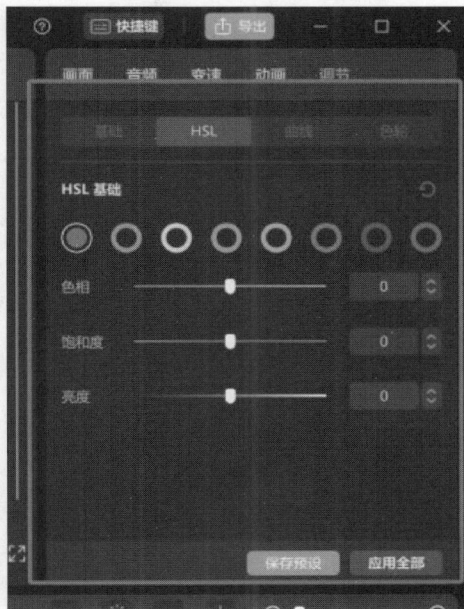

图 4-40　调整颜色

（5）在"调节"选项中选择"色轮"，根据视频的调整需求，拖动"暗部""中灰""亮部""偏移"四个色轮的中心圆点进行调整，同时，拖动"强度"进度条来改变色轮调整的强弱程度，如图 4-41 所示。

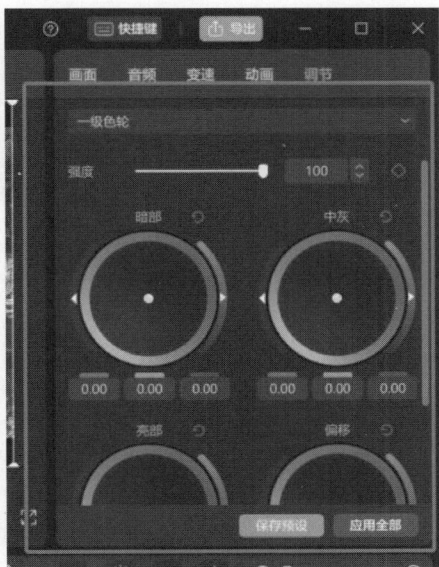

图 4-41　选择视频基色

4.3.7 添加转场

（1）打开剪映软件，创建一个新的项目，在编辑界面中单击"导入"按钮，可以导入所需编辑的视频，这里也可以导入音频或者图片进行编辑，如图 4-42 所示。

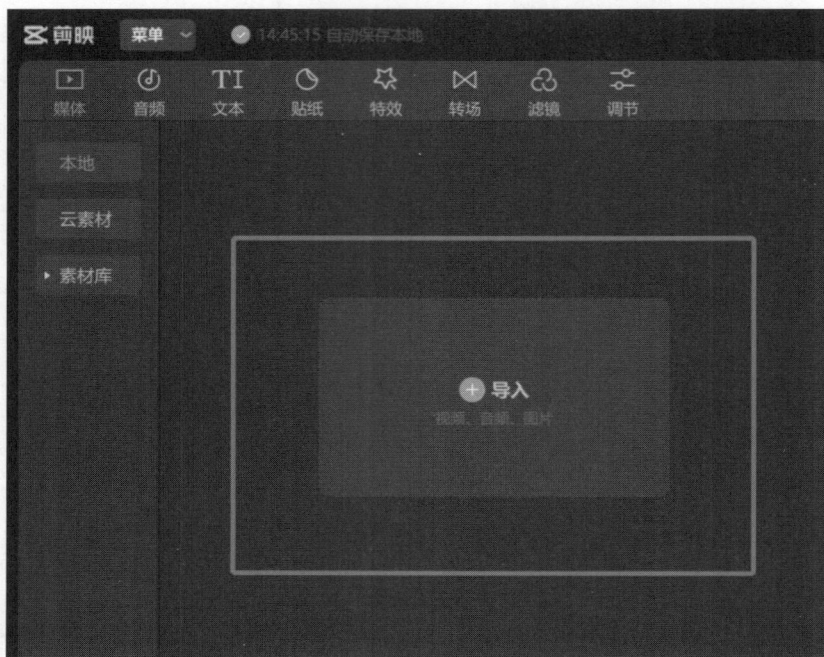

图 4-42　单击"导入"按钮

（2）确认视频存放的文件夹位置，在剪映"导入"选项中找到预备调整的视频所在文件夹，视频添加成功后，会在界面下方视频轨道中显示完整视频，按住鼠标使指针在轨道上滑动可以查看不同时间点的视频，如图 4-43 所示。

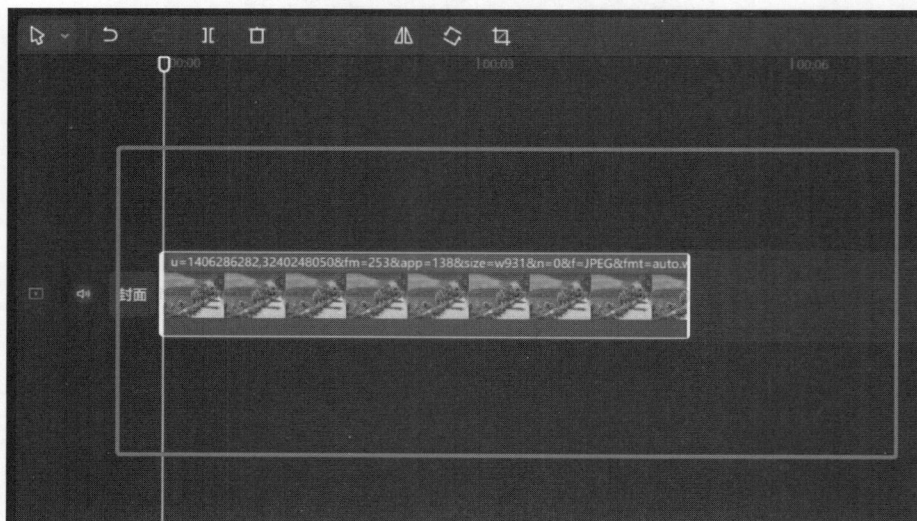

图 4-43　添加视频

（3）单击下方视频轨道进入视频编辑界面，单击左上方的"转场"选项，可以看到"推进""穿越"等不同风格的转场特效，可以根据需求选择视频转场效果，如图 4-44 所示。

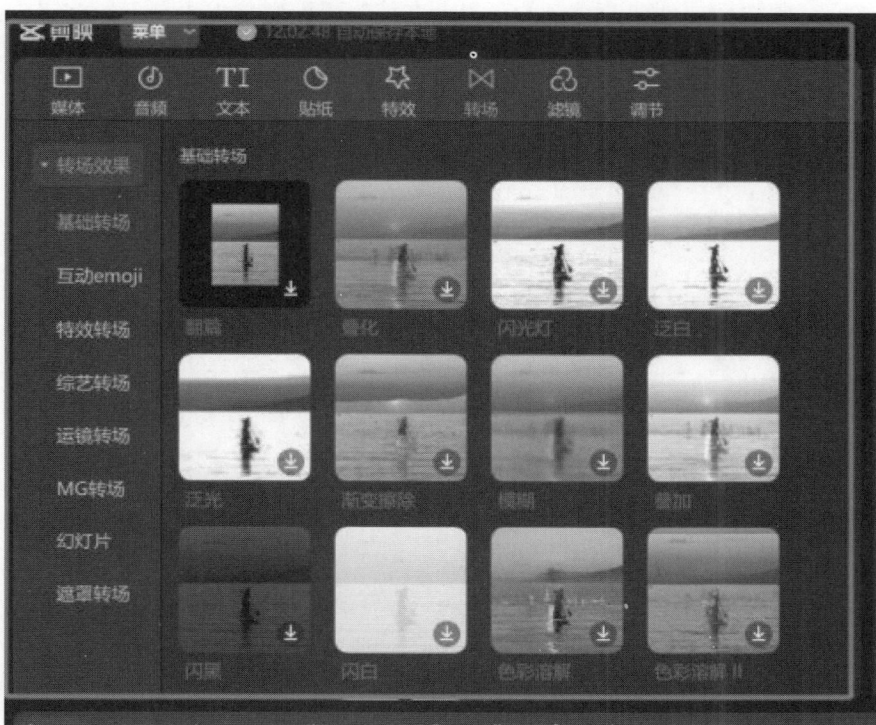

图 4-44　选择"转场"

（4）单击查看转场效果，选择自己想要的特效，同时根据视频转场需求，调整每个转场的时长，最后导出视频即可，如图 4-45 所示。

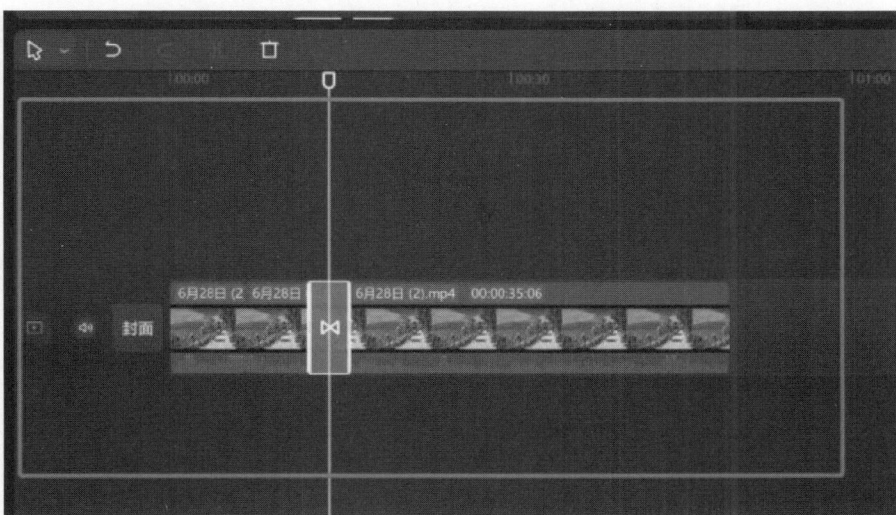

图 4-45　添加转场

4.3.8 添加音频

1.添加背景音乐及音效

（1）打开剪映软件，创建一个新的项目，在编辑界面中单击"导入"按钮，可以导入所需编辑的视频，这里也可以导入音频或者图片进行编辑，如图4-46所示。

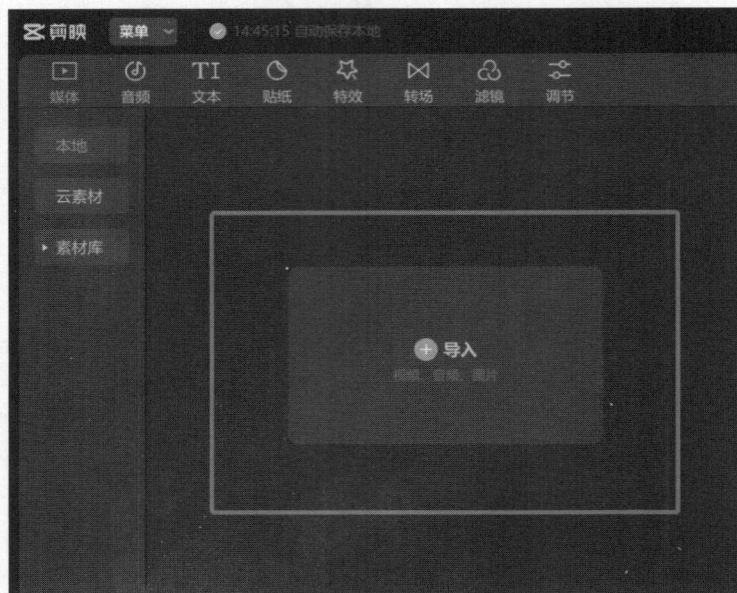

图 4-46 单击"导入"按钮

（2）确认视频存放的文件夹位置，在剪映"导入"选项中找到预备调整的视频所在文件夹，视频添加成功后，会在界面下方视频轨道中显示完整视频，按住鼠标使指针在轨道上滑动可以查看不同时间点的视频，如图4-47所示。

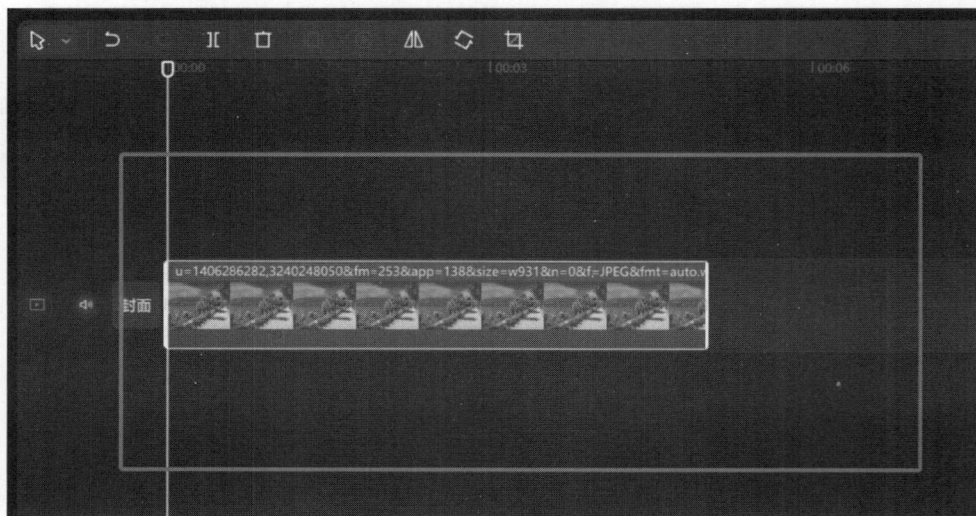

图 4-47 添加视频

（3）单击编辑界面左上方的"音频"选项，进入音效界面，我们可以根据视频的音效需求，选择音乐素材、音效素材等，如图 4-48 所示。

图 4-48　单击"音频"选项

（4）依次单击"音乐素材"及"音效素材"，试听各种类型音乐及音效，根据个人喜好及视频需求，单击使用该音乐／音效即可，选择的音频／音效会出现在所编辑的视频轨道的下方，如图 4-49 所示。

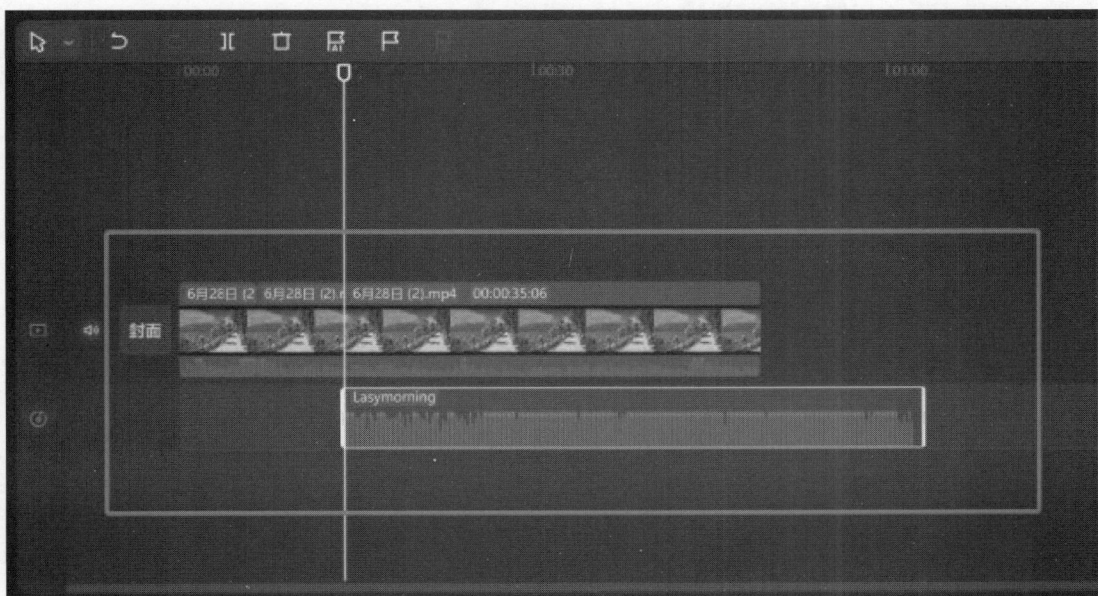

图 4-49　选择音乐／音效

2. 调节音量

（1）打开剪映软件，创建一个新的项目，在编辑界面中单击"导入"按钮，可以导入所需编辑的视频，这里也可以导入音频或者图片进行编辑，如图 4-50 所示。

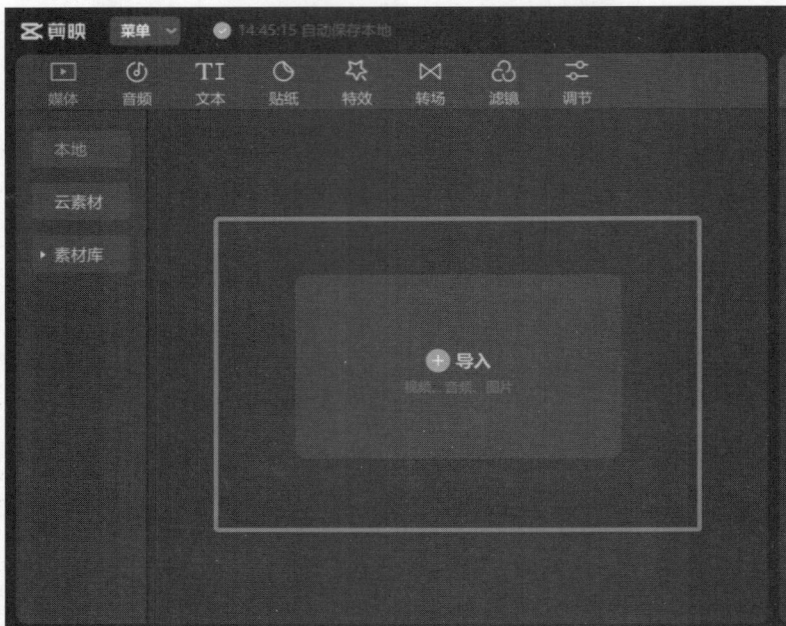

图 4-50　单击"导入"按钮

（2）确认视频存放的文件夹位置，在剪映"导入"选项中找到预备调整的视频所在文件夹，视频添加成功后，会在界面下方视频轨道中显示完整视频，按住鼠标使指针在轨道上滑动可以查看不同时间点的视频，如图 4-51 所示。

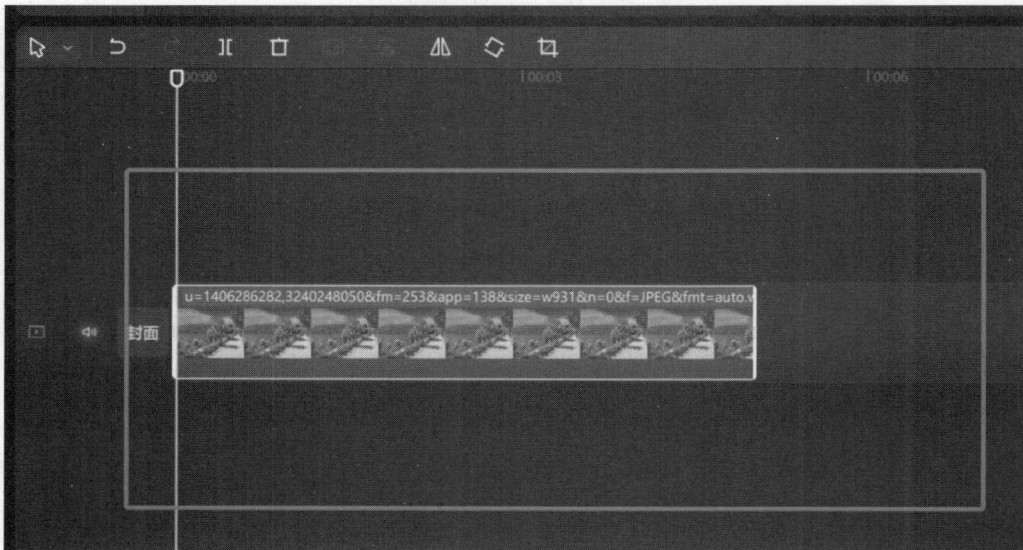

图 4-51　添加视频

（3）单击编辑界面右上方的"音频"选项，可以对添加的视频进行音量调整，另外还可以改变视频的声音，如"萝莉""大叔""女生"等不同人物的声音效果，如图 4-52 所示。

（4）根据视频编辑的音量需求，用鼠标拖动"音量"滑块可以调整视频的音量，可以通过多次调整并试听来确定视频的最佳音量，如图 4-53 所示。

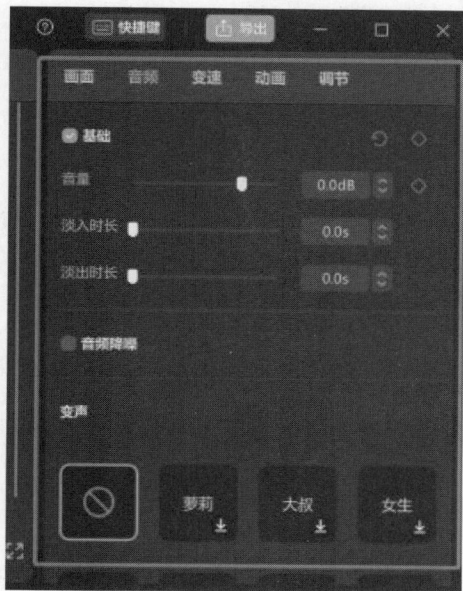

图 4-52　单击"音频"选项

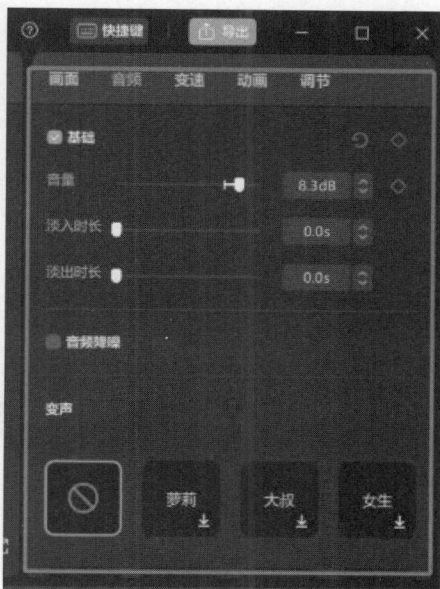

图 4-53　调整音量

3. 音频效果

（1）打开剪映软件，创建一个新的项目，在编辑界面中单击"导入"按钮，可以导入所需编辑的视频，这里也可以导入音频或者图片进行编辑，如图 4-54 所示。

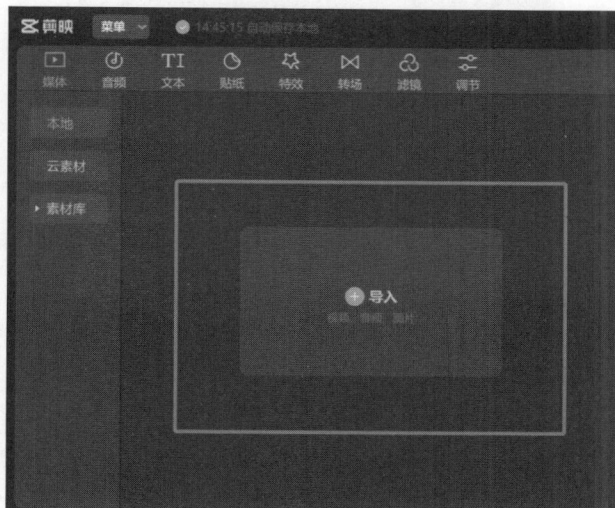

图 4-54　单击"导入"按钮

（2）确认视频存放的文件夹位置，在剪映"导入"选项中找到预备调整的视频所在文件夹，视频添加成功后，会在界面下方视频轨道中显示完整视频，按住鼠标使指针在轨道上滑动可以查看不同时间点的视频，如图 4-55 所示。

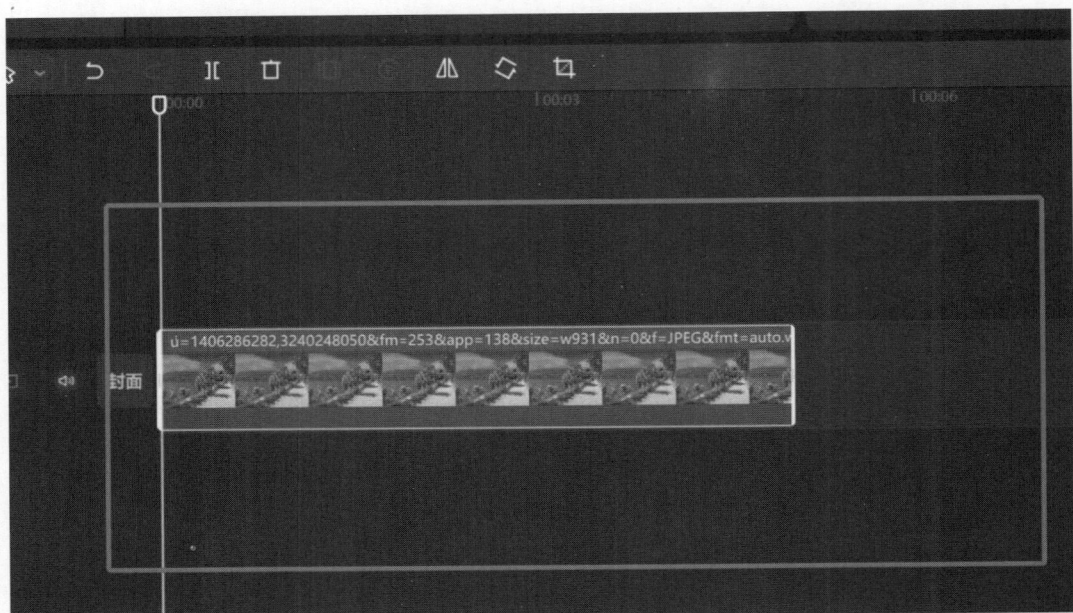

图 4-55　添加视频

（3）单击工具栏中的"音频"菜单中的"音效"选项，查看音效库中的素材，试听或者搜索相关音效素材，如图 4-56 所示。

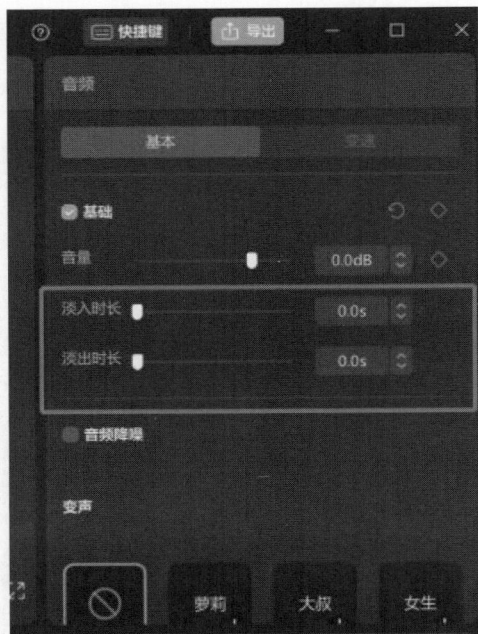

图 4-56　单击"音效"选项

（4）单击需要的音效，下载并添加音效，添加的音效会出现在视频轨道的下方，如图 4-57 所示。

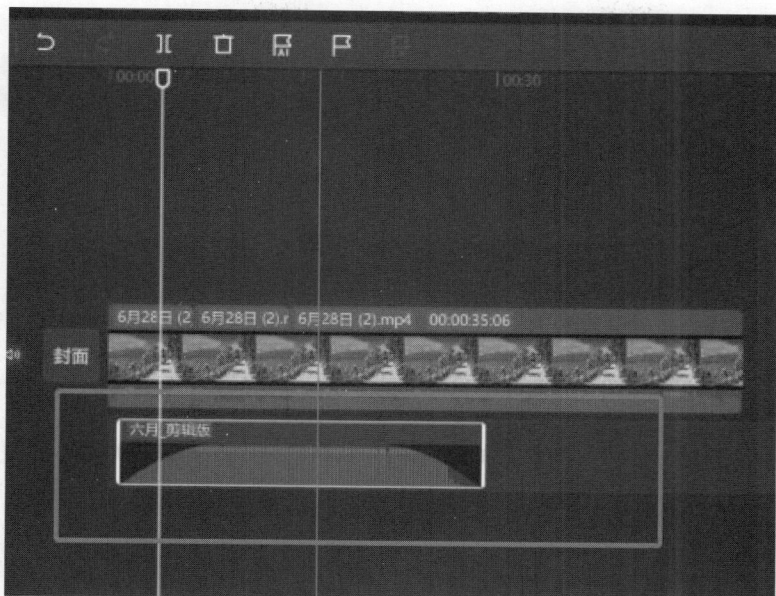

图 4-57　添加音效

4. 分割音频

（1）打开剪映软件，创建一个新的项目，在编辑界面中单击"导入"按钮，可以导入所需编辑的视频，这里也可以导入音频或者图片进行编辑，如图 4-58 所示。

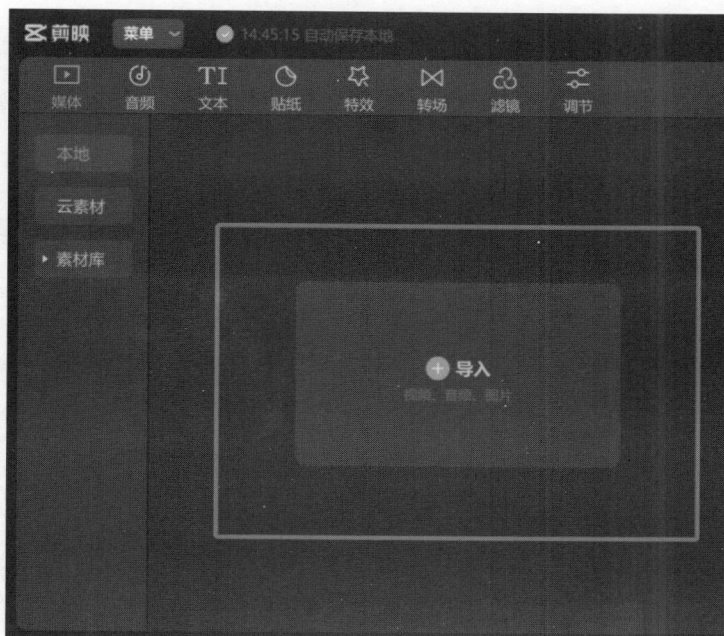

图 4-58　单击"导入"按钮

（2）确认视频存放的文件夹位置，在剪映"导入"选项中找到预备调整的视频所在文件夹，视频添加成功后，会在界面下方视频轨道中显示完整视频，按住鼠标使指针在轨道上滑动可以查看不同时间点的视频，如图 4-59 所示。

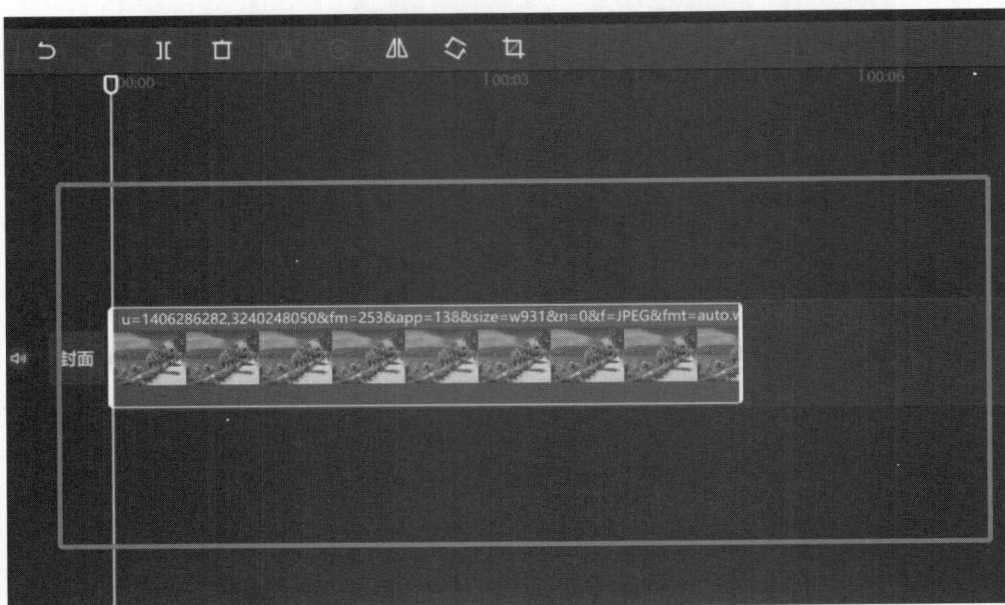

图 4-59　添加视频

（3）用鼠标拖动进度条，单击"剪辑"按钮，然后单击"返回"按钮，在下方的功能栏单击"剪辑"按钮，调整不同坐标位置，单击"分割"按钮即可将音频文件分割，如图 4-60 所示。

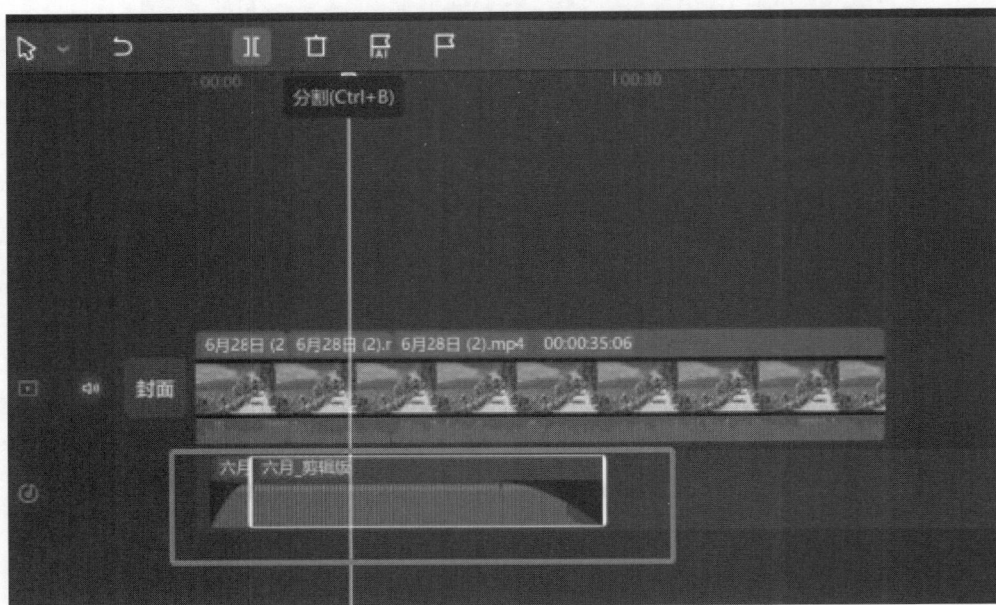

图 4-60　分割音频

4.3.9　添加字幕

（1）打开剪映软件，创建一个新的项目，在编辑界面中单击"导入"按钮，可以导入所需编辑的视频，这里也可以导入音频或者图片进行编辑，如图 4-61 所示。

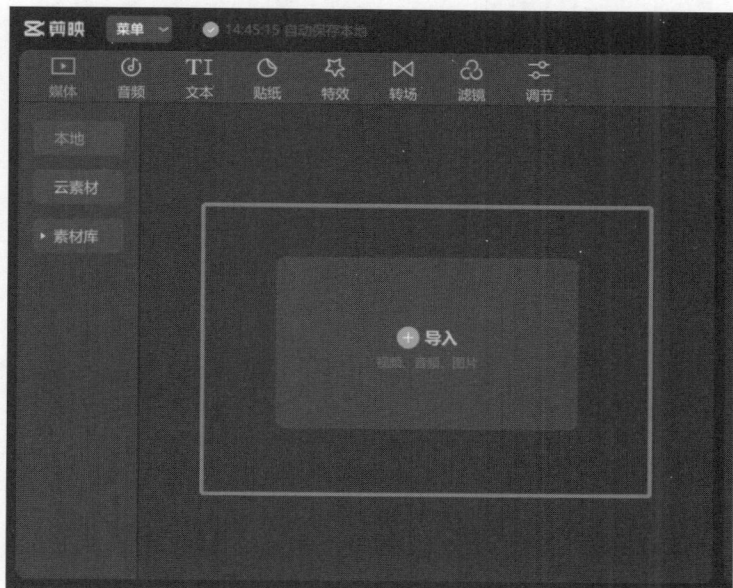

图 4-61　单击"导入"按钮

（2）确认视频存放的文件夹位置，在剪映"导入"选项中找到预备调整的视频所在文件夹，视频添加成功后，会在界面下方视频轨道中显示完整视频，按住鼠标使指针在轨道上滑动可以查看不同时间点的视频，如图 4-62 所示。

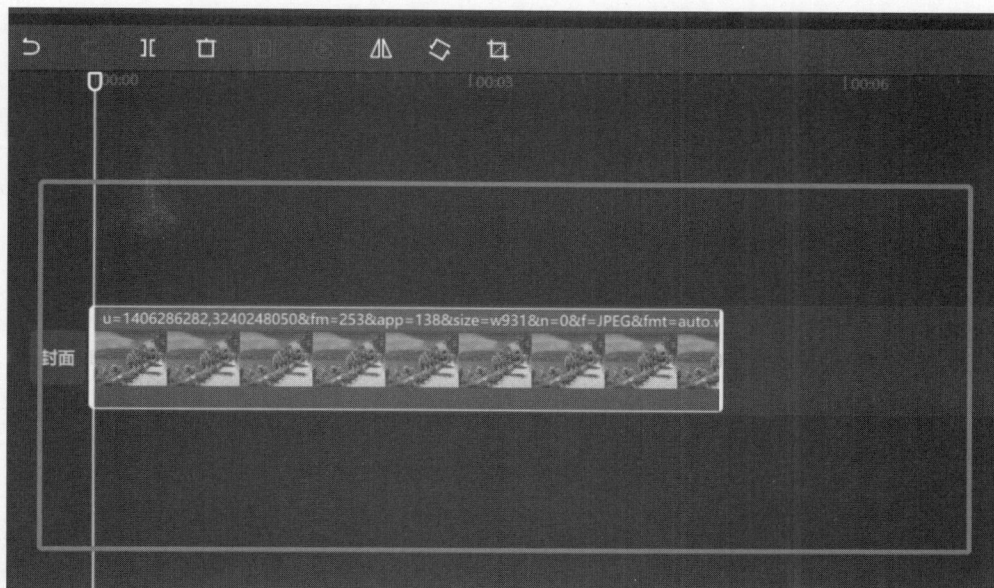

图 4-62　添加视频

（3）单击左上方的"文本"选项，添加"默认文本"后，文本会出现在视频轨道的上方，可以自由拖曳文本的时长，同时可以自行编辑文本的内容，并且对文本的内容进行字体颜色、大小、位置等方面的调整，如图 4-63 所示。

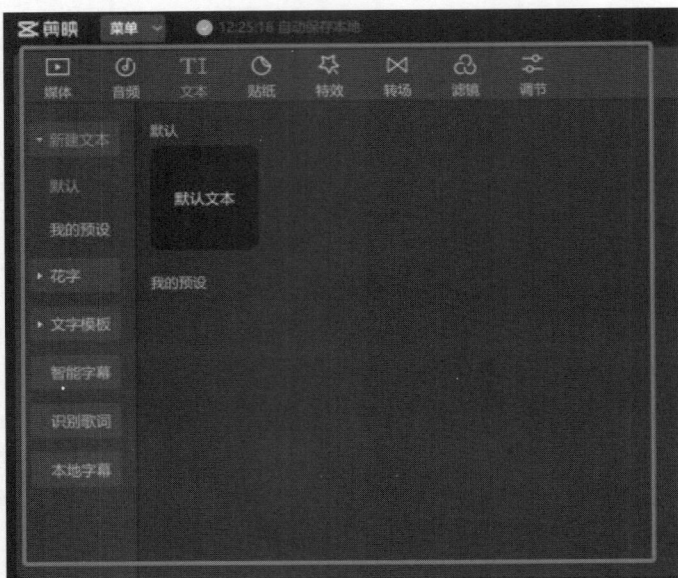

图 4-63　调整文本

（4）如果想要直接抓取视频中的声音，可以通过"智能字幕"功能实现。单击"识别字幕"后可以自动识别视频中的人声，自动生成字幕，如果视频中的人声带有方言，可能会影响识别效果，这时可以使用"文档匹配"功能，自行录入文稿到视频中，如图 4-64 所示。

图 4-64　添加字幕

4.3.10　添加特效

给视频添加各种特效的目的就是让视频展现更多的视觉效果。特效的范围也十分广，不同的特效需要不同的技术水平和工具去展现。

（1）打开剪映软件，创建一个新的项目，在编辑界面中单击"导入"按钮，可以导入所需编辑的视频，这里也可以导入音频或者图片进行编辑，如图 4-65 所示。

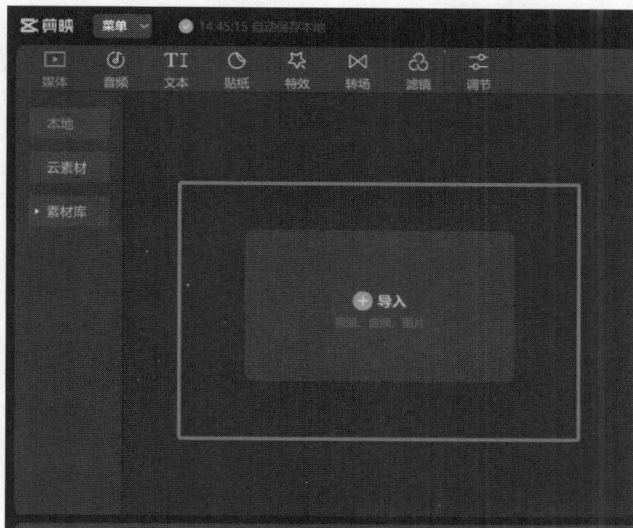

图 4-65　单击"导入"按钮

（2）确认视频存放的文件夹位置，在剪映"导入"选项中找到预备调整的视频所在文件夹，视频添加成功后，会在界面下方视频轨道中显示完整视频，按住鼠标使指针在轨道上滑动可以查看不同时间点的视频，如图 4-66 所示。

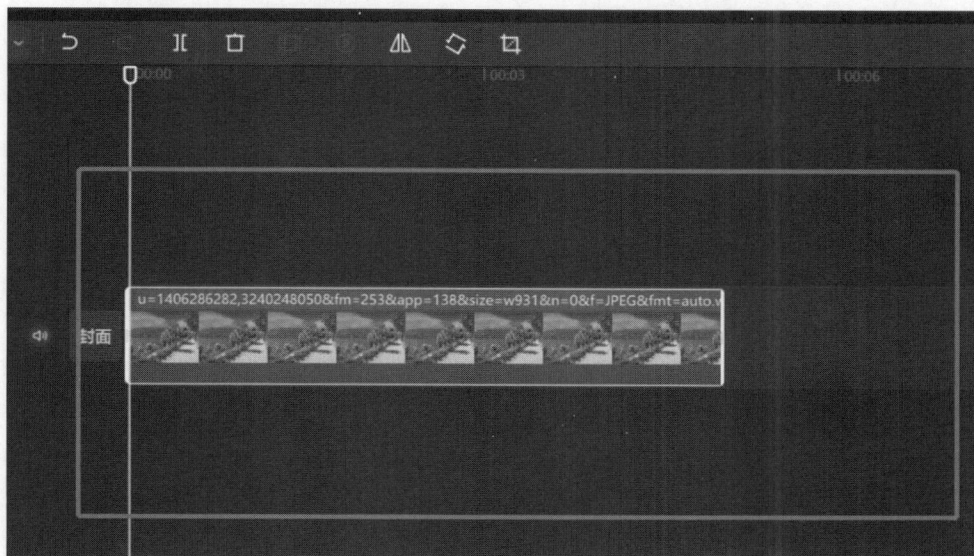

图 4-66　添加视频

（3）单击左上方的"特效"选项，进入音效设置界面，在这里可以对画面及人物进行特效设置，如图 4-67 所示。

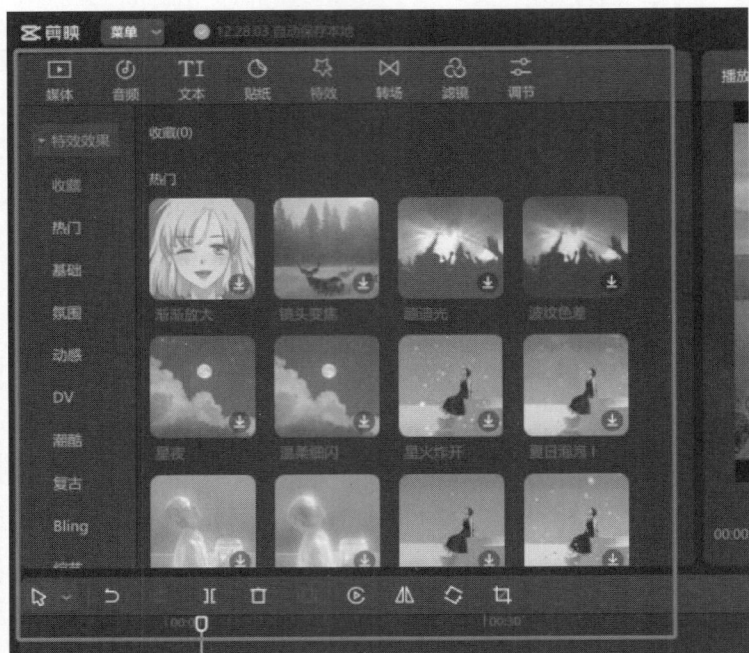

图 4-67　单击"特效"选项

（4）查看画面及人物特效，根据个人喜好及视频的剪辑需求选择一个合适的特效进行添加，所添加的特效会出现在视频轨道的上方，可以自由拖曳特效的时长来匹配视频中的部分画面，如图 4-68 所示。

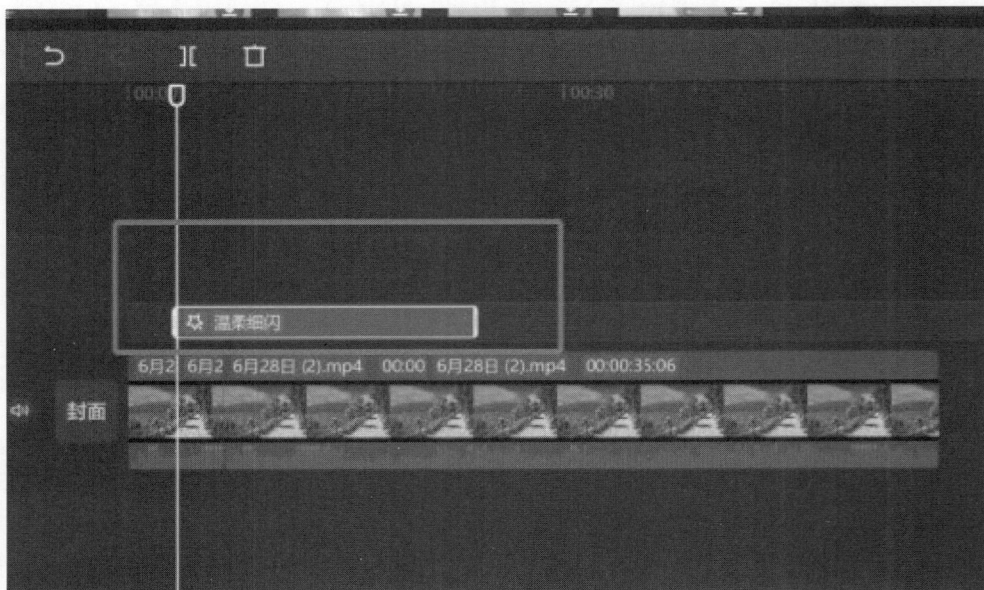

图 4-68　添加特效

4.3.11　导出成片

（1）打开剪映软件，创建一个新的项目，在编辑界面中单击"导入"按钮，可以导入所需编辑的视频，这里也可以导入音频或者图片进行编辑，如图 4-69 所示。

图 4-69　单击"导入"按钮

（2）确认视频存放的文件夹位置，在剪映"导入"选项中找到预备调整的视频所在文件夹，视频添加成功后，会在界面下方视频轨道中显示完整视频，按住鼠标使指针在轨道上滑动可以查看不同时间点的视频，如图 4-70 所示。

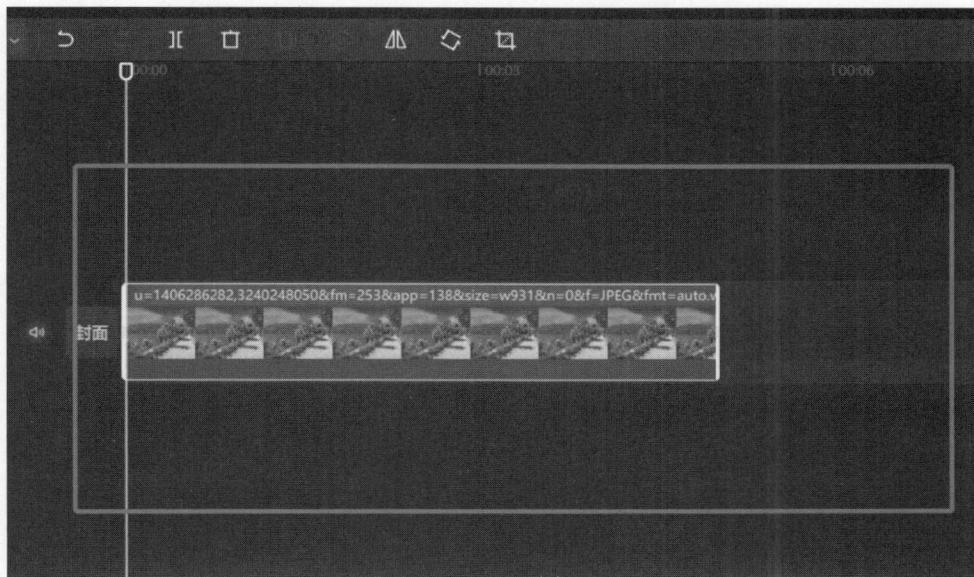

图 4-70　添加视频

（3）视频制作完成后可通过剪映软件一键导出，单击编辑界面右上角的"导出"按钮，进入视频导出界面，可以设置视频的标题、存放位置、分辨率等内容，设置完毕后单击"导出"按钮即可，如图 4-71 所示。

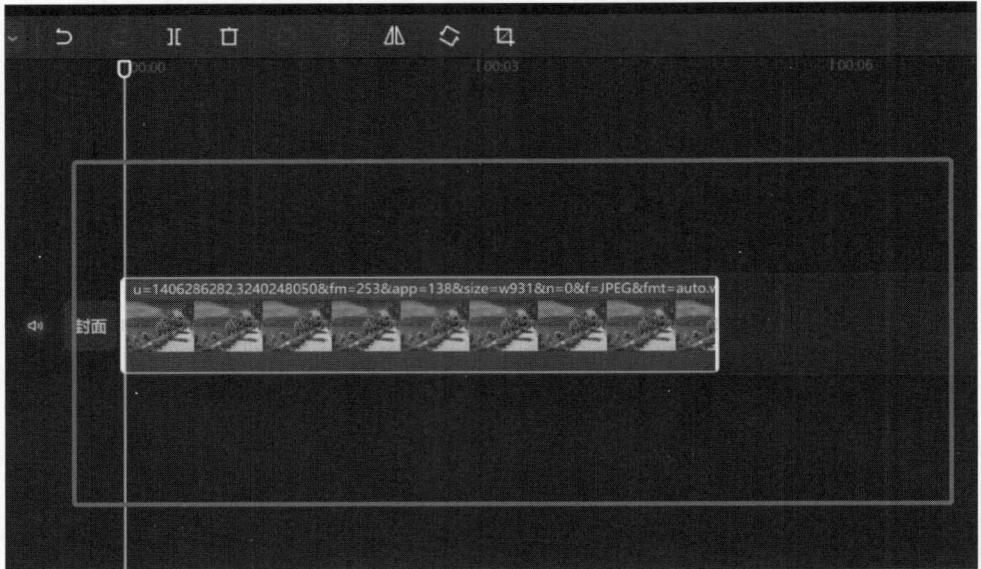

图 4-71　导出视频

第 5 章　网络与新媒体的营销模式

1999 年 7 月，中国互联网公司——搜狐在美国纳斯达克成功上市，这标志着纳斯达克迎来了首个中国网络股，从此，网络与新媒体的经济潜力开始被全球瞩目。从最初的在线广告到现在的大数据驱动的智能经济，互联网不仅为国家宏观经济增长和企业扩张注入了强劲动力，也为个体创业者和微小企业带来了前所未有的机遇。它推动了商业模式的革新，成为推动产业升级和技术转型的重要引擎。同时，互联网也将传统的市场营销手段转变为数字化、网络化、智能化的新形式，从而催生了多样化的营销策略。

5.1　网络与新媒体的经济价值与影响

《中国数字经济发展白皮书（2023 年）》最新数据显示，2022 年我国数字经济规模已高达 50.2 万亿元，稳居世界第二，占 GDP 比重提升至 41.5%。与 2002 年的 10% 相比，这一数字呈现出显著的增长态势。无论是普通百姓的日常生活，还是工业、产业、企业、商业的互联网转型，都深受数字化、网络化和智能化的影响。数字经济已成为当前最具活力、最具创新力、影响最广泛的经济形态，成为国民经济的核心增长极之一，被视为推动中国经济持续高速增长的新动力。

5.1.1　数字经济蓬勃发展

在数字经济的蓬勃发展中，互联网以其多元化和综合性的特质，凸显了其多平台的价值。电子商务作为生活消费服务的重要支柱，不仅是互联网发展的基石，更是推动数字经济崛起的核心力量。随着移动互联网和智能手机的广泛普及，数字经济已渗透至人们生活的方方面面，从日常购物到智能交通系统，从商品交易到政府治理的创新模式，它已成为推动经济增长和社会变革的重要引擎。

1. 数字经济的内涵

数字经济是基于数字技术的经济，因与互联网技术和数据息息相关，又被称为"互联网经济""网络经济""数据经济"等。

2016 年 G20 杭州峰会上发布的《二十国集团数字经济发展与合作倡议》认为，数字经济是指"以使用数字化的知识和信息作为关键生产要素、以现代信息网络作为重要载体、以信息通信技术（information communication technology，ICT）的有效使用作为效率提升和经济结构优化的重要推动力的一系列经济活动"。

美国商务部则认为，数字经济是一种以信息技术生产行业为基础的经济，该经济中充满了影响经济方方面面的、数字化的技术性变革。基于信息技术的数字经济相比以往的经济有更高的长期生产率和总增长率。

数字经济经历过两个阶段。第一阶段是数字经济 1.0 的 IT（internet technology）化，一方面是以计算机制造、通信设备制造、电子设备制造等数字技术、网络技术为核心的数字经济基础产业；另一方面是架构在数字技术之上传统产业的升级换代、结构优化和效率提升所形成的互联网电商、互联网零售、互联网服务等。第二阶段是数字经济 2.0 的 DT（data technology）化，架构在"云网端"新基础设施之上，以万物互联为核心，数据成为驱动商业模式创新和发展的核心力量，互联网平台生长出全新的经济组织，并带来了商业模式、组织模式、就业模式的根本性变化。

数字经济是由数字技术驱动和架构的虚拟经济与实体经济的结合体。随着云计算、大数据、人工智能、物联网、区块链等技术的崛起，技术拓展了经济边界。在生活领域，外卖、休闲、娱乐、出行、酒店等传统业态和模式向新商业、新模式转变；在产业领域，智慧物流、智能金融、智能制造和智能产品成为互联网＋、AI＋、工业4.0的核心诉求；在社会领域，市政管理、城市交通、企业生产经营决策、行政管理走向数字化、数据化和智能化，改变了传统的管理思维和模式，智慧社区、智慧城市、智慧交通等日渐活跃。

2. 数字经济的特征

作为一种新的经济形态，数字经济呈现出有别于传统经济的显著特征，主要表现在数据驱动、平台化、泛在连接、融合协同。

数据是信息时代的动能，是数据经济的核心资源。随着移动互联网和物联网的蓬勃发展，人与人、人与物、物与物之间的互联互通使得数据呈指数级增长，全球数据大约每两年就翻一番。大数据的存储与处理、大数据的流动与共享，推动着商业流程跨越企业边界，编织全新的生态网络与价值网络。谁拥有数据，谁就拥有战略资产。因此，有这样一种说法：大数据是"未来的新石油"、数字经济中的"货币"。农业时代，土地和劳动力是基本生产要素；工业时代，技术和资本是核心生产要素；数字经济时代，数据是驱动经济发展的关键生产要素，不仅是企业的核心驱动引擎，更是一个国家的核心资产。

《数字经济2.0》报告认为，"平台是数字经济2.0的基础"。依托"云网端"新基础设施，互联网平台不仅创造了全新的商业环境，而且创造出全新的商业模式。平台能连接两个或更多的特定群体，打造一个完善的、成长潜能强大的"生态圈"，拥有独树一帜的标准、规范和机制系统，满足所有群体的需求。在平台中，信息流不再为工业经济供应链体系中巨头所阻隔，供应商和消费者的距离大大缩短，沟通成本大大降低，直接支撑了大规模协作的形成。信息的透明使得企业信用不需要和规模挂钩，各种类型、各种行业的中小企业通过接入平台获得了直接服务消费者的机会。平台为买卖双方提供了基础、标准的服务，大量个性化的商业服务则由生态圈内各种各样的服务商提供。

泛在连接是5G技术的大带宽、高速率和低时延带来的必然结果，也是数字经济作为经济引擎的必要条件。泛在连接包含三层基础性的连接，即物理属性的技术连接、人机之间的交互连接和人与人之间的关系连接。技术、场景、参与者（人、物、机构、平台、行业、系统）、协议、交互等都是泛在连接的构成部分，也是泛在连接产生价值和效益的要素。连接是一种对话方式，也是一种存在形态。没有泛在连接，就没有互联网＋，没有跨界融合，也就没有数字经济。

融合协同是数字经济价值最大化、最优化的前置力量。物联网的发展使得物理世界、数字世界和人类社会之间的界限逐渐消失，计算技术进入人、机、物三元融合发展期，虚拟现实、增强现实、混合现实成为融合的重要支撑。三元融合需要协同创新，在协同中提升效能、创造价值。融合协同建立在数据、平台和连接之上，打破组织边界和系统结构，颠覆商业模式和思维方式，构建出数字经济的生态圈。

阿里巴巴是数字经济的典型代表。首先，淘宝、天猫、支付宝等平台连接了数万家服务商及服务者，为买卖双方提供了基础、标准的服务，形成了规模化的生态系统。同时，系统内各种各样的服务商还能提供几十万个个性化的商业服务，大淘宝平台＋数亿消费者＋约 1000 万在线商家＋年交易规模数十亿元，构成了一个超大规模的分工／协作体系。在生态系统里，从个体消费者、商家、旗舰店到服务商的所有浏览、消费、交易、存储等海量数据，都成为阿里巴巴最有价值的资产。

3. 国内外数字经济的发展

美国早在 20 世纪 90 年代就开始推动数字经济，并以基础设施建设为引领，抢占数字经济制高点。1992 年，美国率先在全球提出了"信息高速公路"的概念，并公布"国家信息基础设施行动计划"；1998 年 7 月，提出"数字地球"的概念，发布《浮现中的数字经济》报告，正式揭开了数字经济大幕；2010 年，提出了"数字国家"（digital nation）的概念；2018 年，发布了工作文件《数字经济的定义和衡量》，为美国未来数字经济的发展赋予了新的内涵和制定了衡量标准。

英国在 2008 年启动了"数字英国"战略项目；2009 年 6 月发布《数字英国》（*Digital Britain*）白皮书，并于当年 8 月发布《数字英国实施计划》（*Digital Britain Implementation Plan*）；2015 年，出台了《2015—2018 年数字经济战略》（*Digital Economy Strategy 2015—2018*），倡导通过数字化创新来驱动经济社会发展，战略目标是把英国建设成未来的数字化强国；2017 年 3 月，发布《英国数字战略》（UK Digital Strategy），对数字经济抱有巨大的期待和决心，提出 2025 年数字部门的经济贡献值要达到 2000 亿英镑。

日本先后出台《e-Japan 战略》《u-Japan 战略》《Tapan 战略》，提出"数字政府"的概念，让任何人在任何时间、任何地点都可通过一站式电子政务门户访问公共部门数据，享受公共服务。日本还非常重视数字安全问题，制定国家数字安全战略。欧盟则把数字素养提升到国家战略高度，实施了"数字素养项目"，提升公民利用数字资源、数字工具的能力，扩大数字使用需求。

中国的数字经济经过近三十年的发展，不仅在规模上实现了飞跃式前进，由模仿创新向自主创新蜕变，而且在部分领域开始"领跑"。2005 年《国务院办公厅关于加快电子商务发展的若干意见》的发布，标志着以电子商务为代表的数字经济发展成为国家战略的重要组成部分。2015 年《国务院关于积极推进"互联网＋"行动的指导意见》发布，数字经济成为国家战略，数字中国成为目标方向。2018 年习近平总书记在出席中国两院院士大会时指出："世界正在进入以信息产业为主导的经济发展时期……要推进互联网、大数据、人工智能同实体经济深度融合，做大做强数字经济。"

数字经济正在成为全球新一轮产业变革的核心力量，是人类社会发展的一个新的历史阶段。从国内情况看，数字经济能有效地帮助供给侧和需求侧进行精准、智能的匹配，推进供给侧结构性改革，能有效地帮助政府精准、智能地服务民众和治理社会，促进国家治理体系和治理能力现代化。

5.1.2　新型经济业态出现

从电子商务到网上外卖，从网约车到共享单车，从网络理财到网络众筹，数字经济与传统领域的深度融合诞生出平台经济、共享经济、社群经济、数据经济等一系列新模式、新业态，市场规模不断扩大，并从商业经济领域向知识内容、文化创意等领域拓展。数字经济是新型经济业态的孵化器和助推器。

1. 平台经济

平台经济是一种基于虚拟或现实空间，以平台型企业为主导，由数据驱动、平台支撑，并由高度协同的经济活动单元构成的开放的、共享的、普惠的新经济生态系统。海量的消费者和服务商是平台经济的主体，通过平台进行连接，完成信息交换、需求匹配、资金收付、货物交收等经济活动。平台本身不生产产品，也不参与交易，而是着力建设平台、培育生态、建立泛在连接，以促成双方或多方供求交易，从而获取相应收益来维系平台生存。平台经济是一种服务经济，具有开放性、跨区域性、网络外部性、自生长性等特征。

目前，各种类型的平台经济纷纷涌现：有电商交易平台，如天猫、京东、淘宝、唯品会；有内容消费平台，如今日头条、趣头条、抖音、快手；有生活服务平台，如美团、去哪儿、支付宝；有交流通信平台，如微博、微信；有知识问答平台，如知乎、维基百科、百度百科；有技术应用平台，如 AppStore、360 手机助手、米家智能终端。随着数字技术不断与实体商业、服务、工业的深度融合，未来的平台类型将会越来越丰富、越来越多样化。

2. 共享经济

共享经济构筑的是"过剩产能＋共享平台＋人人参与"的全新经济业态，利用互联网平台有偿、公平地共享物力、人力等社会资源，彼此以不同的方式付出和受益，打破了产权制度，"放弃我拥有，追求我创造"，实现组织优势（规模与资源）与个人优势（本地化、专业化和定制化）的高效结合，从而共同享受经济的红利。

共享经济具有五个特点：一是基于互联网、物联网、大数据、云计算、人工智能等技术支撑，实现信息、数据之间的广泛连接和流动；二是暂时性让渡闲置资源的使用权，让个体拥有的作为一种沉没成本的闲置资源得到社会化再利用；三是通过技术手段与机制设计实现海量、分散、闲置资源的优化配置，实现零边际成本；四是以市场化方式实现物品的重复交易和高效利用，满足多样化的社会需求；五是共享产品具有准公共产品的特征，如自行车、汽车、房屋、充电宝、知识、云服务等。

3. 社群经济

社群是指有共同需求、兴趣、爱好、共同价值观和亚文化的用户，基于信任和共识而聚集起来的群体。社群里的用户通过互动、交流、协作和相互影响，对机构、产品、品牌（包括个人品牌）产生信任、建立情感，并产生价值反哺。这种建立在产品或个体与粉丝群体之间带有情感、文化、体验、信任的自运转、自循环的范围经济系统就叫社群经济。

社群经济以通过传播的聚合力和裂变性使个体间互补产生的社群智慧为前提，以通过群体内互动激发利他行为从而产生情感价值的传播为条件，以自组织传播和协同合作为运营方式，以情感连接、利益驱动、有限范围、无限裂变、自我进化为特征，将混沌的社群引向秩序，并创造出社群价值。

社群经济强调连接，不仅要求机构、产品、品牌与用户深度连接，而且平台上用户与用户形成自然关联，彼此连接，成为无组织的组织群体，在边际成本最低化的条件下，依靠这个社群整体成员的活动，尤其是成员与成员之间的连接，实现社群价值最大化。聚合、连接、参与是社群价值实现的必要条件。

用户的多样化带来了社群的多样化，有产品型社群，如华为手机、讯飞翻译机；有兴趣型社群，如大众点评、豆瓣；有品牌型社群，如车友会、果粉（苹果的粉丝）、米粉（小米的粉丝）；有知识型社群，如罗辑思维、知乎；有工具型社群，如微信、微博、今日头条、陌陌、钉钉；有公益型社群，如慈善公益群、环保公益群、女性维权公益群。不同类型的社群之间还存在着交叉、转化的情况，如罗辑思维社群，既是产品型、知识型又是兴趣型，华为手机的社群会从产品型转化为品牌型。

4. 数据经济

大数据是互联网时代的核心资源，数据经济就是以数据为基础的产业形态。信息技术、无处不在的传感器和微处理器、高速的带宽网络、云计算和云存储空间都为大数据的产生创造了条件。从数据的搜集、加工、整合到数据的存储、分析，再到数据的销售，每一个环节都可能产生巨大的经济效益，数据的价值决定着数据经济的产业规模和产业链。

大数据具有体量大、价值密度低、多样和真实等特点，个人的基础数据和行为数据、企业的产品数据和商业数据、社会的环境数据和传感数据、国家的宏观数据和全数据等都是数据经济的基础和对象，也是数据经济的细分领域。

针对个人多样化的数据，电商公司可能会推送商品广告，体育公司可能会推送健身装备，出版社可能会推送新版图书，电影院可能会推送最新的电影，诸如此类，不一而足。数据可以直接产生价值，带来新市场、新用户和新消费。个人也可以对自己的数据资源进行挖掘、整合并用于监测自己的健康状况、出行状况、消费状况等，以更好地规划自己的生活和未来。

对于企业而言，客户的订单信息、生产数据、经营管理数据等都会成为企业的数据资产，通过数据产业链将数字变成数据，数据变成信息，最终从信息中产生数据价值。大体量的数据资产会改变企业的产品、用户、基础设施、盈利模式四个模块的运营方式：依托数据进行产品设计、开发、运营和优化；依托数据细分用户、归类用户和精准推送产品；依托数据改造生产流程、管理流程和销售流程，实现内外部资源优化；依托数据选择免费与增值、会员与广告等多种盈利模式。数据驱动企业即意味着拥有数据就拥有了互联网时代源源不绝的财富。

【案例 5-1】亚马逊的个性化推荐系统。

亚马逊,作为全球最大的电商平台之一,一直致力于通过技术创新提升用户体验和增加销售额。其中,个性化推荐系统是其利用大数据技术提升用户购物体验和驱动业务增长的重要工具之一。

【分析】

数据搜集与整合:亚马逊拥有庞大的用户群体,每个用户在平台上都会产生大量的数据,包括浏览记录、搜索历史、购买记录、评价信息等。这些数据被亚马逊搜集并整合到其大数据系统中,为个性化推荐系统提供了丰富的数据源。

个性化推荐:基于用户的历史数据和购物行为,亚马逊的个性化推荐系统能够分析出用户的兴趣偏好和购物习惯。当用户再次访问亚马逊网站时,系统会根据用户的个性化特征,向其推荐相关的商品和服务。这种精准推送的方式,不仅提高了用户的购物效率,也增加了用户购买的可能性。

数据价值实现:通过个性化推荐系统,亚马逊实现了数据的直接价值转化。一方面,系统推荐的商品更符合用户的兴趣和需求,提高了用户的满意度和忠诚度;另一方面,精准的推送也增加了商品的曝光率和销售额,为亚马逊带来了更多的利润。

企业运营优化:亚马逊的个性化推荐系统不仅服务于用户,也服务于企业的运营。通过分析用户数据,企业可以更好地了解用户需求和市场趋势,从而调整产品策略、优化生产流程、改善销售模式等。这种数据驱动的运营模式,使亚马逊能够保持其在激烈竞争中的领先地位。

5.1.3　为个体经济注入新动能

随着数字时代的迅猛发展,2020 年成为个体经济崛起的新纪元。互联网平台公司顺应时代潮流,纷纷通过技术创新和生态构建,为个体经济注入新动能,开启了"数字化创业、智能化创新"的新篇章。

1. 互联网平台塑造个体经济新生态

在当今快速发展的数字经济中,互联网平台正积极塑造一个开放、包容的生态空间,为个体经济提供源源不断的动力。这些平台型公司,如同庞大的连接器,将信息、人群、物品、服务和场景紧密相连,构建了一个充满活力的互联网生态系统。

平台型公司凭借其亿级用户基础、尖端技术资源、雄厚资本实力、系统化的业务板块以及成熟的营销策略,为个体经济赋能奠定了坚实的基础。它们不仅完善网络生态系统,还充分发挥连接器的核心作用,使之成为个体创造价值的摇篮。腾讯公司的口号"再小的个体也有自己的品牌"正是这一理念的生动体现。

近年来,随着互联网的深度普及和移动互联网的迅猛发展,用户更加频繁地参与网络生活,形成了"人人参与"的"人人经济"格局。在这样的背景下,平台型公司纷纷开放自己的平台系统,并推出多样化的激励和扶持计划,如现金奖励、流量支持、数据资源等，以吸引和扶持个体创业者。

例如，在近两年中，短视频领域成为新的创业热点。抖音、快手等平台纷纷加大扶持力度，推出短视频创作者扶持计划，为创作者提供资金补贴、流量扶持、专业培训等资源，帮助他们实现创业梦想。同时，这些平台还积极构建创作者社群，促进创作者之间的交流与合作，形成自组织，推动短视频产业的繁荣发展。

个体创业者通过平台的支持和赋能，不仅能够形成独特的个体品牌，还能够通过连接形成更广泛的经济网络，产生各种形态的经济活动。他们作为社会经济的毛细血管，能够敏锐地感知市场变化，快速调整和创新，为整个生态系统注入新的活力。

2. 资讯与娱乐内容生产的全方位赋能

在资讯与娱乐内容生产的繁荣时代，个体展现能力的舞台越发广阔。互联网平台通过提供丰富的内容制作和娱乐生产工具软件，极大地降低了内容发布和娱乐互动的门槛，为内容生产者提供了强有力的技术支撑。

平台型公司不仅提供了技术支撑，还通过一系列创新的配套政策和培训支持，全方位赋能内容生产者。应用成长体系、流量收益体系、智能精准的匹配推送系统、广告分成体系、赏金分配机制等，这些政策不仅为内容生产者提供了多元化的收益渠道，还帮助他们更好地与观众互动，提升内容质量和影响力。

在直播领域，我们见证了从普通直播者到直播网红、明星直播，再到电商主播的多元化发展。直播内容覆盖了娱乐、现场报道、生活分享以及直播广告和直播带货等多方面。直播带货的火爆效应不仅带来了直接的经济收益，还吸引了众多知名主持人加入，为贫困地区的农副产品进行公益直播，进一步彰显了内容生产的社会价值。

短视频领域同样充满了无限可能，几乎每个人都可以成为短视频的创作者，通过短视频展现自己的才华和创意。短视频创作者在内容中巧妙地融入商品、服务、广告和消费信息，实现了内容与商业的完美结合。由于短视频创作者身份多元、内容细分且拥有数量不等的高黏性粉丝，广告主越来越倾向于将广告投入短视频领域，实现精准定位和品效合一。

此外，文字创作者也在通过内容创造价值。专栏作家、微信自媒体人、网络小说写手、头条号创作者等，他们都在用自己的笔触书写着不同的故事。特别是网络小说写手，他们中的佼佼者已经拥有了个人 IP，作品被搬上电视荧屏、开发成动漫和游戏，甚至被制作成文创商品，形成了贯穿上下游的全体系 IP 产业链。

2022 年，健身短视频创作者刘畊宏凭借其专业知识和热情教学，迅速崛起为个体经济的新潮流引领者。他在微博上的粉丝数量近 3000 万，每条微博都引起数万至数十万的热烈互动。其短视频内容涵盖基础至高强度训练，深受网友喜爱。刘畊宏的专业和激情教学方式在社交媒体上迅速传播，使其成为全球知名的健身博主。在 YouTube 上，他拥有超过 1600 万关注者，总观看量突破 25 亿次，证明了其全球影响力。这些成就不仅为他带来可观的广告分成和品牌合作机会，也实现了其个人品牌的商业价值最大化。刘畊宏的成功激励了更多健身爱好者通过短视频平台分享经验，推动了健身文化的普及和发展。

3. 互联网平台重塑产品销售与服务营销

在数字化浪潮的推动下，互联网平台正以前所未有的方式赋能产品销售与服务营销，特别是与传统行业、服务业的深度融合，为中小企业和个体经营者开辟了新的增长路径。这种结合主要体现在以下三方面。

首先，在线直接销售模式正成为主流。近两年，随着直播电商的兴起，如抖音、快手等平台上的直播带货，为众多中小企业和个体经营者提供了全新的销售渠道。这些平台不仅降低了销售成本，还增加了与消费者直接互动的机会，有效提升了销售效率和用户黏性。

其次，在线服务领域也呈现出蓬勃的发展态势。以在线教育为例，近两年因疫情的影响，传统教育机构纷纷转型线上，如"腾讯课堂""钉钉教育"等平台聚集了众多优质教育资源，为广大学习者提供了灵活、便捷的学习途径。同时，在线医疗、在线心理咨询等服务也迅速崛起，满足了用户对高效、专业服务的迫切需求。

最后，连接线上和线下的共享经济模式正逐渐普及。以民宿行业为例，近两年民宿预订平台如途家、携程民宿等发展迅速，不仅为消费者提供了丰富多样的住宿选择，还帮助房东实现了闲置房屋的利用和增值。此外，共享单车、共享汽车等出行方式也改变了人们的出行习惯，提高了城市出行效率。

在以上三种结合方式中，互联网平台不仅为中小企业和个体经营者提供了更多的销售渠道和服务资源，还通过技术创新和模式创新，实现了资源的优化配置和高效利用。例如，近年来兴起的 C2M（customer-to-manufactory）模式，通过精准对接消费者需求和生产制造环节，实现了个性化定制和柔性生产，大幅提升了生产效率和消费者满意度。

以某电商平台为例，该平台通过大数据分析消费者需求，与生产商合作推出定制化产品，不仅满足了消费者的个性化需求，还帮助生产商降低了库存风险和生产成本。同时，该平台还通过社交分享、直播带货等方式，提高了产品的曝光度和销售转化率，为中小企业和个体经营者创造了更多的商业机会。

5.2 网络与新媒体的运营模式

互联网技术的迅猛发展，不仅赋能了社会、企业和个体，还催生了众多基于数字经济的运营模式。这些模式既有对传统模式的革新，如广告模式通过数字化手段实现更高效投放，产品付费模式以在线平台为载体拓宽了销售渠道；也有完全创新的模式，如免费增值模式通过提供基础服务吸引用户再推出增值服务，社群会员模式则依托社群力量为用户提供专属价值。无论哪种模式，其核心都围绕着用户运营展开，通过精准的用户洞察和策略实施，实现与用户的深度连接和价值共创。

5.2.1　理解互联网运营模式

在讨论互联网运营模式之前，我们首先需要界定商业模式的概念。商业模式，简而言之，是企业为实现客户价值最大化而设计的一种整体运行逻辑和机制。它整合了企业的制度、组织、管理、业务流程和战略等内外部要素，旨在形成具有独特竞争力的系统，通过提供产品或服务实现持续盈利。

从消费者的视角来看，商业模式实际上是企业如何创造并传递价值以满足消费者需求的系统。这一系统不仅涉及资源的组织和管理，如资金、原材料、人力等，还包括将资源转换为消费者无法自给自足的产品和服务。这些产品或服务应具备独特的竞争优势，即企业能够复制但竞争对手难以模仿的要素。

商业模式涵盖了企业的多个关键方面，包括资源获取、生产组织、市场营销、售后服务、收入模式、合作关系等。其背后涉及融资、生产、经营、盈利、管理和营销等多种模式，这些模式共同决定了企业的生存与发展。

而运营模式，作为商业模式的核心组成部分，专注于企业在产品或服务生产过程中的规划、组织、实施和控制。它涉及管理、销售、生产、技术、资本、人力等多个层面，旨在确保产品本身盈利模式的实现，即产品价值的最大化。

将商业模式与运营模式进行比较可以发现，商业模式关注的是企业如何凭借核心竞争力提供独特价值并获取利润的方法，而运营模式则是这些方法的实际执行、实施和效果的体现。以美团打车为例，其商业模式基于共享经济理念，聚焦共享车主资源，通过乘客、司机和司乘连接的平台实现价值共享最大化。而运营模式则涉及如何有效运用各种资源要素，赢得乘客信任、吸引司机加入并提供优质的用户体验，最终实现利润和运营价值的最大化。

5.2.2　互联网运营的两个阶段及其核心要素

互联网运营从产品视角出发，可划分为两大阶段：第一阶段是产品上线前的筹备期，主要聚焦于前期准备，确保产品的顺利发布；第二阶段则是产品上线后的日常运营，涵盖了多方面的持续管理和优化工作。

以新闻类 App 的推出为例，在筹备期，首要任务是进行全面的市场调研。这包括对竞争产品的分析、市场前景的预测，以及明确产品的定位、目标用户群体和商业模式。随后，进行产品的整体规划，包括前端设计（如页面布局、栏目设置、视觉元素等）和后台系统构建（如技术架构、性能指标等）。同时，行政方面的准备也必不可少，如资金预算、人员招聘和技术设备的采购等。

当产品成功上线后，日常运营工作便全面展开。内容运营是其中的核心环节，涉及内容战略制定、内容获取、规划、编排、输出和推广等多方面。这需要精心策划，确保内容的质量和吸引力，以满足用户需求。同时，技术支持也是关键，确保内容的顺利传播和呈现。

产品运营同样重要，包括明确产品目标、研发设计、迭代优化、营销目标和产品推广等。通过不断优化产品功能和用户体验，提升产品的竞争力和用户满意度。

市场运营则聚焦于产品的市场推广和品牌建设。通过网络广告、社群推广、内容原生广告、合作推广和活动公关等多种手段，提高产品的知名度和曝光率，吸引更多潜在用户。

最后，用户运营是连接产品与用户的桥梁。通过用户调研、研究、获取、分级、转化和数据获取等工作，深入了解用户需求和行为，制定有效的用户增长和留存策略，提升用户黏性和忠诚度。

每一类运营都包含了许多细分的工作，需要团队协同作战，确保各项工作的顺利进行。例如，在内容运营中，选择合适的输出渠道是至关重要的一环，需要根据目标用户群体和内容特点，选择最适合的传播渠道，以实现最佳的效果。

5.2.3　新媒体的七大主流运营模式

在数字化浪潮的推动下，网络与新媒体的运营模式展现出多元化的发展趋势。这些模式大致可以归纳为三类：首先是那些经过互联网技术改造而焕发新生的传统运营模式，如广告模式的数字化革新；其次是那些为传统行业赋能，并与之形成竞争关系的新模式，如电商模式的崛起；最后是那些全新且独特的互联网运营模式，它们代表了传统企业难以触及的新领域。经过二十多年的快速发展，网络与新媒体已经形成了以下七种主流的运营模式。

1. 广告模式

"发行量或收视率—用户注意力—广告"是传统媒体的运营模式。这一模式同样适用于网络与新媒体。门户时代，网络广告是互联网公司主要的也是单一的盈利方式，提供高品质的内容，送达内容到更广泛的用户群体，获取访问流量和用户，进而获得广告投放，是广告运营的本质和关键。图文互联网时代，广告运营的方式主要有网页广告、信息流广告、搜索广告、植入广告、联盟广告等。随着互联网技术的进步和广告主对营销效果的要求，广告运营向精准、多元、灵活、高效发展，更注重结合内容、事件、用户对象、产品特点提升广告运营效果。

视频广告是当前广告营收的主要来源。因为视频广告不仅形态多样，有常规的前后贴片广告、播中暂停广告、PC 端角标广告等，而且创新出了多种结合内容的原生广告、插入广告、植入广告、电商广告、场景广告、增强现实广告等。例如原生广告，它从用户体验出发，将广告内容融入视频内容的环境中，成为内容的一部分，即"和谐"地通过内容呈现品牌信息，既不破坏用户体验，又提供了有价值的信息，让用户自然地接受广告，提升运营效果。

2. 产品付费模式

"产品—高质量且有价值的产品—直接付费"是传统的产品售卖模式，移植到网络与新媒体端后，模式是一致的，但产品类型、用户选择和支付方式发生了改变。

网络与新媒体端的产品类型十分丰富，包括游戏产品、内容产品、知识产品、技术产品、大 IP 产品等，用户选择的自主性较大，特别是借助搜索引擎可以挖掘到长尾产品，借助人工智能可以匹配到个性化、符合个人偏好的产品。支付方式也更为多样化，包括在线支付、移动支付、小额支付、微支付等。

《纽约时报》2011 年就推出了内容付费阅读服务，用户每月只能浏览十篇免费文章，之后则都要收费。除直接针对内容收费外，《纽约时报》还将内容资源进行优化、配置和整合，通过内容聚合建立自己独有的信息资源管理系统、全文检索系统和新闻资料数据库，实现内容的二次增值。

长尾理论为互联网产品形成特色付费模式的一个依据。"我们可以把长尾理论浓缩为简单的一句话：我们的文化和经济重心正在加速转移，从需求曲线头部的少数大热门（主流产品和市场）转向需求曲线尾部的大量利基产品和市场。在一个没有货架空间的限制和其他供应瓶颈的时代，面向特定小群体的产品和服务可以和主流热点具有同样的经济吸引力。"互联网有充足的存储空间和便利的流通渠道，用户能够借助搜索引擎查询到需求不旺或销量不佳但自己喜欢的产品，并愿意为此付费。而互联网公司会为众多这样的小市场而丰富产品品类，让用户有更多、更好的选择。

知识产品是当前内容付费领域最主要的一类产品，主要类型有付费问答、线上直播、付费专栏、付费社群、在线课堂、微课和慕课。无论哪种类型，知识付费都是在将高品质、专业化、权威性的知识内容与互联网及时、快速、丰富、易检索等特点结合，生成互联网付费产品。这些付费产品可采用包月、包库、交会员费等多种形式，以满足不同用户的个性化需求。

【案例 5-2】知乎 Live 与知识付费模式的崛起。

知乎，作为中文互联网最大的知识分享社区，近年来通过推出知乎 Live 等知识付费产品，成功探索出了一条基于内容的知识付费模式。知乎 Live 是一种线上直播形式，用户可以通过购买门票参与特定主题的实时互动问答，与专家、学者、行业领袖等进行深度交流。

【分析】

产品类型与用户需求：知乎 Live 作为知识付费产品的一种，其核心价值在于为用户提供高品质、专业化、权威性的知识内容。与传统的线下讲座或研讨会相比，知乎 Live 打破了地域和时间的限制，使得用户能够随时随地参与到自己感兴趣的主题讨论中。同时，知乎 Live 还通过用户提问、实时互动等方式，增强了用户的参与感和体验感。

用户选择与支付方式：知乎 Live 的用户选择自主性较大，用户可以根据自己的兴趣和需求选择参与不同的主题讨论。同时，知乎提供了多种支付方式，包括在线支付、移动支付等，方便用户进行购买。此外，知乎还通过会员制度等方式，为用户提供更加灵活和优惠的购买选择。

内容付费模式的创新：知乎 Live 的推出，标志着知乎在知识付费领域的积极探索和创新。通过线上直播的形式，知乎将高品质的知识内容与互联网的特点相结合，生成了具有互联网属性的付费产品。这种模式的成功之处在于，它满足了用户对高品质知识内容的需求，同时也为知乎带来了可观的收益。

长尾理论与产品丰富性：知乎 Live 的成功也体现了长尾理论在互联网产品中的应用。知乎通过提供多样化的主题选择和个性化的互动方式，满足了不同用户的需求和偏好。这种丰富的产品品类不仅吸引了大量用户的参与，也为知乎带来了更多的商业机会和收入来源。

知识付费市场的趋势：知乎 Live 的成功案例表明，知识付费市场具有巨大的潜力和发展空间。随着用户对高品质知识内容的需求不断增加，以及互联网技术的不断发展和创新，知识付费市场将会呈现出更加多元化和个性化的特点。同时，这也为内容创作者和平台提供了更多的商业机会和收入来源。

3. 免费增值模式

免费增值模式以免费资源为基础，吸引大众注意力，获取流量，再以流量为基础构建商业模式，创造价值实现盈利。免费增值模式被视为互联网时代技术经济学的新规则，因为网络与新媒体的内容产品、技术产品和在线服务都具有"非常特别"的成本结构——高固定成本、低边际成本。例如搜索引擎，研发这一产品需要在基础设施等方面投入数亿资金，但完成研发并且供全球数亿用户使用后，与获得的收益相比研发成本几乎可以忽略不计。用免费的产品和服务吸引用户，然后通过增值服务或其他附加产品收费已经成为互联网公司的普遍做法。

互联网的免费增值模式有多种类型，包括技术免费、产品免费、游戏免费、内容免费。360 公司以免费杀毒软件为"诱饵"，吸引用户下载、使用，聚集海量用户后，推出360 浏览器，借助浏览器的导航功能获取利润。互联网游戏产品最初为收费模式，即玩游戏前要购买点卡、激活码等，后改为免费增值模式，即免费玩游戏，但要购买游戏内的装备、道具。

克里斯·安德森（Chris Anderson）在《免费：商业的未来》一书中归纳了基于核心服务完全免费的商业模式：一是直接交叉补贴；二是第三方市场；三是免费加收费；四是纯免费。他提出，单单免费是不够的，它必须与付费搭配。所以，免费增值模式的关键是增值，要能研发出与免费产品有关联的溢价产品或服务，将免费作为廉价的推广手段，将增值收费作为运营目标。

【案例 5-3】腾讯游戏的免费增值模式。

腾讯游戏作为中国乃至全球知名的游戏开发和运营公司，广泛采用了免费增值模式作为其主要的商业模式之一。通过提供免费的基础游戏服务来吸引大量用户，进而通过提供增值服务和虚拟商品等方式实现盈利。

【分析】

免费资源吸引用户：腾讯游戏通常会推出免费下载和免费游玩的游戏产品，如《王者荣耀》《和平精英》等。这些游戏在初期提供基本的游戏功能和体验，让玩家无须支付任何费用即可享受游戏的乐趣。这种免费策略极大地降低了用户进入门槛，吸引了大量用户的关注和参与。

构建商业模式：在吸引了大量用户后，腾讯游戏开始构建其商业模式。通过在游戏内提供增值服务，如个性化皮肤、道具、装备等虚拟商品，以及会员服务、游戏内广告等，腾讯游戏实现了从免费用户到付费用户的转换。这些增值服务往往能够提升玩家的游戏体验，满足他们的个性化需求，从而促使他们进行付费。

成本结构分析：腾讯游戏的成本结构符合高固定成本、低边际成本的特点。在游戏的研发和运营初期，腾讯需要投入大量的资金用于游戏开发、服务器建设、市场推广等方面。然而，一旦游戏上线并吸引了一定数量的用户后，每新增一个用户的边际成本就相对较低了。这种成本结构使得腾讯游戏能够通过提供免费服务来吸引用户，并通过增值服务实现盈利。

免费与增值的搭配：腾讯游戏的免费增值模式体现了克里斯·安德森在《免费：商业的未来》一书中提出的理念。腾讯通过提供免费的基础游戏服务来吸引用户，然后通过提供与游戏相关的增值服务来实现盈利。这种模式的关键在于能够研发出与免费产品有关联的溢价产品或服务，将免费作为廉价的推广手段，将增值收费作为运营目标。

4. 电商模式

电商模式是依托互联网技术、大数据环境和传统产业形成的在线售卖产品和服务的一种运营模式。移动互联网、视频在线播放、网络直播等技术被应用于电商后，电商模式愈加丰富多样，从 B2B、B2C、C2C 发展到 O2O、C2M、短视频＋电商、直播电商，社交、视频与电商融为一体，有效提升了电商模式的经济效益。电商平台也渐趋多样化，有综合类电商、垂直类电商、跨境电商、社交电商和生鲜电商等。每年的"双十一"已成为电商同台竞技的大舞台，也是消费者购物的狂欢盛宴。

电商的基本特征是方便快捷、品类丰富、支付安全、交易成本低、对物流依赖性高。互联网强连接、强互动的特性使得电商商户与用户之间有着更直接的沟通、交流，让用户获得较好的消费体验。同时，用户购物时产生的数据和购物完成后发布的点评也对其他用户有重要的参考价值，这让电商模式显现出透明和公开的特点。还有一些电商模式直接改变了我们的生活方式。

O2O 模式是移动互联网出现后连接线上和线下、撬动移动场景生活、开启线下体验消费的典型商务模式。O2O 有三种情境：第一种是 online to offline（线上交易到线下消费体验），例如线上领取线下店铺优惠券、外卖、线上预订等生活服务类消费，最典型的是携程网的"线上预订酒店、线下入住酒店"；第二种是 offline to online（线下营销到线上交易），如用户在线下通过扫描二维码完成线上支付；第三种是 offline to online to offline（线下营销到线上交易，再到线下消费体验），如用户在线下看到海报信息后扫描二维码，到线上完成身份认证与交易，然后去线下的商户消费，常见的应用场景是在地铁口看到带二维码的餐厅广告，扫描后可实时预订座位、获取折扣等，然后到餐厅消费。无论哪种方式，都是将线上的随时随地浏览、品类丰富、支付便利的优势与线下的即时体验、感受和消费直接对接，完成一轮移动电商的闭环。

社交电商是指借助社交平台、通过用户间的互动促成的电商交易。社交电商有两种情境。一种是用户的消费行为、分享、点评和体验直接影响甚至主宰其他用户的消费倾向和决策。例如用户购买某一商品时，商品详情页上的购买量、点评数是一种判断指标，用户直接转发分享某一商品给朋友会带来直接交易，用户给予某一商品的好评或差评有时会决定商品的"命运"。另一种是 C2M 模式，购物平台将彼此之间已建立了一定社交关系的用户组织起来，将他们看似割裂的、零散的但规模巨大的消费需求整合起来，以"云采购"模式将参与"集采"的消费者需求直接传递给工厂，实现个性化的、按需的、零库存生产。C2M 模式的基础是社交平台建构起来的关系网络，在互联网时代，这种关系网络建立成本降低，效率提升，能帮助用户迅速找到有共同需求和消费倾向的同类用户。

直播电商是视频直播、社交、网红、流量等多种元素的集合，借助 KOL（key opinion leader，关键意见领袖）的个人信誉和直播带来的超高流量直接影响消费者的行为和决策，展现出个人品牌价值、私域流量产生出的流量变现和粉丝经济效应。当前，直播电商的模式十分多样，有凭借庞大粉丝量或某领域的专业知识成为消费 KOL 的红人模式，有直接在供应链、生产地构建基地的产地直播模式，有针对高价商品的砍价、秒杀模式。2020年4月，罗永浩在抖音进行了 3 小时直播带货，直播过程中 22 种商品几乎全部售罄，总交易额达到 1.2 亿元。

5. 社群会员模式

社群会员模式也称为关系模式。互联网的发展使信息交流越来越便捷，志同道合的人更容易聚在一起，形成基于空间、基于兴趣、基于价值观、基于共同需求的不同社群。社群会员模式便是挖掘同质性的消费社群的痛点，进而为其提供相应的工具和服务，巩固社群的关系和黏性，再开发以社群为基础的电商应用，电商是实现产品变现、维系社群运营和衍生盈利点的有效方式。社群会员模式的本质是建立信任的、协同的、体验感丰富的圈群，以圈群里忠诚的、有黏性的、小众的、分众的会员为基础完成 C2B、C2M 式的电商营销。

"罗辑思维"是社群会员模式的典型产品，它从提出"提供'有种、有趣、有料'的内容产品"开始，以这样一种口号吸引了拥有共同价值观的用户群，在第一次有偿招募会员时，短短半天时间内就有 5000 人加入，收入达 160 万元；第二次开卖会员资格时，24小时卖出 2 万个，收入 800 万元。有了这类会员社群，罗辑思维就可以有针对性地开发他们感兴趣的、有购买意愿的图书、高端礼品、轻奢品等产品并在线售卖。因为有了圈群基础，电商业务显然没有太多障碍。除了实物电商之外，罗辑思维又进一步挖掘用户深度需求，打造"得到"App及海量课程、"时间的朋友"等内容产品，从线上线下一体化运营中实现最大化价值。

6. 平台模式

平台战略研究专家、麻省理工学院教授迈克尔·A. 库斯玛诺（Michael A. Cusumano）在"2013海尔商业模式创新全球论坛"上发表主题演讲时对"平台"的定义如下：首先要有被众多公司应用的基础技术或者产品（也可以是服务）；其次要将众多参与方（市场参与者）汇聚于一个共同的目的；最后要通过更多用户、更多补充的产品和服务使其价值以几何级数增长。《平台战略》一书指出，两个或者更多有明显区别但又相互依赖的客户群体集合在一起的平台，它们作为连接这些客户群体的中介来创造价值。平台对于某个特定用户群体的价值本质上依赖这个平台"其他边"的用户数量，如电商平台，背后就有信息、交互、支付和配送的不同群体及其需求。平台模式最有可能成就产业巨头，全球最大的100家企业里，有60家企业的主要收入来自平台，包括苹果、谷歌、阿里巴巴等。

平台模式的基础是用户。拥有了庞大的用户群，掌握了几何级的用户数据，无论是水平扩展还是垂直整合，都能够完成平台内电商或者跨界运营。水平扩展的出发点就是满足用户任何可以满足的需求，垂直整合的出发点则是满足用户某方面的特殊需求。百度、阿里巴巴和腾讯之所以能够占据中国互联网食物链的顶端，成为顶级平台，就因为百度借助搜索引擎占据了信息端的用户，阿里巴巴借助电商占据了交易端的用户，腾讯借助QQ、微信占据了社交端的用户。它们不仅拥有庞大的用户群，而且掌握用户的收入状况、信用状况和社会关系以及购买行为等各种数据，关注用户需求及用户体验，利用互联网工具和互联网思维，重新构建商业价值链。

7. 众筹众包模式

众筹是指通过互联网平台向广泛的、陌生的群体募集资金以支持某种活动的个人或组织行为。除公益众筹外，其他的众筹活动以参与募资者获得相应的回报来吸引资金。众筹具有低门槛、多样性、依靠群体力量、注重创意的特征，众筹的类型有公益众筹、金融众筹、文化创意众筹，涉及救灾救援、家园重建、竞选活动、创业募资、艺术创作、自由软件、设计发明、科学研究以及专题新闻报道等。众筹模式打破了传统的融资模式，每一位普通人都可通过众筹模式获得从事某项创作或活动的资金，群体的小额投资可以聚沙成塔，成为融资的主要来源。群体募资者除了考虑利益回报外，对项目的兴趣和认可、对发起人的信任也是募资行为的动因。众筹模式让美国总统奥巴马在2008年竞选总统时获得支持选民的小额资金总计达到数千万美元。

众包模式是指公司或机构通过互联网平台向公众发布各种单独或需要协作完成的任务，由公众自由自愿选择任务、完成任务。众包的出现始于开源软件Linux操作系统，一群志趣相投的人开发各种源代码并共享给社会公众，吸引更多专业的人士加入众包协作活动，这类公益型众包不涉及回馈、报酬。机构发起的众包一般要提供一定的回报。例如，宝马在德国开设了客户创新实验室，为用户提供在线工具，帮助他们参与宝马汽车的设计，并给予中标的设计相应的奖励。

众筹众包的本质是群体力量的汇聚与展现，是网络时代的社会生产，以实现多方共赢为宗旨。维基百科可谓是互联网众筹众包模式的典型代表。维基百科创建于 2001 年，每到年底创始人威尔士都会发出公开信，呼吁"请考虑捐献 20 美元、35 美元、50 美元或您力所能及的金额，来保护和维持维基百科的运作"。维基百科是全球第五大网站，其他四个都是通过亿万美元的投资、数量庞大的公司员工和持续的市场营销来建立与维护的，而维基百科的词条是由志愿者们一条一条写成的。

【案例 5-4】小米手机的众筹众包模式。

小米手机作为国产智能手机市场的佼佼者，其成功离不开众筹众包模式的运用。小米手机在产品研发、营销和社区建设等多方面，都充分利用了互联网平台的优势，通过众筹众包模式与消费者建立了紧密的联系，实现了品牌的快速增长和市场份额的扩大。

【分析】

众筹模式的应用：小米手机在推出新产品时，经常采用众筹模式进行预售。通过其官方网站或电商平台，小米向消费者展示新产品的特性和优势，并设定一定的众筹目标。消费者可以根据自己的兴趣和需求，选择参与众筹并支付定金。这种众筹模式不仅为小米筹集了研发和生产资金，还通过消费者的参与和反馈，不断优化产品设计和功能，提高了产品的市场竞争力。

众包模式的实践：小米手机的众包模式主要体现在其社区建设和软件开发方面。小米拥有庞大的米粉社区，这些米粉不仅是小米手机的忠实用户，还积极参与小米产品的开发和改进。小米通过社区平台收集用户反馈和建议，将其中有价值的内容转换为产品改进方案。同时，小米还鼓励开发者为其操作系统 MIUI 开发各种应用和插件，这些应用和插件不仅丰富了 MIUI 的功能，还提高了用户的黏性。

群体力量的汇聚：小米手机通过众筹众包模式，将消费者和开发者紧密地联系在一起，形成了一个庞大的社群力量。这个社群力量不仅为小米提供了资金和创意支持，还通过口碑传播和社交媒体分享等方式，帮助小米扩大了品牌影响力和市场份额。同时，社群成员之间的交流和互动也促进了知识和经验的共享，推动了整个社群的不断进步和发展。

多方共赢的实现：小米手机通过众筹众包模式实现了多方共赢。对于消费者来说，他们可以通过参与众筹获得更低的价格和更好的产品体验；对于开发者来说，他们可以通过为小米开发应用和插件获得收益和认可；对于小米来说，众筹众包模式不仅降低了研发成本和市场风险，还提高了产品的竞争力和市场占有率。

5.2.4　用户运营概述

在网络与新媒体领域，用户是推动其发展的核心。用户运营作为关键，强调与用户的深度互动，形成用户与互动间的共生循环，维系生态繁荣。聚集足够用户后，平台能实现多样化互动，吸引新用户、保留老用户，并激活参与，提升黏性。用户运营与其他运营领域协同，共同构建完整的运营框架，其中用户运营扮演着关键角色，通过理解用户需求、提供卓越互动体验，为整个体系注入持续活力。

1. 用户运营的多维洞察

用户运营是一个多维度交织的概念，其核心在于如何通过策略与手段实现用户价值的最大化。从活跃度层面而言，用户运营旨在唤醒用户的热情，无论是提升既有用户的活跃度，还是激活那些潜在的沉睡用户。对于成熟期的企业而言，这无疑是维系与拓展用户群的关键。

从业务链的视角看，用户运营聚焦于网站或产品的核心指标：用户活跃、留存与付费。这要求运营者深入理解用户需求，制定与之相匹配的运营方案，从增加注册用户到减少流失，再到促进用户活跃与付费转化，每一步都需精心策划。

在思维理念层面，用户运营不仅是策略的组合，更是一种思维方式。它强调以用户为中心，将用户需求置于策略的核心位置，确保每一项决策都能有效触达并满足用户。

从用户中心与需求的角度出发，用户运营更像是一门艺术。它要求运营者从用户的视角出发，理解并满足他们的需求，无论是功能需求还是心理需求，都需得到充分的重视与满足。

总结来说，用户运营始终围绕"用户""目的""手段""策略"这四个关键词展开。其核心目标是吸引新用户、留住老用户、提升活跃度与付费转化率。这要求运营者不仅要深入理解用户需求，还需精准细分用户群体，以便制定更具针对性的运营策略。用户可以是普通用户、注册用户、会员用户等；他们与产品的关系可以是浏览型、关系型或转化型；而他们的行为模式也可以是交流型、奉献型、围观型等。只有深入了解并细分用户，才能更好地满足他们的需求，进而实现用户运营的目标。

2. 用户运营的核心策略

在用户运营的复杂世界里，需明确"目标""策略""衡量指标"这三个关键要素。随着产品成长阶段、市场环境和产品类型的不同，用户运营的目标和策略也会有所变化。然而，无论在何种情境下，一些基础性的用户运营策略始终保持着其有效性和普适性。

1）口碑传播策略

有效的口碑传播不仅依赖用户的自然互动，还需要聚焦核心用户和种子用户。通过二八法则，集中力量去培养20%的忠诚用户，使他们成为品牌代言人，进而带动更广泛的目标用户群体。新浪博客和微博的成功案例，正是口碑传播策略在实际应用中的典范。

2）数据驱动策略

在大数据的助力下，可以更精准地了解用户，为他们提供个性化的服务和产品体验。通过收集和分析用户的基础数据、行为数据等，可以构建用户画像，为他们提供定制化的服务。同时，构建完善的数据运营体系，指导运营决策，实现用户的精细化运营。

3）体验式营销策略

让用户亲身体验产品或内容，是让他们深度了解并爱上产品的有效途径。通过提供稀缺的、珍贵的体验机会，激发用户的分享和传播欲望。知乎通过邀请制限制用户数量，成功吸引了大量高质量的用户，并使他们成为知乎的忠实粉丝。

4）活动营销策略

活动营销是快速吸引和留住用户的有效手段。无论是参与重大社会活动，还是策划自有活动，都能吸引用户的关注和参与。活动的双向互动性质，使用户的参与成为活动成功的关键。

5）激励奖励策略

直接的物质或财富奖励是激励用户参与和关注的最直接方式。在互联网时代，有了更多样化的激励方式，如红包、优惠券等。这些激励手段能有效将用户的被动关注转化为主动关注，提升用户运营的效果。

需要强调的是，用户运营的策略并非孤立存在，而是需要根据实际场景和环境进行综合运用。在实际运营中，我们需要根据产品、市场和用户的特点，选择合适的策略组合，以实现用户运营的目标。

3. 互动策略在用户运营中的应用

在构建和管理用户群体时，互动策略的运用至关重要。它不仅涉及新用户的吸引，还关乎用户的留存、活跃和最终转化。以下是通过互动策略来实现这些目标的具体方法。

1）吸引新用户

（1）社群运营：构建与产品内容紧密相关的社群，通过社群成员的分享和交流，自然而然地吸引潜在用户的注意。

（2）KOL 影响力：利用行业内关键意见领袖（KOL）的影响力，在各大平台上进行产品内容的曝光和推广，同时在互动空间中与粉丝深入交流，激发新用户的好奇心。

（3）邀请机制：设计邀请活动，鼓励老用户邀请新用户加入，通过老用户的信任和推荐，增加新用户的信任度和参与度。

（4）产品捆绑：与成熟产品合作，通过共享用户资源，将其他产品的用户转化为本产品的用户，实现用户资源的共享和扩大。

2）提高用户留存率

留存率是用户运营的核心指标之一，为了提高留存率，可以采取以下互动策略。

（1）个性化推送：基于用户行为数据和偏好，推送符合其兴趣的内容，增加用户与产品的黏性。

（2）用户反馈：鼓励用户提供反馈意见，并及时响应和改进，增强用户的参与感和归属感。

（3）激励制度：设置积分、奖励等机制，激励用户持续参与和贡献，提高用户留存率。

（4）用户召回：对于长时间未活跃的用户，通过推送、邮件等方式进行召回，唤醒其参与热情。

3）促使用户活跃

活跃用户是产品与服务的核心力量，为了提升用户活跃度，可以采取以下互动策略。

（1）常态化活动：定期举办各类互动活动，如折扣、优惠、秒杀等，激发用户的参与热情。

（2）等级与特权：设立用户等级和特权系统，让用户通过持续参与和贡献提升等级，享受更多特权和奖励。

（3）产品附加值：增加产品的附加值，如跑步类 App 中的健身课程、自定义记录项等，满足用户的多元化需求，提升用户活跃度。

4. 用户运营效果的量化评估与策略优化

在用户运营的过程中，如何准确衡量策略与手段的效果至关重要。这不仅对内部绩效考核具有指导意义，更直接反映了互动效果、传播效果和产品实用性。因此，建立一系列用户基础数据和行为数据指标成为必要。

首先，关注新用户数的增长，这反映了产品或服务的市场吸引力和推广效果。然而，更重要的是种子用户（核心用户）的维护，他们不仅是产品的忠实粉丝，更是推动产品发展的关键力量。为种子用户提供特权和优质服务，不仅能激发其持续参与，更能帮助产品吸引更多新用户。

其次，活跃用户数是衡量用户参与度和产品吸引力的关键指标。不同产品或服务对"活跃"的定义可能有所不同，但核心在于用户是否在使用产品并产生价值。通过分析日活用户数（DAU）、周活用户数、月活用户数等数据，能够更好地了解用户的使用习惯和参与度。

同时，也需要关注流失用户数和回访用户数。流失用户数揭示了产品或服务在留存用户方面的不足，而回访用户数则反映了挽回流失用户的能力。通过对比这两组数据，可以评估运营策略和手段的效果，并不断优化。

此外，用户在线时长和用户浏览量（PV）也是衡量用户活跃度和产品受欢迎程度的重要指标。通过细化这些指标，可以更深入地了解用户的行为习惯，从而为用户运营提供更加精准的数据支持。

唯一访问者（UV）作为反映网站或 App 访问情况的指标，提供了独立用户数量的统计。通过 UV 数据，可以分析用户的分布情况和访问频率，进而调整内容推送策略和优化用户体验。

除了上述量化指标外，还有一些综合性的评估体系和模型值得借鉴，如 HEART（Happiness，幸福感；Engagement，参与度；Adoption，采用率；Retention，留存率；Task

Completion，任务完成率）体系和 AARRR（Acquisition，获取；Activation，激活；Retention，留存；Revenue，变现；Referral，传播）模型。这些体系和模型提供了从多个维度评估用户运营效果的框架，有助于更加全面地了解用户需求和产品表现。

　　然而，无论使用何种指标或体系进行量化评估，都应坚持以用户为中心的原则。根据用户在不同阶段的需求和目标，采取相应的策略和手段，从获取新用户到培养忠诚用户，再到寻找增量用户和发展会员用户，不断寻求用户价值的最大化和最优化。只有这样，才能在激烈的市场竞争中立于不败之地。

5.3　网络与新媒体的营销手段

　　网络与新媒体营销，依托于日益进步的互联网技术、日新月异的工具软件和应用，在各大网络和新媒体平台上绽放光彩。随着互联网技术的迅猛发展、工具软件的多样化，营销手段也日趋丰富与全面。这些手段并非孤立存在，而是相互融合、相互借力，共同构建起一个立体化的营销体系，以强化营销效果，并最终实现营销目标。这种综合运用各种营销手段的策略，正是网络与新媒体营销的魅力所在。

5.3.1　深度解析网络与新媒体营销

　　网络与新媒体营销的首要特征是它与计算机技术和互联网平台的紧密关联。随着技术的飞速进步和平台的不断创新，网络营销的潜力和机会也在持续扩展。从传统的广告营销、搜索引擎营销，到电子邮件营销和论坛社区营销，再到移动互联网时代的微博、微信、短视频、直播等多元化营销手段，每一次技术革新都推动了营销手段的更新和升级。因此，技术是网络与新媒体营销不可或缺的基石，是推动其发展的核心动力。

　　网络与新媒体营销并非孤立存在，而是企业整体营销战略的重要组成部分。它服务于企业的总体经营目标，借助互联网技术实现市场调研、客户分析、产品开发、销售策略和反馈信息的收集与处理等关键营销环节。这意味着网络与新媒体营销不仅仅是简单的在线销售，更是一种全面的、多维度的营销推广手段，是传统营销在互联网时代的深化和拓展。

　　在网络与新媒体营销中，互联网思维是至关重要的。它要求将现代营销理论、互联网相关法则与网络传播规律相结合，以营销效果为导向，以用户需求为核心。这种思维方式使我们能够更好地理解互联网生态，构建线上线下融合的智能化营销体系，从而实现企业价值的最大化。这种体系不仅包括价值的发现、传递和交换，更强调在营销过程中实现价值的增值。

5.3.2　网络与新媒体营销的独特特征与核心功能

　　基于互联网和新媒体平台、技术、渠道、用户的深度整合，网络与新媒体营销展现出其特有的特征，并在功能价值上超越了传统营销，彰显出显著优势。

1. 特征解析

信息流的高效互动：网络与新媒体营销打破了传统营销中信息不对称的局限。借助互联网的强大功能，信息能够迅速、准确、高效地传播，无论是企业还是消费者，都能享受到即时、无障碍的沟通体验。这种高效的信息流动不仅增强了市场的透明度，也为企业提供了直接面对消费者反馈、精准把握市场需求的宝贵机会。

个性化需求的满足：在传统营销模式下，企业往往难以满足每个消费者的独特需求。而网络与新媒体营销则通过大数据、用户行为分析等技术手段，实现了对消费者需求的精准洞察和个性化满足。这种以消费者为中心的服务模式，不仅提升了消费者的满意度，也为企业带来了更高的市场价值。

营销形式的多样化：网络与新媒体营销涵盖了从 H5 广告、视频营销、直播营销到社交媒体营销等多种营销形式。这些多样化的营销手段不仅丰富了营销的表现方式，也为企业提供了更多的选择和组合可能。企业可以根据自身的特点和市场需求，选择最适合自己的营销方式，实现最佳的市场效果。

全球开放性与成本效益：网络与新媒体营销打破了地域和时间的限制，使得企业能够轻松进入全球市场。这种全球开放性的特征不仅为企业带来了更多的商机，也降低了企业的营销成本。通过网络平台，企业可以直接与全球消费者进行沟通和交易，减少了中间环节和费用支出，提高了营销效率。

2. 功能价值

网络与新媒体营销在功能价值上呈现出不同于传统营销的优势。它不仅能够实现信息的快速传播和高效互动，还能够满足消费者的个性化需求、提供多样化的营销手段以及实现全球市场的开放性和成本效益。这些优势使得网络与新媒体营销成为现代企业不可或缺的重要营销手段之一。

5.3.3 网络与新媒体营销的功能解析

在数字时代，网络与新媒体营销已成为企业提升竞争力、促进产品销售和塑造品牌价值的重要手段。其功能的多样性和高效性，为企业提供了全新的营销视野和策略。

1. 信息发布的桥梁作用

网络与新媒体营销的首要功能在于其作为信息发布的桥梁。通过企业网站、社交媒体、电子邮件等多种渠道，企业可以迅速、广泛地传播产品信息、营销动态和技术更新，确保客户能第一时间接收到企业的最新动态。这种及时、准确的信息传递，为企业与客户之间搭建起一座坚实的沟通桥梁。

2. 销售与服务的双重促进

在新媒体平台上，销售与服务不再是孤立的两个环节，而是紧密相连、相互促进的。

企业可以通过在线商城、微信小程序、社交媒体广告等方式直接促进销售；同时，借助在线客服、智能机器人、在线论坛等工具，提供高效、便捷的客户服务，提升客户满意度和忠诚度。这种销售与服务的双重促进，使网络与新媒体营销成为企业创造价值的重要途径。

3. 客户服务的新模式

网络与新媒体营销为客户服务带来了全新的模式。通过互联网，企业可以提供多样化、个性化的客户服务，如实时在线咨询、智能客服响应、社交媒体互动等。这种服务模式不仅降低了企业的运营成本，提高了服务效率，还使客户体验得到了极大的提升。

4. 在线调研的精准洞察

在线调研是网络与新媒体营销的重要功能之一。通过大数据分析和用户行为追踪，企业可以深入了解市场需求、客户偏好和竞争态势，为制定精准的营销策略提供有力支持。这种在线调研的精准洞察，使企业在市场竞争中更具优势。

5. 品牌推广的全方位覆盖

品牌推广是网络与新媒体营销的终极目标。通过社交媒体传播、内容营销、事件营销等多种手段，企业可以全方位、多角度地展示品牌形象，树立品牌口碑。这种品牌推广的全方位覆盖，不仅提升了企业的知名度和美誉度，还为企业的长期发展奠定了坚实基础。

5.3.4　网络与新媒体营销的主要手段

在数字营销领域，网络与新媒体营销手段层出不穷，其中一些自 PC 时代便开始盛行的方法，至今依然发挥着至关重要的作用。以下是这些营销手段的详细介绍。

1. 广告营销

广告营销作为网络与新媒体营销的核心手段之一，其优势显著。相较于传统广告，新媒体广告拥有更广泛的传播范围、更快的传播速度，以及更高的可存储性、可重复性和可检索性。此外，新媒体广告投放形式灵活多变，能够精准定位目标用户，收集用户数据，降低广告主的投放成本。

从广告形态来看，新媒体广告包括文字广告、图文广告、H5 广告、视频广告和富媒体广告等。这些广告可以依附于网络媒体、搜索引擎、服务软件和电子商务平台等多种载体进行展示。在 PC 端，常见的广告位置包括 banner 广告、button 广告、通栏广告、飘移广告、全屏广告、弹出广告和背投广告等；而在移动端，则有开屏广告、插屏广告、信息流广告、底部链接广告等。

近年来，视频广告因其直观、生动的特点而备受广告主青睐。除了常规的前后贴片广告、播中暂停广告、角标广告外，视频广告还涌现出了多种创新形态，如原生广告、插入广告、植入广告、电商广告、场景广告和增强现实广告等。这些广告形式将品牌与内容紧密结合，通过情感共鸣和场景营销，直达目标受众。

以腾讯视频为例，其推出的"回家的方向"视频广告，通过真实感人的故事，将品牌与情感紧密相连，引发观众的共鸣。同时，该广告还结合了电商伴随广告的形式，使用户在观看视频时能够直接点击购买相关商品，实现了从广告到电商的无缝对接。这种广告模式不仅提升了品牌曝光度，还促进了销售转化，为广告主带来了可观的商业价值。

2. 许可电子邮件营销

在数字化营销领域，许可电子邮件营销（email marketing）仍然占据着举足轻重的地位。这种营销方式类似传统的直销模式，但借助了电子邮件这一现代通信工具，实现了更为高效和精准的信息传递。其核心在于，企业需在用户明确许可的前提下，将相关的企业资讯、产品信息、促销活动等内容，以邮件的形式直接发送至用户的电子邮箱中。

与传统的邮件营销相比，许可电子邮件营销的最大优势在于其合法性和用户友好性。由于是在用户自愿并明确同意的前提下进行，因此用户对于接收到的邮件内容抵触、反感和拒收的可能性大大降低。这不仅提升了企业的品牌形象，也增强了用户与企业之间的信任关系。

许可电子邮件营销具有诸多优势，如覆盖面广、操作简便、内容形式多样且成本低廉等。特别是对于那些主动订阅的用户，企业可以根据其兴趣和需求，定制个性化的邮件内容，从而实现更高效的营销效果。

3. 搜索引擎营销

搜索引擎营销（SEM）是当今数字化营销领域中的一项重要策略，它充分利用了人们对搜索引擎的高度依赖和日常使用习惯。通过精心设计的营销策略，企业可以在用户检索信息时，将相关的营销信息精准地传递给目标受众，以最小的投入获取最大的搜索引擎流量，进而实现品牌传播和销售增长。

实施搜索引擎营销的方法多种多样，包括搜索引擎登录、付费搜索广告、关键词广告、搜索引擎优化（SEO）等。其中，SEO 和付费关键词广告是最常见的两种形式。

SEO 是一种长期且有效的策略，它通过优化网站内容、结构、元标签等因素，使网站更符合搜索引擎的排名算法，从而提高网站在搜索引擎自然结果中的排名。这种策略需要企业对搜索引擎的工作原理有深入的理解，并持续投入时间和精力来维护网站质量。

付费关键词广告则是一种更直接、更快速的方式。企业可以通过购买特定的关键词，使自己的广告在搜索结果页面中以链接的形式展示给用户。这种广告形式通常包含广告标题、描述和链接，能够直接引导用户访问企业的网站或相关产品页面。

然而，搜索引擎营销并非只有正面效果。一些企业可能会利用搜索引擎的排名机制，通过不正当手段提高网站排名，如关键词堆砌、隐藏文本等。这些行为不仅违反了搜索引擎的规则，也损害了用户体验和搜索结果的公正性。

4. 内容营销

内容营销是指围绕企业品牌、产品、销售、服务等相关内容的包括图片、文字、影像等一切形式的创作，向相关用户进行有价值的信息传播，从而实现营销的目的。广义的内容营销是包括所有平台和渠道上、用所有表现形式来进行的内容变现，可以是社交媒体的软文、新闻稿、音 / 视频报道，也可以是电商图文内容、电商直播、产品生产短视频、营销排行榜等。狭义的内容营销是指自媒体利用开放平台发布图文、视频内容，对企业信息、产品销售进行营销。目前，众多的自媒体账号正在成为内容营销的原创者和集散地。

内容营销有三种实现方式：一是直接创作与企业、产品相关的软文内容，通过不同渠道传递发布，例如淘宝头条里的生活资讯、经验性指导文章，最终都会指向特定产品；二是在突发、热点、重大新闻发生后，用"蹭热点"的方式实现内容营销，例如杜蕾斯三八妇女节的创意文案"先有你们，再有我们"，苹果产品发布会的"你的 HOME，归我了"；三是社交媒体上 UGC、PGC 和 PUGC 共同进行的内容创作，例如小红书用内容构建消费闭环，当用户产生购物倾向时社区其他用户的体验测评可帮助用户进行消费决策。

谷歌推出的短视频"科技在这一刻，温暖人心"讲述了一对第二次世界大战时期走散的兄弟在其孙子孙女的帮助下，利用谷歌的各种搜索技术一点一点寻找线索，最后终于重逢的故事。整个短视频不断展现谷歌的各种搜索技术，有地理位置、天气预报、网页搜索等，没有直接的品牌 Logo 出现，但一切都是在围绕品牌展开，品牌无处不在。这种讲故事、讲情怀、融入人文关怀的嵌入式内容营销，被誉为"温柔的一刀"，成为实现营销价值最大化的利器。

5. 微博营销

微博营销有两个层面：一是微博平台为平台内用户策划、组织、开展的各种营销活动，例如嵌入微博超话的企业或产品品牌；二是指微博平台上的所有主体，包括企业、商家、机构、非营利组织、个人利用微博进行信息快速传递、分享、反馈、互动，从而开展产品推介、品牌传播、市场调研、客户关系管理、危机公关等营销活动。例如可以第一时间通过微博平台对外发布企业研发的新产品，并在微博中收集用户反馈意见，与用户沟通。

微博营销秉承了微博的诸多优势，呈现出多方面的特点：开设账号和运维成本低，发布简单易操作，容量无限制，信息量大，用户基数庞大且覆盖面广，转发分享快捷（裂变式传播），具有病毒式营销的效果。特别重要的一点是，运用微博开展营销的自主性强、操控性强，营销主体可以掌控从策划、发布到运维、反馈的一系列过程，能随时根据数据情况调整和改变营销方向，预测营销效果。

微博营销首先要建立微博发布原则和机制，内容真实、体现特色、坚持互动、保持热度、连续发布，这些都是微博发布的基本原则和机制要求。例如在内容编写上，要把握用户的心理，开头要吸引人，可用标签特别标识；表达要清晰，一条微博围绕一个主题内容，善用多媒体，插入图片、视频、图标或音乐；语言要简明，可借用网络语言、表情、符号等。

其次，要掌握一定的微博营销策略。目前，微博营销策略不一而足，主要有内容策略、互动策略、明星策略、事件策略、整合策略等，每一类策略又都蕴含丰富的实操内容和操作技巧。以互动策略为例，可以借助微博平台的数据挖掘找到同类、同好的关联用户，建立微博群或微博圈；可以策划内容和设置话题，用各种手段激励、吸引用户参与讨论；可以设计各种吸引用户参与的奖励性活动；可以借助微博平台开展调查、投票与排行榜活动。

2023 年 3 月，某知名家居品牌在微信小程序上成功举办了"家居美学馆"互动活动。用户踊跃上传家居装修照片和心得，享受专业设计师和家居达人的咨询指导。活动通过奖励机制维持热度，同时利用小程序推荐系统向用户展示相关家居用品，促进销售。这次活动不仅帮助用户解决了家居装修难题，还增强了用户对品牌的忠诚度，同时也提升了品牌曝光度，实现了营销效果的多赢局面。

6. 微信营销

微信，这款功能全面的软件，以其多元化的传播方式，如朋友圈、订阅号、企业服务号、微信群和小程序等，为品牌提供了丰富的营销途径。这些功能不仅支持新闻资讯的传递、社群互动、生活服务、电商交易，还涵盖了企业业务管理，使得微信营销成为新媒体营销中的佼佼者。

微信作为一个强关系链平台，用户基数庞大，用户活跃度高，且内容形式丰富多样。这些优势使得微信营销具备了高覆盖、高到达、高接受和高价值的特性，同时营销成本相对较低。

微信营销涵盖两个主要方面。一方面，微信平台自身通过朋友圈广告、支付页服务推荐、卡包和游戏页面等方式，为用户提供精准的广告推送和便捷的服务体验。这些营销活动均由微信平台主导，旨在推广腾讯及其合作伙伴的产品和服务，同时保持用户体验的优质。

另一方面，众多品牌、企业和个人也利用微信提供的工具和技术，开展多元化的营销活动。从吸引用户的会员卡、积分商城、红包游戏，到推广产品的支付优惠、社群团购、好友助力等，再到增强用户互动的留言、预约、社群直播等功能，微信营销手段丰富多样。此外，商家小程序、微店等也为用户提供了一站式的购物体验，实现了精准营销。

星巴克作为微信营销的成功案例，通过二维码推广、创意内容营销和顾客关怀中心等方式，实现了与消费者的深度连接。通过扫描二维码，用户可轻松关注星巴克订阅号，享受优惠和新品信息。同时，星巴克还利用 H5、漫画和动漫视频等创意形式，结合互动游戏，吸引用户参与，提高品牌知名度。此外，星巴克在微信订阅号内建立的顾客关怀中心，为用户提供了全面的服务和支持，进一步增强了用户黏性。

星巴克通过微信营销精准推送内容、信息和优惠券，成功实现了用户的转化和直接购买。其数十万的关注者不仅是直接消费者，更是品牌的口碑传播者，实现了零边际成本的营销效果。微信营销为星巴克带来了品牌价值的提升和销售的增长，成为其营销战略中的重要一环。

7. 短视频营销

短视频营销是指以短视频平台为载体、借助短视频这一介质开展的所有营销活动，包括硬广告投入、内容植入、IP 内容定制、话题和活动策划、网红社交引流等。随着短视频用户规模的扩大、收看时间的增长、交互行为的频繁，短视频平台已成为互联网又一大流量入口。因此，短视频营销自然成为当下网络营销的重要手段之一。

短视频的营销价值主要表现在以下三方面。

技术层面，短视频营销门槛低，交互性强，信息承载量大，一个普通用户都可以利用自己拍摄、创作的短视频推介产品、直播带货或植入与账号相关联的广告。在人工智能技术为短视频赋能后，观看者能获得与个人兴趣偏好匹配的短视频内容。人工智能技术使短视频营销更为精准，并成为视频营销的技术支撑。

用户消费层面，一方面短视频展现真实生活、场景多样、表达丰富等特点易于用户接受，也容易刺激用户产生消费行为，借助视频内容可以直接达到营销目的；另一方面，短视频用户互动需求高、参与度高，圈群化的传播能提高转化率。《2019 短视频营销白皮书》公布的数据显示，93% 的用户会点赞，84.5% 的用户会评论，90.6% 的用户会分享。从分享方式和路径看，短视频用户分享方式呈现圈层化的特征，66.9% 的人会定向分享给朋友，64.7% 的人会分享到家人 / 朋友群里，64.2% 的人会分享到朋友圈动态里。由此可见，利用短视频平台开展营销会产生从事实到情感再到信任的共鸣效应。

营销投放层面，广告主也会看重短视频的原生、互动、场景化、创意空间大的优势。短视频兼具表现力和传播力双重效果，既可以实现展示和传达品牌 / 产品信息的深度，又可以实现传播范围最大化的广度，还能从品牌建设、内容营销上精准触达目标用户。

在短视频营销中，还有一个特殊的组织 MCN（multi-channel network），MCN 其实是一种中介组织，或者将网红、头部账号联合在一起形成矩阵，或者将不同类型和内容的 PGC 组织起来，即为流量资源寻找变现机会，如找寻广告主、品牌方来投放、植入广告，也为优质内容对接短视频平台，从短视频平台的各类广告里获益。MCN 是专业化、垂直化、有组织的短视频营销团队，能够将短视频简洁、轻量、精准、社交化的优势转化为营销价值，把控着内容生产和消费变现两端，在一定程度上影响着整个短视频营销的未来。

8. 网络直播营销

网络直播营销指企业、个体或团体组织以网络直播平台为载体进行各种类型、各种方式的营销活动，以达到提升品牌形象、宣传推广新品、提升产品销量、及时聆听用户反馈等目的。当下的网络直播营销以视频直播及多媒体直播的方式为主，但在 PC 时代，也曾有文字直播和图片直播的营销。未来，5G 的高速、低时延等特点可能会催生更多的 VR 沉浸式、体验式营销，同步性更高，现场感更强，视频互动更直接。

网络直播营销的对象大致有三类。第一类是事件、活动、会议的直播，如百度世界 2021 大会便进行了多平台同步直播，时长近 4 小时，宣传主题为 "AI 这时代星辰大海"，整场直播既有新科技的发布、新产品的推介，又有嘉宾访谈、前沿新知，呈现了百度在 AI 领域的综合实力和全方位探索。这种长时间的直播能达到整体营销的效果。第二类是新品宣传推介直播，如小米公司的 2021 秋季新品发布会，主要推介公司研发的系列新品，围绕新品全面而详细地进行介绍，意在达到销售产品的目的。第三类是常态化的电商直播，是指在各大电商平台、社交平台、媒体平台进行的带货直播，意在直接销售产品，提升产品销量。

网络直播营销的价值和优势主要体现在四方面。一是低廉的营销成本与广域的营销覆盖。一方面，一部手机、四五人的团队就能完成一场直播；另一方面，从理论上说，全球用户都可以通过在线直播观看、了解商品信息，并参与互动，每一场直播都可以成为一场无死角的全球营销活动。二是高频的强互动与快捷的营销反馈。以电商直播为例，在直播过程中商家就能知晓用户对产品的实时反馈，并基于此随时调整营销策略。三是情感因素强化营销效果。对品牌的归属情感、对产品的认同情感、对主播的信任情感都会使消费者在进入电商直播间后或观看直播时产生购买欲，从而提升营销效果。四是获取一手营销数据，为数据驱动直播营销奠定基础。直播过程中，无论是单个用户的点赞、转发、分享、下单，还是用户之间的交流、评论和吐槽等，都是一手的、真实的、有效的数据，收集、整理、分析这些数据将为网络直播营销提供策略依据。

【案例 5-5】董宇辉的电商直播营销。

董宇辉，作为近年来迅速崛起的电商直播新星，以其独特的文化底蕴、幽默风趣的直播风格以及对产品深入浅出的解读，在电商直播界独树一帜，取得了令人瞩目的成绩。他通过抖音等直播平台，与众多知名品牌合作，不仅推广了各类商品，更在传递知识、分享生活哲学的同时引领了新的消费风尚。

【分析】

多元化的内容构建：董宇辉的直播内容跨越了教育、文化、美食、科技等多个维度，他能够将复杂的商品信息转化为生动有趣的故事，让观众在享受知识盛宴的同时，自然而然地产生购买兴趣。这种内容上的多元化不仅丰富了直播的观赏性，也满足了不同观众群体的需求，增强了直播的吸引力和影响力。

深度互动与即时反馈：董宇辉的直播间充满了温馨与互动，他鼓励观众通过弹幕、评论等方式表达看法和疑问，并总是耐心细致地一一解答。这种即时互动不仅拉近了主播与观众之间的距离，也让商家能够迅速捕捉到消费者的真实需求和反馈，从而及时调整产品策略和服务方式。同时，董宇辉还善于利用观众的意见和建议，不断优化直播内容和形式，提升观众的参与感和满意度。

情感共鸣与信任建立：董宇辉以其真诚的态度、专业的素养以及对生活的独到见解，赢得了广大观众的喜爱和信任。在直播过程中，他不仅仅是在推销商品，更是在与观众分享生活、传递正能量。这种基于情感共鸣的信任关系，使得观众在购买商品时更加放心和安心，也提高了他们的复购率和忠诚度。

数据驱动的精准营销：董宇辉的直播团队深谙数据之道，他们通过收集和分析直播过程中的各项数据指标，如观看人数、互动率、转化率等，来评估直播效果并优化营销策略。这些数据不仅帮助团队更准确地把握市场需求和消费者心理，还为他们提供了制定个性化推广方案的重要依据。通过数据驱动的精准营销，董宇辉能够更有效地触达目标受众，提升营销效率和效果。

第 6 章　网络与新媒体文化

观看视频

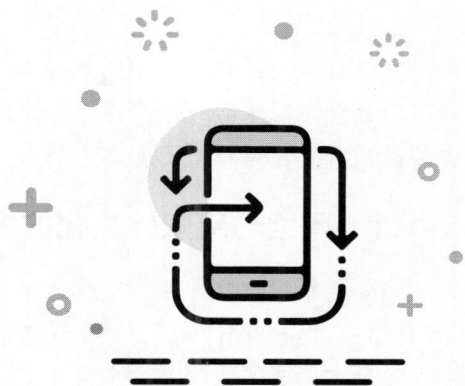

　　随着互联网与文化的深度融合，传统和主流文化焕发出新的活力，催生了网络音乐、视频、游戏等网络文化形态。移动互联网的崛起更是推动了网络与新媒体文化的蓬勃发展，形成了更为丰富多元的文化生态。网络亚文化如二次元等也崭露头角，成为当代文化的重要组成。同时，数字文化产品的不断涌现，满足了消费者的多样化需求，推动了数字文化产业的蓬勃兴起，成为数字经济的重要支柱，展现了文化与科技融合的巨大潜力。

6.1　网络与新媒体文化的内涵与特征

随着互联网的迅猛发展，网络与新媒体文化已深刻渗透到社会的各个角落，对政治、经济、社会及民生等领域产生了深远的影响。当我们探讨网络与新媒体文化的内涵时，首先要认识到文化是物质形态与生活方式的综合体现。

6.1.1　网络与新媒体文化的内涵

网络与新媒体文化作为文化的一种新兴形式，其基础是互联网和移动互联网等先进技术的融合。这种文化不仅包含了传统的知识、艺术、音乐、文学等物质形态，更涵盖了人们在社会中形成的价值观、态度、信念、习俗、人际关系等精神层面的内容。

从技术的角度看，网络与新媒体文化依托于先进的通信技术和计算机技术，为信息的发送与接收提供了全新的平台。从文化内容的角度看，它延伸了传统文化在互联网空间的表达，并形成了独特的文化景观。

在广义上，网络与新媒体文化可以看作文化的一个子集，涵盖了所有以网络和新媒体为基础的文化活动及其产物。而在狭义上，它特指那些借助网络传播与创新的主流文化和传统文化，以及依托网络与新媒体诞生的新型文化。

具体而言，网络与新媒体文化既包括了传统文化在网络空间的延伸，如新闻出版、广播影视、文化艺术等的网络化，也涵盖了依托互联网产生的新型文化形态，如网络教育、网络音乐、网络文学、网络动漫游戏等。这些新型文化形态不仅丰富了人们的文化生活，也为文化的传播与创新提供了新的途径。

6.1.2　网络与新媒体文化的发展演变

总体上，网络与新媒体文化随着互联网技术的发展而发展，随着用户数量的增长而有了影响力，随着产品的日益丰富而逐渐形成网络与新媒体文化产业。

网络与新媒体早期的技术较为简单，因而其内涵和形态也比较单一。一类是主流文化和传统文化的数字化、网络化，例如文学作品、国学经典的电子版；另一类是依托网站和网络论坛，以个人创造为主的网络文学，网络文学网站有"晋江文学城""榕树下""起点中文网"等。以互联网为基地开展的文学创作是网络与新媒体文化的第一波发展潮流。

博客技术、音/视频技术和游戏业务出现后，网络与新媒体文化开始走向多元化，网络影视、网络音乐、网络动漫、网络游戏等文化产品纷纷涌现，黑客、红客、维客、掘客、博客、播客、拍客等各种"客"现象伴随着文化事件纷至沓来，网络与新媒体文化产业初露端倪。以网络游戏为例，早期的网络游戏以引进海外游戏版权、复制海外运营模式为主。随着网易推出游戏产品《大话西游》后，一方面中国传统文化成为游戏内容的开发对象，另一方面游戏公司开始大规模自主研发产品，游戏开发成为当时互联网行业盈利的主要手段。在 2004 年和 2008 年的两次上市风潮中，网络游戏公司都是上市的主角。

进入移动互联网时代，网络与新媒体文化也进入了全面发展期，影响力从文化层面向舆论、舆情层面延伸，产业领域从单一产品向文化 IP 产品、网络文化产业链、生态圈扩展，二次元文化等网络亚文化逐渐被认识、讨论和接受。同时，传统文化也在技术赋能之下"活"起来、"动"起来。例如，国家博物馆 2018 年启动"智慧国博"项目；故宫博物院开发"掌上故宫""每日故宫"等平台，将虚拟现实技术、3D 打印技术运用于文物修复；短视频、直播平台以"短视频＋传统文化""直播＋传统文化"方式介绍非物质文化遗产、民间艺术等内容。这些都能让用户近距离感受传统文化的内在价值。

伴随着互联网技术的发展以及网络与文化的日益融合，网络与新媒体文化一方面日渐丰富多彩、繁荣活跃；另一方面也出现了诸多新情况、新问题，如一些庸俗、媚俗、低俗的产品充斥网络空间，网络谣言屡禁不止等。营造清朗的网络文化空间、建设健康的网络文化生态是网络与新媒体文化长久、持续发展的基础与保证。

6.1.3　网络与新媒体文化的特征

网络与新媒体文化的特征是互联网的技术特性、传播特性和文化属性融合、叠加在网络空间后反映和体现出来的。因此，网络与新媒体文化具有五方面特征：开放包容、多元多样、大众草根、圈群极化、自由个性。

1. 开放包容

开放是网络与新媒体最基础的、最本质的特征。信息开放、传播开放、时空开放等与文化结合，全面地展现出网络与新媒体文化的开放性。在网络空间，多民族、多语言、多元化的文化交织并存，理论上全球所有的互联网用户都能获取、浏览、传播、分享人类的文化知识和文明成果。同时，在云存储、云翻译等技术支持下，不仅可以无限制存储各类信息，让互联网成为文化的"大百科全书"，而且可以让人类文化跨越国界与语言无障碍传播，实现全球共享和文化融合。

2023 年，中国网络文学巨头阅文集团推出全新海外小说阅读平台 Chereads，该平台在继承起点国际（WebNovel）优秀基因的基础上，对内容、技术和服务进行了全面升级。Chereads 汇聚了丰富的中国网络文学作品，包括经典作品与新兴作家佳作，并支持多种语言翻译，为全球用户提供沉浸式的阅读体验。该平台在内容推荐、用户互动等方面进行了创新，通过先进算法技术为用户精准推荐作品，并加强用户间的社交互动。同时，Chereads 积极与海外出版商、文化机构合作，共同推广中国网络文学，提升中国文化国际影响力。这一举措不仅标志着中国网络文学海外传播的重要进展，也体现了中国文化软实力不断提升的态势。

2. 多元多样

人类文化原本就是纷繁芜杂、包罗万象的，互联网的开放性强化了文化的多元多样性，体现在网络与新媒体文化上即为创作主体的多元化、内容的多样化、呈现方式的多媒体化等。特别是类型多样，传统的主流文化、大众文化、精英文化与网络亚文化更是兼容并包、共存交融。多元多样的背后体现的是价值观、思想、意识形态的交织并存和多种表达，一个世界多种声音，一个事件多种思考，一个事实多种理解，一个人物多种看法和一个陈述多种角度。

以网络文学为例，其创作主体可以是专业作家、网红写手，也可以是普通大众；其呈现方式可以是文本小说，也可以是有声读物；其内容性质可以是奇幻、武侠、都市，也可以是历史、架空、现实等。多类型、多样化的网络文学作品能够使不同品位、不同价值观的读者站在各自的角度发表观点、进行解读。这又会生发源自用户群体的探索和争鸣，例如豆瓣读书中热门图书的后面一般都有成百上千的读者留下的笔记、批注和评论。

【案例 6-1】网络文学平台的多元多样性——以起点中文网为例。

起点中文网是中国最大的网络文学阅读与创作平台之一，汇聚了大量不同类型的网络文学作品和来自不同背景的创作者。平台不仅提供文本小说的阅读，还拓展了有声读物、漫画改编等多种呈现方式，为读者提供了丰富的阅读选择。

【分析】

创作主体的多元化：起点中文网的创作主体涵盖了从知名作家到业余爱好者，甚至普通读者也能在平台上发布自己的作品。这种多元化的创作主体使得平台上的作品风格多样，既有专业的文学作品，又有充满创意和想象力的草根作品。

内容的多样化：起点中文网上的网络文学作品涵盖了奇幻、武侠、都市、历史、架空、现实等多个领域和题材。不同品位的读者都能找到适合自己的作品，满足了读者多样化的阅读需求。

呈现方式的多媒体化：除了传统的文本小说形式，起点中文网还提供了有声读物和漫画改编等多媒体呈现方式。读者可以选择自己喜欢的方式阅读作品，提高了阅读的趣味性和互动性。

用户群体的探索和争鸣：起点中文网鼓励读者在平台上发表评论、留言和讨论。热门图书后面常常有大量的读者笔记、批注和评论，形成了丰富的互动社区。读者可以就作品内容、人物设定、情节发展等方面展开讨论，促进了作品的传播和影响力的扩大。

3. 大众草根

网络与新媒体文化又被认为是"大众文化""草根文化"，这是因为每一个普通用户都可以在互联网平台上自由创作小说、音乐、视频、动漫等文化产品。互联网与新媒体一方面成为普通网民创作、宣泄、狂欢的舞台和空间；另一方面又能成就普通网民，让他们拥有话语权、影响力，甚至成为"网红""大 V"。草根性不仅指用户群体庞大，占据了网络空间的中心位置，更表现为草根的能量得到释放、草根的力量得到彰显、草根的价值得到认同、草根的思想得到传播。一首网络歌曲一夜爆红、一条网络视频获得上亿流量、一句简单的"世界这么大、我想去看看"瞬间刷屏，都是网络与新媒体文化草根性的体现。

2023 年，中国东北农民歌手王小二凭借一段在田间即兴演唱的抖音视频意外走红，其朴实的嗓音与真挚的情感赢得广大网友的喜爱。他不仅以其独特的音乐才华赢得赞誉，更以热爱生活和眷恋家乡的情感感染人心。随着视频的广泛传播，王小二迅速成为网络红人，其歌声和故事通过网络传遍四方。他的走红不仅激发了人们对民间艺术的关注，也唤起了人们对乡村生活和传统文化的向往，展现了网络时代草根文化的强大生命力和深远影响力。

4. 圈群极化

网络与新媒体文化既具有大众化、草根性的特征，又同时具有分众化、小众化、圈群性的特征。但这两者并不矛盾，大众化、草根性强调网络与新媒体文化的根本和基因，分众化、小众化、圈群性强调网络与新媒体文化的社交和关系属性。

传统文化原本就有条块特征，不同的群体、不同的行业、不同的地域、不同的阶层都有各自的文化、思想、价值取向和精神追求。互联网的便利化建群、低成本交互让传统的条块文化更易形成圈群，并使圈群越分越细，最终形成偏好某一类文化产品、某一种文化的小众群体。例如豆瓣小组里，大的分类有影视、读书、生活、闲趣、时尚、娱乐、兴趣、情感、美食等十几类，在读书小组里，有"外国中短篇小说"小组，有"三天读完一本书"小组，有"王小波门下走狗"小组，有"经典短篇阅读"小组，各种各样的读书小组成为网络与新媒体文化圈群的典型代表。

在网络与新媒体文化圈群形成的过程中，网络与新媒体文化表现出群体极化的特点。圈群里的用户很容易受群体内的观点和思想的影响，而且彼此之间还会相互影响，有时也会一致对外，排斥不同观点，最终导致群体整体偏向某一极端的观点和思想，产生强大的群体极化效应。网络与新媒体文化的"群体极化"具有双重性：积极的一面是促进群体意见一致，提高群体的凝聚力，弘扬文化正能量；消极的一面是放大群体的错误判断和决策，混淆是非标准和文化价值判断准则。

【案例 6-2】豆瓣读书小组的"群体极化"现象。

豆瓣读书小组是豆瓣网内的一个子社区，专注于书籍的阅读、讨论和分享。这些小组按照不同的阅读兴趣和偏好进行细分，如"外国中短篇小说"小组、"三天读完一本书"小组等。在这些小组中，成员们经常就某一本书或某一类书籍展开讨论，分享阅读心得和观点。

【分析】

圈群的形成与细分：豆瓣读书小组的形成体现了网络与新媒体文化的分众化、小众化和圈群性特征。用户可以根据自己的阅读兴趣和偏好选择加入不同的小组，与志同道合的人交流分享。这种细分化的社区构建有助于形成特定的文化圈群。

群体极化的表现：在豆瓣读书小组中，群体极化的现象时有发生。由于小组成员之间的观点和思想相互影响，很容易形成一致的看法。当某个观点在小组内占据主导地位时，其他不同观点往往会被忽视或排斥。这种现象在热门书籍或争议性较大的书籍的讨论中尤为明显。

积极与消极影响：群体极化在豆瓣读书小组中既有积极的一面又有消极的一面。积极方面，它有助于形成小组内成员之间的共识和凝聚力，促进文化正能量的传播。例如，当某个小组成员分享了一本好书时，其他成员可能会受到启发并加入阅读行列。

然而，消极方面也不容忽视。当群体极化导致错误判断或决策时，可能会混淆是非标准和文化价值判断准则。例如，在某些争议性书籍的讨论中，如果小组成员的观点过于一致并倾向于极端化，可能会忽视其他合理的观点或批评声音，导致对书籍的评价过于片面或偏激。

案例启示：豆瓣读书小组的"群体极化"现象提醒我们，在享受网络与新媒体文化带来的便利和乐趣的同时，也需要警惕其潜在的负面影响。在参与社区讨论时，应该保持独立思考和理性判断的能力，尊重不同的观点和声音，避免盲从和极端化。同时，社区管理者也应该加强监管和引导，促进社区的健康发展。

5. 自由个性

自由、开放、平等、共享是互联网的本质，同时网络的匿名性、虚拟性让每一个网民不仅能自由创作、表达和分享，而且能在自由表达中充分显现出个性和自我，生产力、想象力和创造力得到无限释放。因此，应看到互联网上的内容产品琳琅满目，但也良莠不齐；热点焦点源源不断，但也瞬息万变；文化创新层出不穷，但也难以长青。自由个性让网络与新媒体文化呈现出多样性、多元化，但也把网络与新媒体文化带入发展困境。

"客"现象、"体"现象是网络与新媒体文化自由个性特征最有力的证明。从早期的"黑客""红客""博客""播客"到后来的"威客""创客""掘客"，既有专业人士能力的体现，又有各类人士的知识创作、娱乐生产和技能发挥。跟随社会热点、文化现象和舆论话题源源不断出现的各种"体"现象，如"甄嬛体""凡客体""淘宝体""元芳体"等，让网络自由开放的精神和网民个性创作的活力在网络与新媒体文化中表现得淋漓尽致。

6.2　网络与新媒体文化的构成与影响

网络与新媒体文化是一个多维度交织的领域，涵盖了从微观个体互动到宏观社会影响的广泛范围。在微观层面，它基于个体的行为和表达，反映了网民的特质和价值观。在中观层面，网络社群和平台形成了独特的社群文化和平台文化，塑造了整个文化的风貌。在宏观层面，网络与新媒体文化与社会、政治、经济、文化等多个领域紧密交织，成为推动社会发展的重要力量。这三个层面相互作用，共同构建了网络与新媒体文化的丰富图景，展现了人类创造力和社会复杂性的多样性。

6.2.1　网络与新媒体文化的构建

文化是人类在社会历史发展过程中所创造的、凝结在物质之中又游离于物质之外的、能够被传承的国家或民族的物质财富和精神财富的总和，包括显性的风土人情、传统习俗、文学艺术等，也包括隐性的生活方式、行为规范、思维方式、价值观念等。网络与新媒体文化的根基来自现实社会，同时又因为在网络空间中承载了网络的基因而有了新的发展。因此，可以从微观、中观和宏观三个层面来认识它的构成。

1. 微观视角下的网络与新媒体文化构建

在网络与新媒体的广阔领域中，网民无疑扮演着核心角色，他们的行为和言语成为这一领域最为鲜明的标记。从微观的视角来看，网络与新媒体文化的构建正是基于对网民行为和言语的深入观察与理解。

互联网的开放性和互动性为网民提供了前所未有的自我展示和表达空间。从浅层的浏览、搜索、点赞、转发，到深层的上传、发布、跟帖、评论，再到更为积极地参与话题讨论、互动活动，甚至主动设置话题、引导舆论，网民们以各种不同的方式和程度在网络中留下了自己的痕迹。这些痕迹不仅构成了丰富多样的网络与新媒体文化事件、现象或产品，如"热搜的崛起""超话的形成""热词的传播""围观的力量"等，更是网络与新媒体文化构建的坚实基础。

网络语言，作为这一文化领域中的独特现象，更是网民情感、情绪、情怀的直观体现。据统计，网络语言已经发展出多达九种类型，并仍在不断演化中。其中，一些网络语言已经深入人心，成为人们日常交流的重要工具。例如，图画型的网络语言已经转化为流行的表情符号，并被集成到输入法中，为人们的在线交流增添了更多的色彩和趣味。这种简洁、生动、有趣的网络语言不仅提高了沟通效率，还能准确传达情感和心境，让交流变得更加丰富多彩。

因此，可以说网络语言是网络与新媒体文化最为典型和直观的表达方式，也是网民主体对文化最自由、最直接、最情感化的一种展现。

2. 中观视角下的网络与新媒体文化构建

在探讨中观层面的网络与新媒体文化时，我们不得不提及三大核心要素：网络与新媒体文化事件、网络与新媒体文化现象以及网络与新媒体文化产品。这些要素共同构成了丰富多彩的网络与新媒体文化景观。

首先，网络与新媒体文化事件是指那些由网民个体或群体在网络空间中的言行和活动所引发的、具有一定社会影响力的文化事件。随着互联网的普及和新媒体的崛起，网络空间已成为人们日常生活的重要组成部分。在这个空间里，网民们不仅分享和交流着现实社会中的事件和现象，还创造出了许多专属于网络的文化事件。例如，2023 年，一部由网民自发创作的网络短片《数字时代的记忆》在网络上迅速走红，它不仅引发了网民们对数字时代生活方式的深入讨论，还成为展现网络文化创造力的典范。

其次，网络与新媒体文化现象则是指那些在网络空间中表现出一定共同趋向或表征，并为广大网民所感知和认同的文化风气与观念。这些现象有些是现实社会文化现象在网络空间的延伸和反映，如近年来备受关注的"国风文化"现象，不仅在线下受到广泛追捧，也在网络上引发了热烈讨论；有些则是网络独有的文化现象，如 2022 年兴起的"元宇宙"概念，它虽然起源于科幻小说和电影，但在网络空间中得到了迅速传播和广泛讨论，成为了网络文化的新热点。

最后，网络与新媒体文化产品则是指通过互联网及移动互联网生产、传播和流通的文化产品。这些产品种类繁多、内容丰富、创作新颖，已经成为网民们日常生活中不可或缺的一部分。根据最新的《互联网文化管理暂行规定》，网络文化产品主要包括网络音乐、网络游戏、网络演出剧（节）目、网络表演、网络艺术品、网络动漫等。其中，一些由专业机构创作的网络文化产品凭借其高质量的内容和精湛的制作水平赢得了广大网民的喜爱，如 2022 年备受瞩目的网络综艺节目《乘风破浪的姐姐》便以其独特的创意和精彩的表演吸引了大量观众。

3. 宏观视角下的网络与新媒体文化全景

从宏观层面审视，网络与新媒体文化涵盖了文化制度、文化秩序、文化安全、文化精神以及文化产业等多个维度，共同构筑了数字时代文化的宏大画卷。

首先，网络与新媒体文化制度、秩序、安全是文化发展的基石和保障。国家通过制定和实施一系列法规、政策，旨在维护网络空间的健康有序，保障信息安全，促进文化的繁荣与创新。这些制度不仅为网络与新媒体文化的成长提供了"源头活水"，同时也通过其约束和引导作用，确保文化发展的正确方向。

其次，网络与新媒体文化精神是文化的核心和灵魂。它反映了社会的主流价值观念和文化取向，对于塑造网民的思维、态度和情感具有重要影响。在多元价值观念共存的互联网环境中，弘扬社会主义核心价值观、整合网络价值观念和文化思潮，对于营造积极向上的网络文化氛围至关重要。

最后，网络与新媒体文化产业是文化发展的重要驱动力。随着数字技术的飞速发展，以文化创意内容为核心的网络与新媒体文化产业日益崛起。它依托于数字技术和网络技术，进行创作、生产、传播和服务，为网民提供了丰富多彩的文化产品。这些产品不仅满足了人们的精神文化需求，而且为数字经济的发展注入了新的活力。

在网络与新媒体文化产业中，网络游戏作为一个重要分支近年来发展迅猛。不少游戏融入传统文化元素，使玩家在娱乐的同时也能学习到丰富的文化知识，感受到积极向上的文化价值观。这种寓教于乐的方式不仅让中华优秀传统文化得以传承和弘扬，而且为文化产业的发展带来了新的增长点。

6.2.2　新媒体文化的双面效应

进入互联网时代，20 世纪 90 年代，美国学者约瑟夫·奈（Joseph Nye）提出的"软实力"概念越发凸显其重要性，特别是在网络与新媒体文化领域。这一文化形态不仅丰富了文化软实力的内涵，通过多渠道传播主流文化和挖掘传统文化活力，但也伴随着信息泛滥、泛娱乐化、低俗化等负面影响，如同双刃剑般，在塑造人们生产生活方式的同时，也带来了挑战。

1. 正面效应

随着互联网的蓬勃发展，网络与新媒体文化正以其独特的方式重塑着文化软实力的格局。首先，它革新了主流文化的传播模式，通过多元化的媒介形式，如图画、动漫、视频等，将 24 字的社会主义核心价值观生动地呈现在大众面前，使其内涵更易于被广大网民所理解、接受和铭记。中国文明网等平台通过举办"感动中国"系列活动、"五个一百"网络正能量评选等，积极传播和弘扬主流文化，形成了积极向上的网络文化氛围。网络的互动性和参与性更是激发了网民们积极分享和传播身边的正能量，共同构建了健康、和谐的网络文化生态。

其次，网络与新媒体文化为传统文化的传承与发展注入了新的活力。通过网络课堂、社交媒体等渠道，人们可以方便地接触到传统文化知识，与同好者交流互动，形成文化圈群，共同传承和弘扬民族文化。同时，数字技术的应用使得艺术品、文物、非物质文化遗产等得以数字化保存和展示，为公众提供了更便捷、更丰富的文化体验。例如，在 B 站等青少年聚集的平台上，汉服爱好者们通过制作分享汉服视频，积极推广中国传统服饰文化，展现了民族文化的独特魅力。

最后，丰富的网络与新媒体文化产品极大地丰富了人们的文化生活，提高了文化素养。网络读书、有声书、网课、慕课等新型文化形态打破了传统教育的时空限制，为不同年龄、不同阶层、不同群体提供了平等获取知识的机会。互联网众筹、众包平台等创新模式更是激发了全民文化创意的热情，让更多人有机会参与到文化产品的创作和传播中来，为网络与新媒体文化注入了新的活力。

【案例 6-3】B 站与汉服文化的推广。

近年来，B 站（哔哩哔哩）平台上涌现出大量关于汉服文化的视频内容。众多汉服爱好者通过自制汉服、穿着汉服出行、制作汉服穿搭教程等方式，积极推广中国传统服饰文化。这些视频不仅吸引了大量年轻观众的关注，还引发了社会上对汉服文化的热烈讨论和重新认识。

【分析】

B 站作为一个新媒体平台，为汉服文化的传承与发展提供了广阔的空间。通过视频这种直观、生动的媒介形式，汉服爱好者们能够将自己的文化热情和知识分享给更多人。同时，B 站的弹幕、评论等互动功能也加强了观众之间的交流和互动，进一步推动了汉服文化的普及和传播。这一案例充分展现了网络与新媒体文化在传统文化传承中的积极作用。

2. 负面效应

网络与新媒体文化的负面影响不容忽视，这些影响主要体现在对主流意识形态、社会价值观念、公民道德思想的潜在危害上。这些消极文化内容在网络上的传播，不仅会导致信息泛滥和污染，还可能引发道德伦理失范，对青少年身心健康产生不良影响，甚至导致人的行为异化。

互联网技术的广泛应用使得信息传播速度加快，范围扩大，但同时也带来了信息过载和泛滥的问题。海量信息中充斥着无效、垃圾和低俗的内容，使得用户难以分辨信息的真伪和价值，从而增加了获取有用信息的难度和成本。这种信息泛滥和污染不仅影响了网络环境的质量，还可能导致用户无意识地被不良信息和文化"病毒"侵蚀。

道德伦理失范是网络与新媒体文化中的另一个严重问题。互联网上的黄色、血腥、暴力内容以及网络赌博等流氓软件泛滥，版权侵犯、黑客骚扰等现象屡禁不止。这些行为不仅破坏了网络生态，还可能对现实生活中的道德规范产生负面影响。网络上的"人肉搜索"、网络谩骂、攻击、诽谤等暴力行为更是直接侵犯了他人的权益和尊严，触及了社会道德底线。

青少年作为网络与新媒体的主要用户群体，其身心健康发展受到了这些消极内容的直接影响。在网络空间中，青少年面临着多元化价值观的冲击和诱惑，容易导致民族认同、道德意识弱化以及思想观念混乱。长期沉迷于网络游戏、社交媒体等虚拟世界，可能导致青少年孤僻、冷漠、不合群，出现"网络自闭症"等心理健康问题。

网络异化是网络与新媒体文化的又一重要负面影响。人们在使用互联网技术的过程中，可能会被技术所控制，成为技术链条上的一环。技术的便利性有时会被用于违法犯罪行为，如网络诈骗、制黄贩黄等。同时，人们也可能在心理上、思想上、情感上被技术控制，混淆现实与虚拟世界的界限，迷失自我。

【案例 6-4】长沙 AI 伪造悬赏通告谣言。

2024 年 2 月 29 日，网民许某发布有警徽标志的悬赏通告，称长沙某区发生重大刑事案件，向公众有偿征集线索，并附有嫌疑人图片及民警联系方式。经查，该悬赏通告系许某为吸粉引流通过 AI 伪造。

【分析】

此案例展示了 AI 技术在谣言制造中的应用，以及谣言制造者为吸引眼球而采取的极端手段。谣言的迅速传播不仅扰乱了社会秩序，还损害了公安机关的公信力。

第 7 章　网络与新媒体的未来发展趋势

随着科技的飞速发展，网络与新媒体领域正在经历一场前所未有的变革。未来的网络与新媒体发展趋势将更加智能化、个性化和定制化，同时用户体验和服务质量也将得到进一步提升。随着技术的不断进步和创新，我们有理由相信未来的网络与新媒体将变得更加美好和充满无限可能。

新媒体未来的趋势可以涵盖许多领域和技术，区块链技术已经在许多领域展现出其潜力，例如金融、供应链管理、身份验证等；6G 网络将为新媒体带来前所未有的传输速度和低延迟；脑机接口技术的进步为新媒体提供了新的可能性。

区块链、6G 和脑机接口的发展将深刻影响新媒体的未来。这些技术可能会进一步改变我们与媒体互动的方式，提供更丰富、更个性化的体验。同时，它们也带来了一系列挑战和问题，需要我们不断思考和解决。

7.1 网络与新媒体的融合发展

网络与新媒体的融合发展是当今社会的一个主要趋势，这种融合是互联网思维下媒体行业发展的必然要求，也是计算机网络技术与新媒体技术相互促进的结果，如图 7-1 所示。

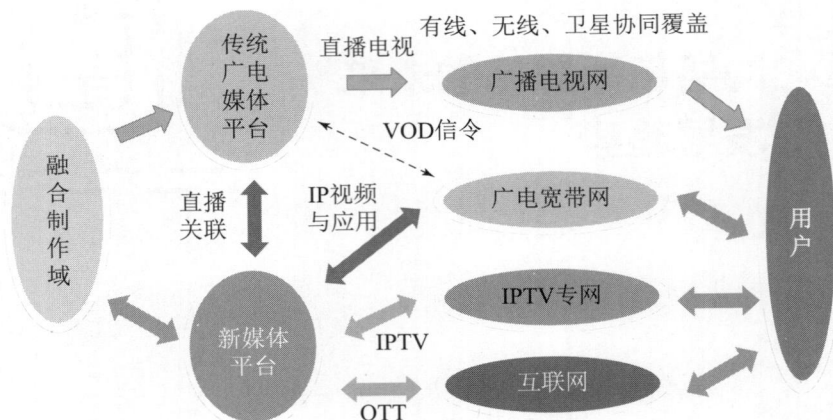

图 7-1　网络与新媒体的融合发展

在互联网时代，人们对于信息的需求越来越高，不仅要求信息及时、准确，还要求获取方式方便、快捷。此外，人们对媒体内容的消费习惯也在不断变化，对快捷且富有社交互动性的媒体内容更感兴趣。这种变化促使传统媒体和新媒体必须进行融合发展，以适应时代的需要。

互联网思维下媒体融合发展的具体实践路径主要包括以下几方面。

首先，应积极开拓建设多元化的媒体终端，不断创新更具移动智能和社交功能的媒体产品。这意味着要利用计算机网络技术，打造多元化的媒体平台，如新闻网站、社交媒体、移动应用等，以满足不同用户的需求。同时，还需要不断优化这些平台的功能，提高用户体验，使用户能够更方便、快捷地获取所需信息。

其次，应坚持迈向媒体融合发展的道路。在互联网时代，传统媒体和新媒体的界限已经越来越模糊，只有不断进行融合，才能适应时代的变化。这种融合不仅是技术的融合，还包括内容的融合、形式的融合等。只有在各方面都进行融合，才能使媒体更加符合用户的需求。

最后，应注重数据的应用和保护。在互联网时代，数据已经成为一种重要的资源。通过数据的收集和分析，可以更好地了解用户的需求和行为，为媒体的发展提供重要的支持。但是，同时也要注意保护用户的数据安全和隐私，避免出现数据泄露和滥用的情况。

7.2　区块链技术在网络与新媒体中的应用

随着新媒体的快速发展，信息的传播方式和传播速度都发生了巨大的变化。然而，随之而来的也是大量的虚假信息和信任危机。在这种情况下，区块链技术的出现为新媒体建立信任机制提供了新的可能性。

区块链（blockchain）是信息技术领域的术语，它本质上是一个分布式的、去中心化的共享数据库，存储于其中的数据或信息具有"不可伪造""全程留痕""可以追溯""公开透明""集体维护"等特征。

区块链作为比特币的重要概念，本质上是去中心化的数据库，同时作为比特币的底层技术，是一串使用密码学方法相关联产生的数据块，每个数据块中包含了一批次比特币网络交易的信息，用于验证其信息的有效性（防伪）和生成下一个区块。

7.2.1　区块链的发展历程

2008 年由中本聪第一次提出了区块链的概念，在随后的几年中，区块链成为电子货币——比特币的核心组成部分：作为所有交易的公共账簿。通过利用点对点网络和分布式时间戳服务器，区块链数据库能够进行自主管理。为比特币而发明的区块链使它成为第一个解决重复消费问题的数字货币。比特币的设计已经成为其他应用程序的灵感来源。

2014 年，"区块链 2.0"成为一个关于去中心化区块链数据库的术语。对这个第二代可编程区块链，经济学家们认为它是一种编程语言，可以允许用户写出更精密和智能的协议。因此，当利润达到一定程度时，就能够从完成的货运订单或者共享证书的分红中获得收益。区块链 2.0 技术跳过了交易和"价值交换中担任金钱和信息仲裁的中介机构"。它们被用来使人们远离全球化经济，使隐私得到保护，使人们"将掌握的信息兑换成货币"，并且有能力保证知识产权的所有者得到收益。第二代区块链技术使存储个人的"永久数字 ID 和形象"成为可能，并且对"潜在的社会财富分配"不平等提供解决方案。

2016 年 1 月 20 日，中国人民银行数字货币研讨会宣布对数字货币研究取得阶段性成果。会议肯定了数字货币在降低传统货币发行等方面的价值，并表示央行在探索发行数字货币。此次中国人民银行数字货币研讨会大大增强了数字货币行业信心。这是继 2013 年12 月 5 日央行五部委发布关于防范比特币风险的通知之后第一次对数字货币表示明确的态度。

2016 年 12 月 20 日，数字货币联盟——中国 FinTech 数字货币联盟及 FinTech 研究院正式筹建，如图 7-2 所示。

图 7-2 金融科技（FinTech）

如今，比特币仍是数字货币的绝对主流，数字货币呈现了百花齐放的状态，常见的有 bitcoin、litecoin、dogecoin、dashcoin，除了货币的应用之外，还有各种衍生应用，如以太坊 Ethereum、Asch 等底层应用开发平台以及 NXT、SIA、比特股、MaidSafe、Ripple 等行业应用。

2023 年 6 月，《区块链和分布式记账技术　参考架构》（GB/T 42752—2023）正式发布，这是中国首个获批发布的区块链技术领域国家标准，如图 7-3 所示。

ICS 35.240
CCS L 70

GB

中华人民共和国国家标准

GB/T 42752—2023

区块链和分布式记账技术　参考架构

Blockchain and distributed ledger technology—Reference architecture

图 7-3 《区块链和分布式记账技术　参考架构》

7.2.2　区块链的基本架构

　　一般说来，区块链系统由数据层、网络层、共识层、激励层、合约层和应用层组成。其中，数据层封装了底层数据区块以及相关的数据加密和时间戳等技术；网络层则包括分布式组网机制、数据传播机制和数据验证机制等；共识层主要封装网络节点的各类共识算法；激励层将经济因素集成到区块链技术体系中来，主要包括经济激励的发行机制和分配机制等；合约层主要封装各类脚本、算法和智能合约，是区块链可编程特性的基础；应用层则封装了区块链的各种应用场景和案例。该模型中，基于时间戳的链式区块结构、分布式节点的共识机制、基于共识算力的经济激励和灵活可编程的智能合约是区块链技术具有代表性的创新点，如图 7-4 所示。

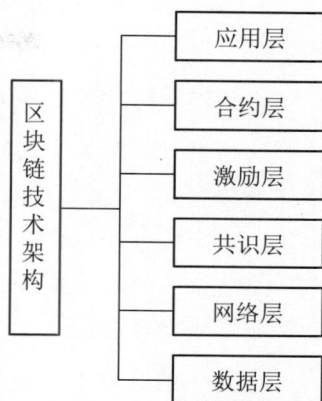

图 7-4　区块链技术架构模型

7.2.3　区块链的发展前景

　　区块链诞生自中本聪的比特币，自 2009 年以来，出现的各种各样的类似比特币的数字货币都是基于公有区块链的。

　　1. 应用领域

　　可以用区块链的一些领域如下。

- 智能合约。
- 证券交易。
- 电子商务。
- 物联网。
- 社交通信。
- 文件存储。
- 存在性证明。
- 身份验证。
- 股权众筹。

　　未来会在 internet 上形成一个叫作 finance-internet 的东西，它是基于区块链的，它的前驱就是 bitcoin，即传统金融从私有链、行业链出发（局域网），bitcoin 系列从公有链（广域网）出发，都表达了同一种概念——数字资产（digital asset），最终向一个中间平衡点收敛。

　　2. 进化方式

　　区块链的进化方式如下。

- 区块链 1.0 数字货币。

- 区块链 2.0 数字资产与智能合约。
- 区块链 3.0DAO、DAC（区块链自治组织、区块链自治公司）→区块链大社会（科学、医疗、教育等，区块链＋人工智能）。

3. 技术专利

区块链是一种安全共享的去中心化的数据账本。近年来，区块链与大数据、云计算、人工智能、5G 等新一代信息技术快速融合发展，应用已延伸到数字金融、物联网、智能制造、供应链管理、数字资产交易等多个领域。随着参与主体的增多，在技术、模式、专利等维度上的竞争越发激烈，特别是区块链企业高度重视技术研发和专利布局，相关专利申请出现爆发式增长，专利竞争格局日趋激烈。

1）全球区块链专利申请布局情况

通过对有关专利数据库的检索统计显示，2009 年 1 月 1 日至 2022 年 12 月 31 日，全球区块链领域专利授权量 37 595 件，其中，中国专利授权量 22 457 件，占比 59.7%；美国专利授权量 8950 件，占比 23.8%；日本专利授权量 1339 件，占比 3.6%；韩国专利授权量 976 件，占比 2.6%；德国专利授权量 604 件，占比 1.6%；澳大利亚专利授权量 453，占比 1.2%；新加坡专利授权量 424，占比 1.1%，其他国家的专利授权量占比均低于 1%。如图 7-5 和图 7-6 所示。

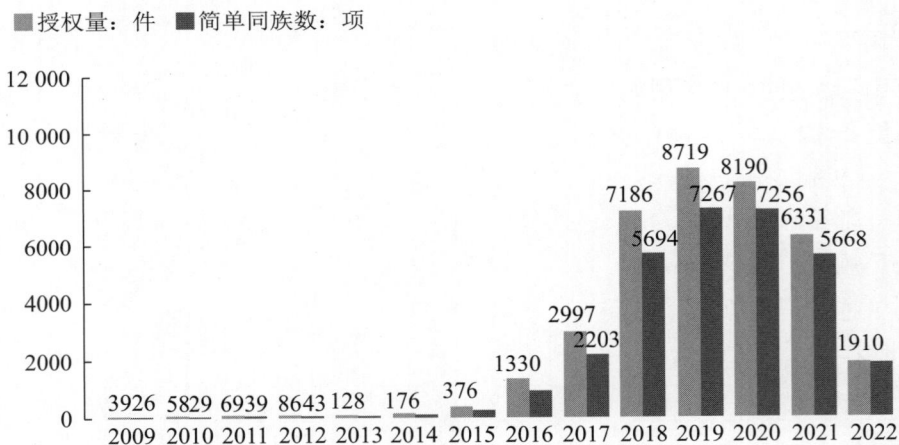

图 7-5 全球区块链技术专利授权量变化趋势

全球来华专利授权量 1032 件，其中，美国 309 件，占比 30.0%；日本 120 件，占比 11.6%；德国 32 件，占比 3.1%。从发展趋势看，国外专利权人更加重视在中国的专利布局，其中，美国和日本专利权人在华进行了长期的专利布局，韩国、英国、法国、德国等国家的专利权人近五年内明显加快在华的专利申请布局。

2）全球区块链专利权人排名情况

全球区块链技术重点专利权人以申请发明专利为主，在专利授权量全球排名前十位的专利权人中，中国企业已占据六席。在专利授权量全球排名前二十位的专利权人中，

目标国/地区	授权量/件
CN：中国	22457
US：美国	8950
JP：日本	1339
KR：韩国	976
DE：德国	604
AU：澳大利亚	453
SG：新加坡	424
CA：加拿大	252
RU：俄罗斯	167
ES：西班牙	155

图 7-6　全球专利技术目标国 / 地区分布

蚂蚁集团（4740 件）、腾讯公司（3439 件）、百度公司（1123 件）三家中国企业位于第一
梯队，专利授权量均超过千件；国际机器商业公司（IBM，663 件）、平安科技（425 件）、
中国联通（329 件）、英国恩链（298 件）、美国万事达（243 件）、杭州复杂美（202 件）
六家企业属于第二梯队，专利授权量均在 200 件以上；美国银行、美国微软、美国净睿存
储等十一家企业处于第三梯队，专利授权量为 100 ～ 200 件，如图 7-7 所示。

全球排名	当前专利权人	授权量/件	发明量/件
1	蚂蚁集团	4740	4715
2	腾讯公司	3439	3438
3	百度公司	1123	1111
4	国际商业机器公司	663	663
5	平安科技（深圳）有限公司	425	425
6	中国联合网络通信集团有限公司	329	324
7	恩链控股有限公司	298	298
8	万事达卡国际股份有限公司	243	243
9	杭州复杂美科技有限公司	202	202
10	美国银行公司	173	173
11	微软技术许可有限责任公司	168	168
12	净睿存储股份有限公司	157	157
13	杭州趣链科技有限公司	152	147
14	深圳壹账通智能科技有限公司	151	151
15	埃森哲环球解决方案有限公司	146	146
16	深圳前海微众银行股份有限公司	144	144
17	维萨国际服务协会	140	140
18	富国银行	129	129
19	英特尔公司	126	126
20	平安国际智慧城市科技股份有限公司	120	120

图 7-7　全球区块链技术前二十重点专利权人

蚂蚁集团专利授权量全球排名第一，且布局最为广泛，中国授权 2292 件、美国授权 898 件、新加坡授权 242 件、德国授权 216 件、日本授权 169 件、韩国授权 167 件、澳大利亚授权 138 件、加拿大授权 97 件。腾讯公司已获得授权的专利中，中国授权 3345 件、美国授权 33 件、日本授权 33 件、韩国授权 16 件、德国授权 5 件。百度公司已获得授权的专利中，中国授权 990 件、日本授权 73 件、美国授权 36 件、韩国授权 18 件、德国授权 1 件。IBM 已获得授权的专利中，美国授权 618 件、日本授权 23 件、中国授权 12 件。英国恩链、美国微软、美国万事达、爱尔兰埃森哲、美国维萨等国外企业虽然专利授权量不高，但全球布局较为广泛，如图 7-8 所示。

当前专利权人	AU: 澳大利亚	CA: 加拿大	CN: 中国	DE: 德国	ES: 西班牙	JP: 日本	KR: 韩国	SG: 新加坡	US: 美国	ZA: 南非
蚂蚁集团	138	97	2282	216	52	169	167	242	898	48
腾讯公司			3345	5		33	16		33	
百度公司			990	1		73	18		36	
国际商业机器公司			12			23			618	2
平安科技(深圳)有限公司	1		418				1	3	2	
中国联合网络通信集团有限公司			329							
恩链控股有限公司	9	4	57	49	1	52	17	9	33	16
万事达卡国际股份有限公司	8	13	22	6	2	28	4	19	120	2
杭州复杂美科技有限公司			202							
美国银行公司									173	
微软技术许可有限责任公司	1		7	12	2	2	1		115	2
净睿存储股份有限公司							1		155	
杭州趣链科技有限公司			151						1	
深圳壹账通智能科技有限公司			143	2				2	2	
埃森哲环球解决方案有限公司	11	1	10	6				4	97	
深圳前海微众银行股份有限公司			144							
维萨国际服务协会	9	1	15	13		2	1	9	68	
富国银行									129	
英特尔公司			11	1		3	2		102	
平安国际智慧城市科技股份有限公司			120							

图 7-8　全球区块链专利基本布局情况

3）全球区块链专利权人专利布局状况

区块链主流的技术架构分为数据层、网络层、共识层、激励层、合约层和应用层六个一级技术分支，包括数据结构、机密机制、权限管理、计算资源、分布式结构、验证机制、网络路由、共识机制、激励机制、智能合约、接口调用、价值转移类、存证类、授权管理类等十八个二级技术分支。

其中，应用层主要负责适配区块链的各类应用场景，为用户提供各种服务和应用，其专利授权量最多（8864 件），占该领域内全球专利授权总量的 23.58%。其次，数据层全球专利授权量 4822 件，占比 12.83%；网络层全球专利授权量 5118 件，占比 13.61%；共识层全球专利授权量 6369 件，占比 16.94%；激励层全球专利授权量 5134 件，占比 13.66%；合约层全球专利授权量 7288 件，占比 19.39%，如图 7-9 所示。

通过对区块链主流技术架构层下的专利授权量统计发现，蚂蚁集团和腾讯公司已包揽各主流技术架构层专利授权量的全球第一。其中，蚂蚁集团数据层专利授权量 973 件、共识层专利授权量 968 件、合约层专利授权量 1315 件、应用层专利授权量 871 件、网络层专利授权量 389 件、激励层专利授权量 224 件，数据层、共识层、合约层和应用层专利授权量位居全球首位，重点布局数据结构、加密机制、权限管理、计算资源等相关技术。腾讯公司网络层专利授权量 516 件、共识层专利授权量 621 件、合约层专利授权量 1170 件、应用层专利授权量 692 件、激励层专利授权量 252 件、数据层专利授权量 188 件，网络层和激励层专利授权量位居全球首位，重点布局智能合约技术等。

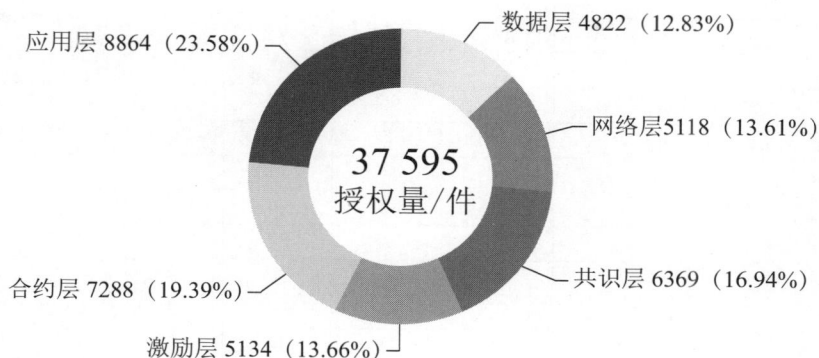

图 7-9　全球区块链专利技术构成

此外，百度公司技术集中在合约层和应用层，其中，合约层专利授权量 137 件、应用层专利授权量 755 件，重点布局电子票据等相关技术。IBM 公司技术集中在网络层、共识层、激励层和合约层，其中，网络层专利授权量 114 件、共识层专利授权量 148 件、激励层专利授权量 151 件、合约层专利授权量 130 件。平安科技技术集中在共识层，专利授权量 241 件。美国净睿存储技术集中在激励层，专利授权量 114 件。其他的专利权人各技术架构层专利授权量均低于 100 件，如图 7-10 所示。

4）发展建议

（1）积极突破技术薄弱环节。

特别是在数据层技术架构下，重点关注数据结构技术内有向无环图（DAG）、链式结构、链外存储等技术的研发布局，例如，加强对 DAG 结构扩展、安全、并行工作方式等方面的研究，加强对跨链通信扩展以及安全性等方面的研究，加强对链外数据存储等方面的研究。此外，还需重点关注加密机制技术内核心加密算法技术的研发布局，提升密钥安全，加强对节点上链、数据上链的验证等方面的研究。

（2）加强核心技术专利布局。

持续跟踪关注 IBM、万事达、NChain、COINPLUG 等国外重点企业研发方向和专利布局。特别要关注制约我国区块链技术发展关键核心技术的研发动向，如前文提到的 DAG、链式结构、核心加密算法等亟须突破的关键技术。此外，还需要重点跟踪区块链技术标准化制定进程，积极参与标准制定。

（3）提升专利申请文件撰写质量。

虽然国内申请人在专利申请数量上占据了一定优势，但部分专利申请文件撰写质量仍需进一步提升。例如，一是可在说明书背景技术部分尽可能详尽阐述发明点涉及的技术发展脉络，以及引证反映这些背景技术的文件；二是可明确记载本申请技术方案所要解决的技术问题，阐明背景技术中存在的问题和缺点；三是可清楚完整地记载解决其技术问题的技术方案，使得本领域技术人员能够实现该技术方案。

当前专利权人	数据层	网络层	共识层	激励层	合约层	应用层
蚂蚁集团	973	389	968	224	1315	871
腾讯公司	188	516	621	252	1170	692
百度公司	66	55	47	63	137	755
国际商业机器公司	50	114	148	151	130	70
平安科技（深圳）有限公司	24	44	241	15	31	70
中国联合网络通信集团有限公司	57	84	24	45	90	29
恩链控股有限公司	86	9	27	47	42	87
万事达卡国际股份有限公司	49	46	37	75	7	29
杭州复杂美科技有限公司	71	17	25	33	25	31
美国银行公司	16	43	34	64	8	8
微软技术许可有限责任公司	7	64	19	9	35	34
净睿存储股份有限公司	4	5	29	114	—	5
杭州趣链科技有限公司	17	9	33	9	67	17
深圳壹账通智能科技有限公司	19	21	57	4	31	19
埃森哲环球解决方案有限公司	15	22	25	20	50	14
深圳前海微众银行股份有限公司	26	8	18	9	38	45
维萨国际服务协会	23	36	16	29	16	20
富国银行	9	68	9	15	14	14
英特尔公司	34	26	24	18	5	19
平安国际智慧城市科技股份有限公司	2	4	94	2	10	8
总计	1736	1580	2496	1198	3221	2837

图 7-10　全球区块链主流技术架构层专利布局基本情况

7.2.4　区块链的核心技术

1. 分布式账本

分布式账本指的是交易记账由分布在不同地方的多个节点共同完成，而且每个节点记录的是完整的账目，因此它们都可以参与监督交易合法性，同时也可以共同为其做证。

跟传统的分布式存储有所不同，区块链的分布式存储的独特性主要体现在两方面：一是区块链每个节点都按照块链式结构存储完整的数据，传统分布式存储一般是将数据按照一定的规则分成多份进行存储；二是区块链每个节点存储都是独立的、地位等同的，依靠共识机制保证存储的一致性，而传统分布式存储一般是通过中心节点往其他备份节点同步数据。没有任何一个节点可以单独记录账本数据，从而避免了单一记账人被控制或者被贿赂而记假账的可能性。由于记账节点足够多，理论上讲除非所有的节点被破坏，否则账目就不会丢失，从而保证了账目数据的安全性。

2. 非对称加密

存储在区块链上的交易信息是公开的，但是账户身份信息是高度加密的，只有在数据拥有者授权的情况下才能访问，从而保证了数据的安全和个人的隐私。

3. 共识机制

共识机制就是所有记账节点之间怎么达成共识，去认定一个记录的有效性。这既是认定的手段，也是防止篡改的手段。区块链提出了四种不同的共识机制，适用于不同的应用场景，在效率和安全性之间取得平衡。

区块链的共识机制具备"少数服从多数"以及"人人平等"的特点。其中，"少数服从多数"并不完全指节点个数，也可以是计算能力、股权数或者其他的计算机可以比较的特征量。"人人平等"是当节点满足条件时，所有节点都有权优先提出共识结果、直接被其他节点认同后并最后有可能成为最终共识结果。以比特币为例，采用的是工作量证明，只有在控制了全网超过 51% 的记账节点的情况下，才有可能伪造出一条不存在的记录。当加入区块链的节点足够时，这基本上不可能，从而杜绝了造假的可能。

4. 智能合约

智能合约是基于这些可信的不可篡改的数据，可以自动化地执行一些预先定义好的规则和条款。以保险为例，如果说每个人的信息（包括医疗信息和风险发生的信息）都是真实可信的，那就很容易地在一些标准化的保险产品中进行自动化的理赔。在保险公司的日常业务中，虽然交易不像银行和证券行业那样频繁，但是对可信数据的依赖是有增无减。因此，利用区块链技术从数据管理的角度切入，能够有效地帮助保险公司提高风险管理能力，具体来讲主要分投保人风险管理和保险公司的风险监督。

7.2.5　区块链的应用领域

1. 金融领域

区块链在国际汇兑、信用证、股权登记和证券交易所等金融领域有着潜在的巨大应用价值。将区块链技术应用在金融行业中，能够省去第三方中介环节，实现点对点的直接对接，从而在大大降低成本的同时快速完成交易支付，如图 7-11 所示。

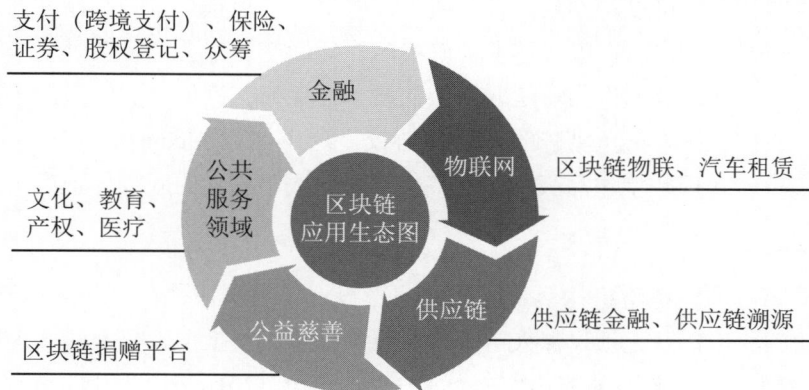

图 7-11　区块链应用

例如，Visa 推出基于区块链技术的 Visa B2B Connect，它能为机构提供一种费用更低、更快速和安全的跨境支付方式来处理全球范围的企业对企业的交易。要知道传统的跨境支付需要等 3 ～ 5 天，并为此支付 1% ～ 3% 的交易费用。Visa 还联合 Coinbase 推出了首张比特币借记卡，花旗银行则在区块链上测试运行加密货币"花旗币"。

2. 物联网和物流领域

区块链在物联网和物流领域也可以天然结合。通过区块链可以降低物流成本，追溯物品的生产和运送过程，并且提高供应链管理的效率。该领域被认为是区块链一个很有前景的应用方向。

区块链通过节点连接的散状网络分层结构，能够在整个网络中实现信息的全面传递，并能够检验信息的准确程度。这种特性在一定程度上提高了物联网交易的便利性和智能化。区块链 + 大数据的解决方案就利用了大数据的自动筛选过滤模式，在区块链中建立信用资源，可双重提高交易的安全性，并提高物联网交易便利程度，为智能物流模式应用节约时间成本。区块链节点具有十分自由的进出能力，可独立地参与或离开区块链体系，不对整个区块链体系有任何干扰。区块链 + 大数据解决方案就利用了大数据的整合能力，促使物联网基础用户拓展更具有方向性，便于在智能物流的分散用户之间实现用户拓展。

3. 公共服务领域

区块链在公共管理、能源、交通等领域都与民众的生产生活息息相关，但是这些领域的中心化特质也带来了一些问题，可以用区块链来改造。区块链提供的去中心化的完全分布式 DNS（域名系统）服务通过网络中各个节点之间的点对点数据传输服务就能实现域名的查询和解析，可用于确保某个重要的基础设施的操作系统和固件没有被篡改，可以监控软件的状态和完整性，发现不良的篡改，并确保使用了物联网技术的系统所传输的数据没有经过篡改。

4. 数字版权领域

通过区块链技术，可以对作品进行鉴权，证明文字、视频、音频等作品的存在，保证权属的真实、唯一性。作品在区块链上被确权后，后续交易都会进行实时记录，实现数字版权全生命周期管理，也可作为司法取证中的技术性保障。例如，美国纽约一家创业公司 Mine Labs 开发了一个基于区块链的元数据协议，这个名为 Mediachain 的系统利用 IPFS（星际文件系统），实现数字作品版权保护，主要面向数字图片的版权保护应用。

5. 保险领域

在保险理赔方面，保险机构负责资金归集、投资、理赔，往往管理和运营成本较高。通过智能合约的应用，既无须投保人申请，又无须保险公司批准，只要触发理赔条件，实现保单自动理赔。一个典型的应用案例就是 LenderBot，2016 年由区块链企业 Stratumn、德勤与支付服务商 Lemonway 合作推出，它允许人们通过 Facebook Messenger 的聊天功能，注册定制化的微保险产品，为个人之间交换的高价值物品进行投保，而区块链在贷款合同中代替了第三方角色。

6. 公益领域

区块链上存储的数据高可靠且不可篡改，天然适合用在社会公益场景。公益流程中的相关信息，如捐赠项目、募集明细、资金流向、受助人反馈等，均可以存放于区块链上，并且有条件地进行透明公开公示，方便社会监督。

7.2.6　区块链技术在新媒体信任机制中的重要意义

首先，区块链技术可以提供透明和可追溯的信息流动，这使得人们可以更加信任新媒体平台。由于区块链记录的数据可以被所有节点（服务器）查看，因此可以有效地防止信息被篡改或伪造。这种透明性不仅可以增强公众对新媒体平台的信任，还有助于打击假新闻和谣言。

其次，区块链技术可以通过智能合约建立自动化和可信的交易机制。在新媒体领域，这可以应用于版权管理和内容分发等方面。例如，作者可以将自己的作品上传到区块链上，并通过智能合约自动跟踪和分配版权收入。这不仅可以保护作者的权益，还可以提高内容创作者的积极性。

再次，区块链技术还可以通过去中心化的方式打破信息不对称和权力集中化。传统的互联网媒体平台往往掌握着信息和内容的分发权，这可能导致权力滥用和信息不公。而区块链技术可以将信息和内容存储在去中心化的网络中，并由用户共同维护和管理。这种方式可以降低信息和内容被操控的风险，并提高公众对新媒体平台的信任度。

最后，区块链技术还可以通过提供安全和可靠的身份认证系统来增强新媒体用户的隐私保护和安全性。用户可以通过区块链平台进行身份验证和授权操作，这可以有效地防止身份被盗用和信息泄露。

总之，区块链技术在建立新媒体信任机制方面具有巨大的潜力。通过透明、可追溯、去中心化和安全可靠等技术手段，区块链可以增强公众对新媒体平台的信任度和安全性，促进新媒体的发展和创新。

7.3　6G 网络对网络与新媒体的革新

随着科技的迅速发展，移动通信技术已经经历了数代的演进，而第六代移动通信技术（6G）的出现将为新媒体传输模式带来革命性的变化。6G 以其前所未有的传输速度、网络容量和能效，以及与现有优势技术的深度融合，为新媒体的发展打开了新的篇章，如图 7-12 所示。

图 7-12　6G

6G 即第六代移动通信系统（6th generation mobile network 或 6th generation wireless system），也称第六代移动通信技术，主要促进的就是物联网的发展。6G 是 5G 系统的延伸，传输能力可能比 5G 提升 100 倍，网络延迟也可能从毫秒降到微秒级。

7.3.1　6G 发展历程

1. 中国

2019 年 11 月 3 日，科技部会同国家发展和改革委员会、教育部、工业和信息化部、中国科学院、自然科学基金委在北京组织召开 6G 研发工作启动会。会议宣布成立国家 6G 研发推进工作组和总体专家组，标志着中国 6G 研发工作正式启动。11 月，2019 年全球首份 6G 白皮书《6G 无线智能无处不在的关键驱动与研究挑战》发布。白皮书中指出，6G 的大多数性能指标相比 5G 将提升 10 ～ 100 倍。在 6G 时代，一秒下载 10 部同类型高清视频成为可能。11 月 20 日，中国联通和中国电信已分别展开 6G 相关技术研究。2019 年以来，广东省新一代通信与网络创新研究院（粤通院）联合清华大学、北京邮电大学、北京交通大学、中兴通讯股份有限公司、中国科学院空天信息创新研究院共同开展了 6G 信道仿真、太赫兹通信、轨道角动量等 6G 热点技术研究。

2020 年 11 月，北京邮电大学 6G 项目获得 2020 年国家重点研发计划"宽带通信与新型网络"重点专项资助。

2021 年 4 月 12 日，华为轮值董事长徐直军在华为全球分析师大会上表示，6G 将在 2030 年前后推向市场；2021 年 9 月 17 日，北京市政府新闻办举办"两区"建设一周年成效新闻发布会，会中宣布，北京将超前布局 6G 未来网络打造引领全球数字经济高地；2021 年 11 月 16 日，工业和信息化部发布《"十四五"信息通信行业发展规划》（以下简称《规划》），将开展 6G 基础理论及关键技术研发列为移动通信核心技术演进和产业推进工程，提出构建 6G 愿景、典型应用场景和关键能力指标体系，鼓励企业深入开展 6G 潜在技术研究，形成一批 6G 核心研究成果。

2022 年 1 月，紫金山实验室发布了 6G 核心技术创新成果 360 ～ 430GHz 100 ～ 200Gb/s 实时无线传输通信实验系统，创造出当时世界太赫兹无线通信最高实时传输纪录。该团队首创了光子太赫兹光纤一体融合的实时传输架构，实现了单波长净速率为 103.125Gb/s、双波长净速率为 206.25Gb/s 的太赫兹实时无线传输，通信速率较 5G 提升 10 ～ 20 倍。

2023 年 3 月 5 日上午，第十四届全国人民代表大会第一次会议在人民大会堂举行开幕会，工业和信息化部部长金壮龙接受采访时表示："正在总结推广 5G 经验，组建了 MT-2030（6G）推进组，已经在开展工作了，接下来，我们要继续产学研用集中发力，加强国际合作，加快 6G 的研发。"

2. 国外

2018 年，芬兰开始研究 6G 相关技术。

2019 年 3 月 15 日，美国联邦通信委员会（FCC）一致投票通过开放"太赫兹波"频谱的决定，以期其有朝一日被用于 6G 服务；3 月 24—26 日，芬兰举行关于 6G 的国际会议。欧盟、俄罗斯等也正在紧锣密鼓地开展相关工作。三星电子公司和 LG 电子公司都在设立 6G 研究中心，如图 7-13 所示。

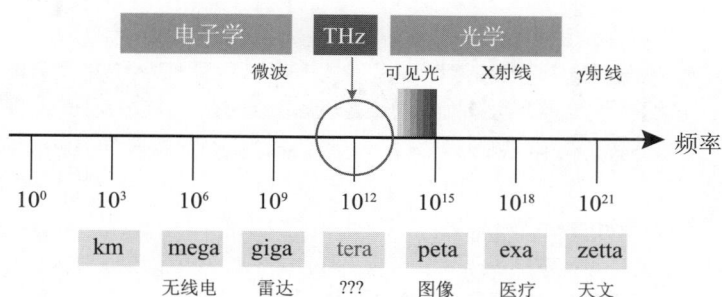

图 7-13　太赫兹波的波长在 3 ～ 1000μm

2020 年 4 月 8 日，日本总务省发布了 2025 年在国内确立 6G 主要技术的战略目标，希望在 2030 年实现 6G 实用化。同年，斯科尔科沃科学技术研究院的科学家们开发了一种技术，并研制出了用于开发俄罗斯 6G 组件的设备。斯科尔科沃科学技术研究院研制的设备为开发 6G 系统组件开辟了新的前景，特别是太赫兹到光波段的信号转换器。6G 领域的研究是在"国家技术倡议"无线通信技术与物联网能力中心活动框架内进行的。该院在研发过程中依靠的是先进的科学和实验室设施以及与俄罗斯领先公司的生产联系。新设备可允许模拟波长为 1.5μm 的光辐射、频率为 10GHz 的电信号。7 月 14 日，三星电子发布了《下一代超连接体验》白皮书。12 月 16 日，日本瞄准 6G 目标，采取多项措施推进 6G 研发。日本追加预算中，更是拨款用于促进 6G 研发，试图加大力度推进 6G 研发，在下一个赛道抢占市场先机。

2021 年 8 月，韩国 LG 电子于近期成功进行了 6G 太赫兹频段的无线信号传输测试，测试的距离超过了 100m，如图 7-14 所示。

图 7-14　6G 太赫兹频段的无线信号传输测试

2022 年 7 月，据俄罗斯《生意人报》报道，俄罗斯决定绕过 5G 阶段，直接开发 6G 网络。到 2025 年，斯科尔科沃科学技术研究院和隶属于数字发展部的无线电制造科学研究所可能会收到超过 300 亿卢布（约 34.2 亿元人民币），用于研究新的 6G 通信标准，如图 7-15 所示。

图 7-15　俄罗斯绕过 5G 直接开发 6G

7.3.2　6G 核心技术

1. 太赫兹频段

6G 将使用太赫兹（THz）频段，且 6G 网络的"致密化"程度也将达到前所未有的水平，届时，我们的周围将充满小基站。太赫兹频段是指 100GHz ～ 10THz，是一个频率比 5G 高出许多的频段。从通信 1G（0.9GHz）到 4G（1.8GHz 以上），我们使用的无线电磁波的频率在不断升高。因为频率越高，允许分配的带宽范围越大，单位时间内所能传递的数据量就越大，也就是我们通常说的"网速变快了"。不过，频段向高处发展的另一个主要原因在于低频段的资源有限。就像一条公路，即便再宽阔，所容纳的车量也是有限的。当路不够用时，车辆就会阻塞无法畅行，此时就需要考虑开发另一条路。频谱资源也是如此，随着用户数和智能设备数量的增加，有限的频谱带宽就需要服务更多的终端，这会导致每个终端的服务质量严重下降。而解决这一问题的可行的方法便是开发新的通信频段，拓展通信带宽。中国三大运营商的 4G 主力频段位于 1.8 ～ 2.7GHz 的一部分频段，而国际电信标准组织定义的 5G 的主流频段是 3 ～ 6GHz，属于毫米波频段。到了 6G，将迈入频率更高的太赫兹频段，这个时候也将进入亚毫米波的频段。中国科学院国家天文台研究员荀利军告诉《互联网周刊》说："太赫兹在天文中被称为亚毫米，这类天文台的站点一般很高而且很干燥，比如南极，还有智利的阿塔卡玛沙漠。"那么，为什么说到了 6G 时代网络"致密化"，我们的周围会充满小基站？这就涉及基站的覆盖范围问题，也就是基站信号的传输距离问题。一般而言，影响基站覆盖范围的因素比较多，例如信号的频率、基站的发射功率、基站的高度、移动端的高度等。就信号的频率而言，频率越高则波长越短，所以信号的绕射能力（也称衍射，在电磁波传播过程中遇到障碍物，这个障碍物的尺寸与电磁波的波长接近时，电磁波可以从该物体的边缘绕射过去。绕射可以帮助进行阴影区域的覆盖）就越差，损耗也就越大。并且这种损耗会随着传输距离的增加而增加，基站所能覆盖到的范围会随之降低。6G 信号的频率已经在太赫兹级别，而这个频率已经接近分子转动能级的光谱了，很容易被空气中的水分子吸收掉，所以在空间中传播的距离不像 5G 信号那么远，因此 6G 需要更多的基站"接力"。5G 使用的频段要高于 4G，在不考虑其他因素的情况下，5G 基站的覆盖范围自然要比 4G 的小。到了频段更高的 6G，基站的覆盖范围会更小。因此，5G 的基站密度要比 4G 高很多，而在 6G 时代，基站密集度将无以复加。

相关进展：2020 年 9 月 1 日新闻报道称，太赫兹光子学组件研究获重大突破，有助于造出廉价紧凑型量子级联激光器，实现 6G 电信连接，如图 7-16 所示。

图 7-16　太赫兹光子学组件研究获重大突破

2023 年 4 月，中国航天科工二院二十五所在北京完成国内首次太赫兹轨道角动量的实时无线传输通信实验，利用高精度螺旋相位板天线在 110GHz 频段实现四种不同波束模态，通过四模态合成在 10GHz 的传输带宽上完成 100Gb/s 无线实时传输，最大限度地提升了带宽利用率，为中国 6G 通信技术的发展提供了重要保障和支撑。

2. 空间复用技术

6G 将使用空间复用技术，6G 基站将可同时接入数百个甚至数千个无线连接，其容量将可达到 5G 基站的 1000 倍。前面说到 6G 将要使用的是太赫兹频段，虽然这种高频段频率资源丰富，系统容量大，但是使用高频率载波的移动通信系统要面临改善覆盖和减少干扰的严峻挑战。

当信号的频率超过 10GHz 时，其主要的传播方式就不再是衍射。对于非视距传播链路来说，反射和散射才是主要的信号传播方式。同时，频率越高，传播损耗越大，覆盖距离越近，绕射能力越弱。这些因素都会大大增加信号覆盖的难度。不止是 6G，处于毫米波段的 5G 也是如此。而 5G 则是通过大规模 MIMO（多进多出）和波束赋形这两个关键技术来解决此类问题的。我们的手机信号连接的是运营商基站，更准确一点，是基站上的天线。大规模 MIMO 技术说起来挺简单，它其实就是通过增加发射天线和接收天线的数量，即设计一个多天线阵列来补偿高频路径上的损耗。在 MIMO 多副天线的配置下可以提高传输数据数量，而这用到的便是空间复用技术。在发射端，高速率的数据流被分割为多个较低速率的子数据流，不同的子数据流在不同的发射天线上在相同频段上发射出去。由于发射端与接收端的天线阵列之间的空域子信道足够不同，接收机能够区分出这些并行的子数据流，而不需付出额外的频率或者时间资源。这种技术的好处就是，它能够在不占用额外带宽、消耗额外发射功率的情况下增加信道容量，提高频谱利用率。不过，MIMO 的多天线阵列会使大部分发射能量聚集在一个非常窄的区域。也就是说，天线数量越多，波束宽度越窄。这一点的好处在于，不同的波束之间、不同的用户之间的干扰会比较少，因为不同的波束都有各自的聚焦区域，这些区域都非常小，彼此之间不怎么有交集。但是它也带来了另外一个问题：基站发出的窄波束不是 360° 全方位的，该如何保证波束能覆盖到基站周围任意一个方向上的用户？这时候便是波束赋形技术大显神通的时候了。简单来说，波束赋形技术就是通过复杂的算法对波束进行管理和控制，使之变得像"聚光灯"一样。这些"聚光灯"可以找到手机都聚集在哪里，然后更为聚焦地对其进行信号覆盖。5G 采用的是 MIMO 技术提高频谱利用率。而 6G 所处的频段更高，MIMO 未来的进一步发展很有可能为 6G 提供关键的技术支持。

3. 6G 的技术特点与优势

相较于前一代移动通信技术，6G 的目标不仅是实现网络容量和传输速率的突破，更要提升整体能效，使其在密集区域每平方千米可支持 1000 万个设备，性能提升 10 ～ 100 倍。同时，6G 的网络延迟将从毫秒级降低到微秒级，为实时互动类应用提供了可能。

6G 将是一个地面无线与卫星通信集成的全连接世界。通过将卫星通信整合到 6G 移动通信，我们可以实现全球无缝覆盖，让网络信号能抵达任何一个偏远的乡村，让身处山区的病人能接受远程医疗，孩子们能接受远程教育。这种全球无缝覆盖将为新媒体传输模式带来巨大的便利。

7.3.3　6G 应用领域

赛迪智库无线电管理研究所曾编撰《6G 概念及愿景白皮书》，针对 6G 的未来应用，提出了人体数字孪生、空中高速上网、基于全息通信的 XR（扩展现实）、新型智慧城市群、全城应急通信抢险、智慧工厂 PLUS、网联机器人和自制系统七大应用场景。

关于 6G 的未来应用场景，紫光展锐首席技术专家（标准研究）潘振岗指出，6G 应当满足"无界"，即打破各行业、各领域的专业壁垒，实现深度渗透融合。根据用户的不同需求，6G 要实现对频谱、计算、存储资源的灵活调度。在 6G 网络中，频谱接入的趋势是以低频段为基础，高频段按需开启，实现低频段、毫米波、太赫兹和可见光多频段共存与融合组网，在覆盖、速率、安全等方面满足不同的用户需求。计算任务应该在终端、边缘节点、云端等实现灵活、实时地分割、下放和卸载，以匹配不同节点的计算能力和能效需求。

此外，潘振岗将 AI 视为 6G 技术服务的核心场景。

例如在医疗行业，AI 辅助诊疗 / 癌症诊断、医疗影像智能识别等需要高质量的影像数据传输；医疗机器人需要低时延、高可靠性地传输数据。在交通行业，AI 技术应用在智慧桥梁健康监测与运维管理、智能航道技术、智慧码头、无人驾驶以及无人机配送等方面；基于大量传感器和机器人的检测数据收集、事故问题定位以及移动硅基预测是这些领域的突出需求。对于仿真设计，基于 VR、AR 技术进行数据传输时，需要高质量的数据传输通道。对于个性化生产和质量监控，工业互联网积累的大量有价值的生产数据，需要低时延、高可靠性的传输通道。

而要满足上述场景需求，潘振岗认为，几个领域的新指标尚需重新定义，包括数字孪生等级、空天覆盖能力、计算能力、智能级别、感官指标、存储能力级别等。

此外，也有专家认为，引领 6G 发展的核心场景不仅限于支持 AI 应用。高通技术市场总监 Danny Tseng 表示："AI 和机器学习赋能的端到端通信、频谱扩展和共享、新的无线空口设计、可扩展网络架构、通信系统的弹性以及物理世界、数字世界与虚拟世界的融合将成为引领 6G 之路的重点研究领域。"

7.3.4　6G 行业观点

5G 和 6G 的开发是并行的，但 6G 规模化使用还很远。对此，余承东回应称："6G 在研发中，估计还需要 10 年时间，目前也在做技术研究、标准研究，还没到商用阶段。"

"6G 网络的速度将比 5G 快 100 倍，几乎能达每秒 1TB，这意味着下载一部电影可在 1 秒内完成，无人驾驶、无人机的操控都将非常自如，用户甚至感觉不到任何时延。"南京航空航天大学电子信息工程学院常务副院长吴启晖说。

中国电子学会通信分会主任委员、南京邮电大学物联网学院院长朱洪波认为"现在学界对 6G 的界定有不同的观点，5G 主要是为工业 4.0 做前期基础建设，而 6G 的具体应用方向目前还处在探索阶段。"也有专家认为，将来 6G 将会被用于空间通信、智能交互、触觉互联网、情感和触觉交流、多感官混合现实、机器间协同、全自动交通等场景，如图 7-17 所示。

图 7-17　2019 年全国通信理论与技术学术会议暨通信领域创新发展论坛

6G 需要重点考虑的是如何将两条不同发展轨道的技术融为一体。最彻底的融合模式是全面融合，即从组网到空口，完全实现无感对接。简单的形式是网络各自独立发展，通过多模终端完成多系统支持。

7.3.5　6G 与新媒体的融合

在新媒体领域，6G 的应用将推动新媒体的传输模式发生质变。首先，6G 的超高速度和超低延迟将极大地提高媒体内容的传输效率和实时性，使得高清视频流和互动式内容成为常态，推动沉浸式媒体体验的发展。观众可以享受到更加流畅、逼真的内容体验，仿佛身临其境。

其次，6G 将进一步加深物联网在媒体领域的应用。通过 6G 网络，各种设备、传感器和终端都可以成为媒体传播的节点，这将大大拓宽新媒体的传播渠道和形式。无论是智能家居、智能城市还是智能交通，都将融入新媒体的传播体系中，形成更加丰富多样的内容生态。

最后，6G 的全覆盖特性使得即使在偏远地区也能接收到高质量的网络信号，这将极大地扩大新媒体的覆盖范围，使得更多人能够享受到新媒体带来的便利。无论是在城市还是乡村，都能平等地接触到丰富的数字内容和服务。

7.3.6　6G 面临的挑战与前景

尽管 6G 带来了许多优势和可能性，但也面临着一些挑战。如何确保网络安全、如何保护用户隐私、如何处理大量数据的存储和管理等问题都需要在开发和应用 6G 的过程中不断探索和解决。同时，6G 技术的研发和应用也需要大量的资金投入和技术支持。

然而，我们有理由相信 6G 将会成为新媒体传输模式的塑造者。通过结合区块链、人工智能、数字孪生等技术，6G 有望缩小数字鸿沟，实现万物互联这个"终极目标"。从这个角度来看，6G 不仅仅是通信技术的进步，更是社会发展的一种重要推动力。它将在信息时代中起到承上启下的关键作用，为未来的智能化社会打下坚实基础。

总结来说，6G 以其前所未有的传输速度、网络容量和能效，以及与现有优势技术的深度融合，为新媒体的传输模式带来无限可能。虽然面临着诸多挑战，但随着科技的不断进步和社会的不断发展，我们有理由相信 6G 将会成为塑造新媒体传输模式的先锋。

7.3.7　6G 对塑造新媒体传输模式的重要作用

6G 是目前正在研究的新一代移动通信技术，它不仅在速度、容量、延迟等方面有更大的突破，而且将与人工智能、大数据、物联网等技术深度融合，为新媒体传输模式带来革命性的改变。

首先，6G 将进一步提高网络速度和容量。与 5G 相比，6G 的网络速度将提升 100 倍以上，网络容量也将大幅增加，这将使得新媒体平台可以更加高效地传输和处理大量数据，为高清视频、虚拟现实、增强现实等高带宽应用提供更好的支持。

其次，6G 将进一步缩小延迟，实现毫秒级的传输速度。这将使得新媒体平台可以实现更快速的响应和更流畅的用户体验，满足用户对实时交互的需求。

更重要的是，6G 将与人工智能、大数据、物联网等技术深度融合，为新媒体传输模式带来更大的创新。例如，通过人工智能技术，6G 可以实现智能化的自适应传输和数据处理，根据用户需求和网络状况自动调整传输策略和数据格式，提高传输效率和用户体验。

此外，6G 还将支持更广泛的物联网应用，包括智能家居、智能交通、智能医疗等领域。通过与物联网的结合，6G 可以实现更加全面和智能的连接，使得新媒体平台可以更加便捷地与各种设备和服务进行交互和集成。

最后，6G 还将为地空全覆盖网络提供更好的支持。通过将卫星通信与地面移动通信相结合，6G 可以实现全球无缝覆盖的通信网络，使得新媒体平台可以更好地服务于全球用户，满足不同地域和环境的需求。

总之，6G 技术的不断发展和创新将对新媒体传输模式带来革命性的改变。它不仅在技术层面上提供了更高效、更快速、更智能的网络连接和支持，而且在新媒体应用层面上将推动更多的创新和发展。未来，随着 6G 技术的不断成熟和应用，新媒体传输模式将更加智能化、高效化、全面化，为用户提供更好的服务和体验。

7.4　脑机接口技术对网络与新媒体的颠覆

随着科技的快速发展，新媒体的交互方式也在不断演变。其中，脑机接口技术的崛起为新媒体交互方式的创新提供了前所未有的可能性。

脑机接口（brain-computer interface，BCI，又称大脑端口、脑机融合感知）是在人或动物大脑与外部设备间建立的直接连接通路，实现脑与设备的信息交换。在单向脑机接口的情况下，计算机或者接收脑传来的命令，发送信号到脑，但不能同时发送和接收信号，而双向脑机接口允许脑和外部设备间的双向信息交换。

这一概念其实早已有之，但直到20世纪90年代以后，才开始有阶段性成果出现。2008年，匹兹堡大学神经生物学家宣称利用脑机接口，猴子能操纵机械臂给自己喂食。

2019年6月，明尼苏达州梅奥诊所成功为一名病人的大脑植入芯片。测试表明植入的芯片可提高记忆力，未来人类可以实现超智能，如图7-18所示。

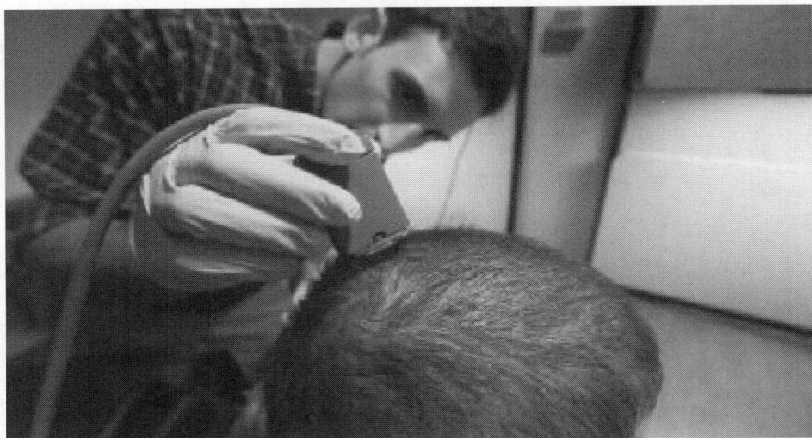

图7-18　为病人的大脑植入芯片

2020年8月，马斯克的Neuralink公司发布了脑机接口的最新成果：一只名为Pager的小猕猴通过意念控制计算机光标，玩起了"意念乒乓球"游戏，如图7-19所示。

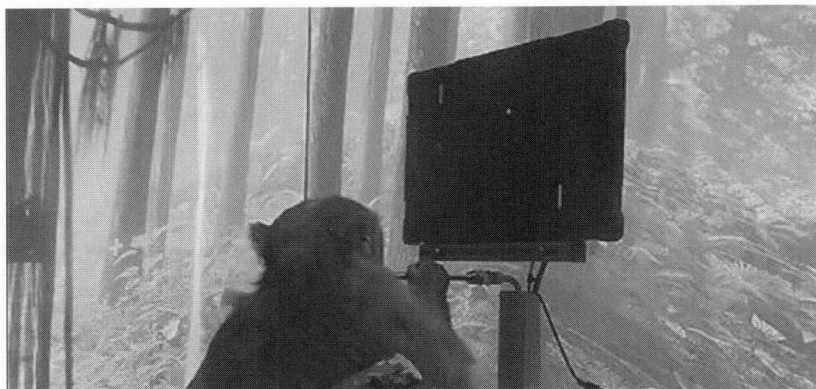

图7-19　名为Pager的小猕猴通过意念控制计算机光标，玩"意念乒乓球"游戏

2020年8月29日，Neuralink公司找来三只小猪向全世界展示了可实际运作的脑机接口芯片和自动植入手术设备。

2023年5月4日，由南开大学段峰教授团队牵头的全球首例非人灵长类动物介入式脑机接口试验在北京获得成功，如图7-20所示。

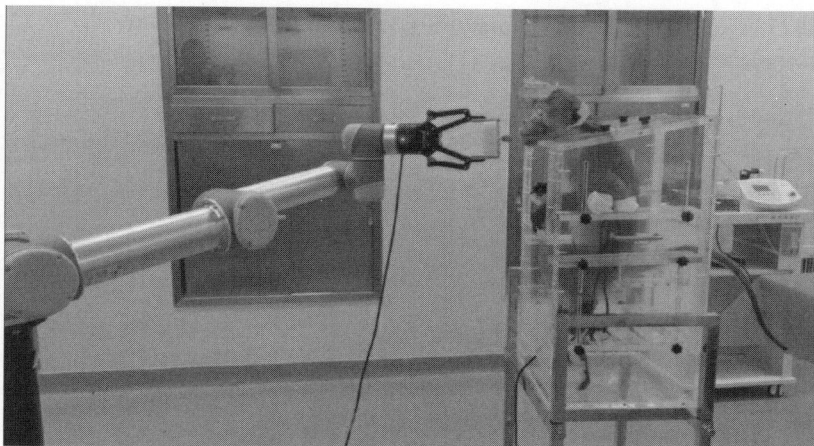

图 7-20　全球首例非人灵长类动物介入式脑机接口试验成功

2023 年 9 月 19 日，脑机接口初创公司 Neuralink 宣布，该公司进行首次人体试验，对瘫痪患者的大脑植入设备。

7.4.1　脑机接口的发展历史

以脑机接口的基础理论及应用里程碑为标准，脑机接口的发展可以分为三个阶段。

（1）学术探索期（20 世纪 20—70 年代）：1924 年德国精神医学家 Hans Berger 首次检测发现了脑电波（electroencephalogram，EEG），为大脑研究奠定了基础；发现了脑电分析重要指标，即脑电图、与大脑不同状态相关的 α 波和 β 波。

（2）科学论证期（20 世纪 70 年代—21 世纪 00 年代）：1970 年美国国防高级研究计划局（DARPA）开始组建团队研究脑机接口技术；1973 年发表首篇名为"脑计算机通信"（*brain-computer communication*）的论文；1998 年 Emory 大学的 Philip Kennedy 和 Roy Bakay 以侵入式脑机接口协助脑干中风患者控制计算机光标，布朗大学同年实现计算机芯片和人脑连接的 BrainGate 技术；1999 年和 2002 年两次脑机接口国际会议的召开为脑机接口技术的发展指明了方向。

（3）应用实验期（2000 年至今）：进入 21 世纪，随着神经科学与相关技术的不断突破，脑机接口技术开始快速发展，脑机接口技术进入科学论证阶段。

7.4.2　脑机接口技术概述

在脑机接口的定义中，"脑"一词意指有机生命形式的脑或神经系统，而并非仅仅是 mind。"机"意指任何处理或计算的设备，其形式可以从简单电路到硅芯片，如图 7-21 所示。

对脑机接口的研究已持续了超过 40 年。20 世纪 90 年代中期以来，从实验中获得的此类知识显著增长。在多年动物实验的实践基础上，应用于人体的早期植入设备被设计及制造出来，用于恢复损伤的听觉、视觉和肢体运动能力。研究的主线是大脑不同寻常的皮层可塑性，它与脑机接口相适应，可以像自然肢体那样控制植入的假肢。在当前所取得的技术与知识的进展之下，脑机接口研究的先驱者们可令人信服地尝试制造出增强人体功能的脑机接口，而不止于恢复人体的功能。这种技术在以前只存在于科幻小说中。

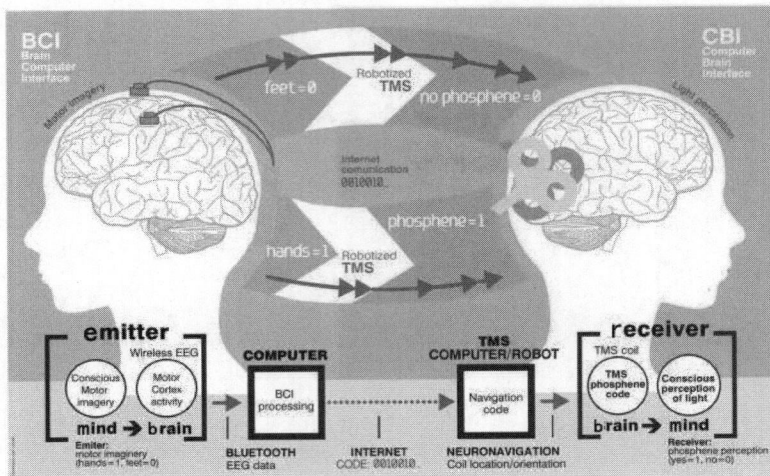

图 7-21　脑机接口

7.4.3　国内外重点企业分析

1. Synchron

Synchron 是当前脑机接口领域领先企业，于 2021 年成为第一家从美国 FDA 获得临床研究性器械豁免（IDE）以进行永久植入脑机接口临床试验的公司。公司产品 Stentrode 通过微创脑机接口技术，在减少对大脑侵入和提高大脑信号的清晰程度中实现相对平衡，以帮助失去行动和说话能力的患者通过设备实现交流。Synchron 的技术仍处于开发的早期阶段，公司未来的目标是缩小设备的尺寸，同时提高它们的计算能力，最终实现能够在每个患者大脑的不同部位放置大量的支架，让它们执行更多的功能，如图 7-22 所示。

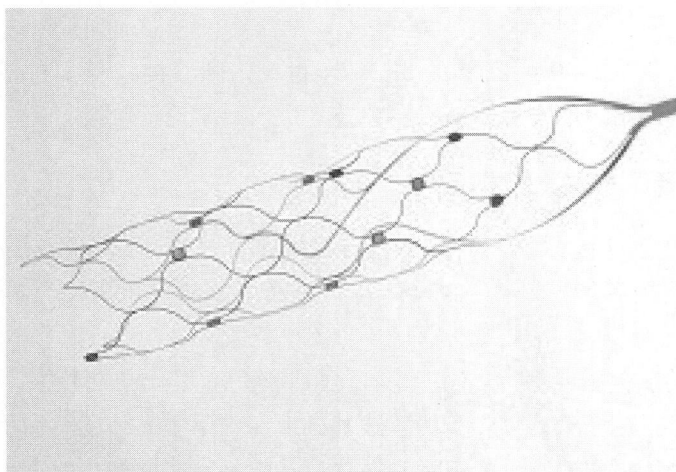

图 7-22　Synchron 公司产品 Stentrode

2. Neuralink

2016 年，包括马斯克在内的共八位创始人推出了脑机接口技术初创公司 Neuralink。该公司专注于高带宽侵入式脑机接口技术，致力于将大脑和网络相连通。Neuralink 开发了马斯克称之为"神经蕾丝"的柔性电极技术，在人脑中植入细小的电极，微米级的螺纹插入大脑控制运动的区域。每根线都包含许多电极，并将其连接到植入物。根据 2019 年 Neuralink 首次对外公布的成果，这种接口系统由一组电子芯片和一些厚度只有 4 ~ 6μm、宽度比人头发丝还细的丝线组成。整个系统包含 3072 个传感器，分布在大约 100 根柔性丝线上，如图 7-23 所示。

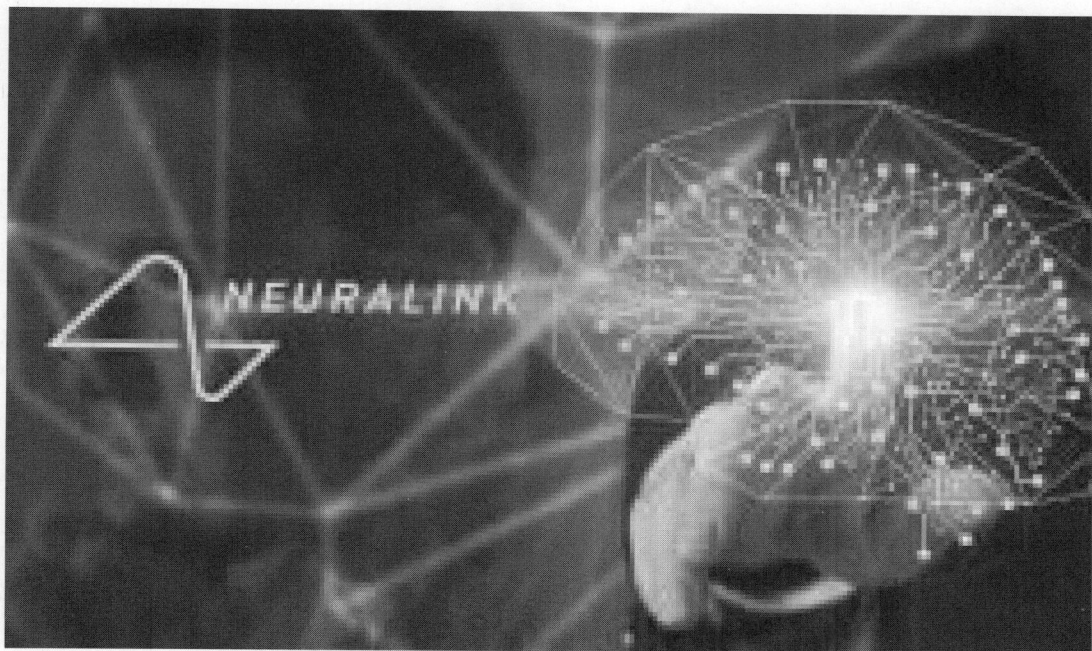

图 7-23　Neuralink 开发了马斯克称之为"神经蕾丝"的柔性电极技术

3. MindMaze

MindMaze 创立于 2012 年，总部位于瑞士洛桑。该公司致力于通过非侵入式脑机接口研究，加速人类恢复、学习和适应的能力。通过在神经科学、生物传感、工程、混合现实和人工智能等交叉领域的研究，公司提高神经系统疾病患者的康复潜力，并获得 FDA 批准和 CE 标志，致力于创建大脑健康的通用平台。公司当前主要产品涉及：① MindMotion™ GO，家庭神经系统康复平台；② MindPod，通过动画游戏体验促进患者运动技能和认知功能的恢复；③ Elvira，一款具有 AR、VR、手部跟踪和神经传感器的混合现实头显。Elvira 利用其神经技术引擎，通过神经读数预测玩家的意图，并将其与跟踪的身体运动相协调以弥补虚拟世界和现实世界的差距，以增加游戏沉浸感。同时游戏中读取的生理指标有助于专注健康的游戏和应用的开发，以促进放松和正念。如图 7-24 和图 7-25 所示。

图 7-24　MindMotion ™ GO：家庭神经系统康复平台

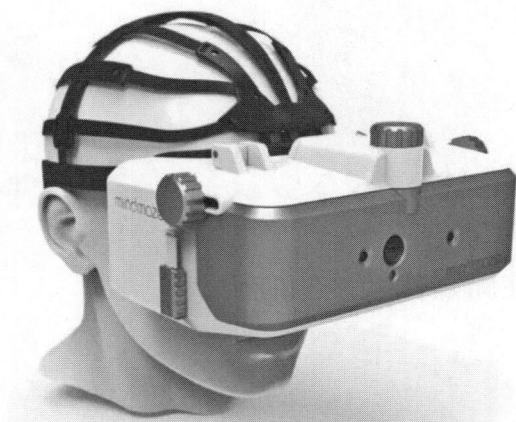

图 7-25　Elvira VR 头盔

4. 强脑科技（BrainCo）

BrainCo 于 2015 年创立，是哈佛创新实验室孵化的第一支华人团队。BrainCo 最先从教育领域切入，同时也涉足医疗及游戏领域，产品包括专注力训练系统、智能仿生手、正念舒压等，其脑机接口假肢成为《时代》杂志发布的 2019 年年度最佳创新产品之一。目前公司产品主要涉及两方面：一是 BrainRobotic Hand（智能仿生手）；二是 Focus Calm（专注力训练设备），如图 7-26 所示。

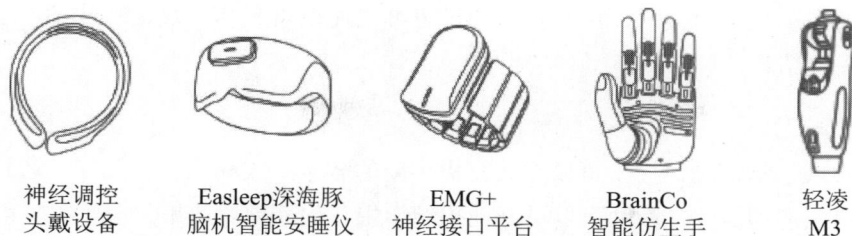

图 7-26 强脑科技（BrainCo）产品

5. 脑陆科技（BrainUp）

脑陆科技成立于 2016 年 6 月，总部位于北京，是一家基于神经网络算法的脑机交互开放平台，专注于突破脑机接口底层技术，将脑机接口与人工智能技术结合应用落地，以实现其产业化。该公司当前主要产品为：可穿戴医疗级睡眠仪，通过粉噪声、白噪声等节律声波对神经实时调控，优化深度睡眠时长；脑机接口智慧安全帽，在完成安全防护的同时，对人的精神不安全状况和生理状况进行监测，实时进行安全预警，提升安全管理，如图 7-27 所示。

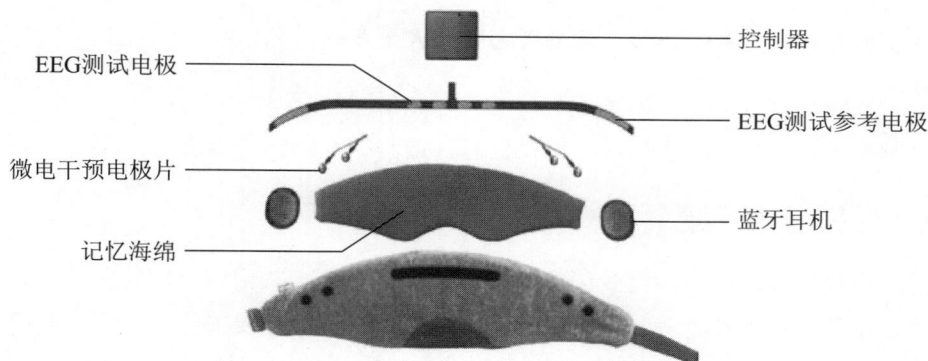

图 7-27 脑陆科技（BrainUp）产品

7.4.4 脑机接口在新媒体领域的应用

1. 医疗保健领域

在医疗保健领域，脑机接口技术的应用已经取得了一些突破。例如，帮助残障人士进行交流、控制假肢、治疗神经性疾病等。未来，随着技术的进步，脑机接口还可被应用于疾病诊断、药物研发等方面。

2. 娱乐领域

在娱乐领域，脑机接口技术为游戏、电影等媒体形式带来了全新的交互体验。用户可以通过思维控制游戏角色、改变电影情节等，增强了用户的参与感和沉浸感。

3. 工作领域

在工作中，脑机接口技术可以帮助人们更高效地与计算机进行交互，提高生产力和效率。例如，通过脑机接口技术，用户可以通过思维快速编辑文档、发送邮件等，减少了对传统输入设备的依赖。

4. 学习领域

在学习领域，脑机接口技术可以为教育提供新的教学方式和工具。例如，通过实时监测学生的学习状态和需求，教师可以更好地指导学生，提高学习效果。

7.4.5　脑机接口的交互方式

脑机接口的交互方式主要包括以下几种。

1. 眼球追踪

通过监测用户的眼球运动和视线方向，实现用户目光控制和阅读辅助等功能。

2. 思维控制

通过分析大脑信号，将用户的思维转换为指令，实现对计算机或其他设备的控制。

3. 声音输出

将大脑信号转换为声音信号，帮助听力障碍人士获取信息。

4. 触觉反馈

通过刺激用户的皮肤，提供触觉反馈信息，增强交互体验。

7.4.6　伦理道德问题

虽然脑机接口技术的应用前景广阔，但同时也带来了一些伦理道德问题，例如，隐私保护、道德规范、法律监管等。为了确保技术的健康发展，需要关注并解决这些问题。例如，制定相关法律法规，规范技术的使用范围；建立伦理审查机制，确保技术的合理应用；加强用户隐私保护，确保个人信息的安全性。

7.4.7　未来展望

脑机接口是一种直接在大脑和外部设备之间建立通信的技术，它允许用户通过思维控制机器，无须语言或动作。在新媒体领域，脑机接口技术具有广泛的应用前景。

首先，脑机接口技术可以用于增强新媒体的用户体验。通过实时监测用户的情绪和反应，脑机接口可以为用户提供更加个性化的内容推荐和服务。例如，在新闻阅读方面，脑机接口可以根据用户的阅读习惯和情感反应，为用户推荐更符合其兴趣和需求的新闻内容。在娱乐领域，脑机接口可以让用户通过思维控制游戏中的角色动作，提高游戏的互动性和沉浸感。

其次，脑机接口技术也可被用于改进新媒体的传播效果。例如，在广告营销方面，脑机接口可以通过实时监测用户的脑电波和情绪状态，评估广告对用户的吸引力和有效性，从而优化广告内容和投放方式。在教育领域，脑机接口可以用于评估学生的学习效果和注意力集中程度，为教师提供更加准确的教学反馈和指导。

此外，脑机接口技术还可被用于拓展新媒体的传播渠道。例如，在社交媒体领域，脑机接口可以让用户通过思维控制发布和分享内容，提高社交媒体的互动性和使用率。在智能家居领域，脑机接口可以与智能音箱、智能电视等设备结合，实现更加智能化的语音控制和多媒体互动。

然而，脑机接口技术在新媒体领域的应用也面临一些挑战和问题。首先，脑电波采集设备的成本较高，限制了其在一些领域的应用。其次，脑电波信号容易受到干扰，需要进一步改进和完善信号处理技术。此外，脑机接口技术的隐私保护和伦理问题也需要引起重视。

随着技术的不断进步和发展，脑机接口在新媒体领域的应用将更加广泛。未来，我们可以预见到以下趋势。

1. 商业应用

随着技术的成熟和成本的降低，脑机接口将在更多商业领域得到应用。例如，在广告、营销等领域，脑机接口可以帮助企业更好地了解用户需求和行为，提供更加精准的产品和服务。

2. 人机互动

脑机接口将进一步加强人机之间的自然交互，使用户能够更加便捷地与计算机和其他设备进行交流和合作。

3. 智能辅助

脑机接口将为新媒体提供更加智能的辅助功能。例如，通过分析用户的思维模式和行为习惯，新媒体可以为用户提供更加个性化的内容和推荐服务。

4. 跨领域合作

随着不同领域之间的交叉融合，脑机接口技术将与新媒体领域的其他技术相结合，如人工智能、虚拟现实等，共同推动新媒体的发展和创新。

总的来说，脑机接口技术在新媒体领域具有广泛的应用前景和潜力。随着技术的不断进步和发展，我们有理由相信，未来脑机接口技术将成为新媒体领域的重要发展方向之一。

7.5　人工智能大模型技术引领网络与新媒体的未来变革

在 21 世纪的科技浪潮中，人工智能以其前所未有的速度和深度渗透至社会经济的各个领域，而人工智能大模型技术作为人工智能领域的一项重大突破，正以前所未有的力量引领着网络与新媒体行业的深刻变革。这些变革不仅重塑了内容生产、传播与消费的方式，还极大地拓宽了信息获取的边界，为人类社会带来了前所未有的信息盛宴与交互体验。

7.5.1　内容生产的智能化与个性化

人工智能大模型技术，如 GPT 系列、BERT 等，凭借其强大的自然语言处理能力和知识学习能力，使得内容生产进入了一个全新的智能化时代。这些模型能够基于海量数据进行深度学习，理解人类语言的复杂性和多样性，从而生成高质量、个性化的内容。无论是新闻报道、文学创作，还是视频脚本，人工智能大模型都能根据用户需求和市场趋势，快速生成符合要求的作品，极大地提高了内容生产的效率和多样性。

7.5.2　信息传播的精准化与高效化

在网络与新媒体领域，信息传播的速度和广度是衡量其影响力的重要指标。人工智能大模型技术通过深度学习用户行为、兴趣偏好及社会关系网络，实现了信息传播的精准化与高效化。这不仅意味着用户能够更快地接收到自己感兴趣的内容，也为企业和媒体机构提供了更加精准的目标受众定位，从而提高了营销和宣传的效果。同时，人工智能大模型还能帮助识别并过滤虚假信息，维护网络空间的健康与秩序。

7.5.3　交互体验的沉浸式与智能化

随着虚拟现实、增强现实等技术的兴起，网络与新媒体的交互体验正朝着更加沉浸式的方向发展。人工智能大模型技术的融入，使得这种沉浸式体验更加智能化和个性化。通过分析用户的情感反应、身体语言等微妙信号，人工智能大模型能够实时调整交互内容和方式，提供更加符合用户期待和偏好的体验。这种智能化的交互方式不仅提升了用户的参与度和满意度，也为媒体和娱乐产业开辟了全新的商业模式。

7.5.4　数据驱动的决策与预测

在媒体行业，数据已成为决策的重要依据。人工智能大模型技术凭借其强大的数据处理和分析能力，为媒体机构提供了前所未有的数据洞察能力。通过对海量数据的深度挖掘和分析，人工智能大模型能够预测市场趋势、用户行为及内容热度等关键指标，为媒体机构的战略规划和内容布局提供有力支持。这种数据驱动的决策方式不仅提高了决策的准确性和效率，也增强了媒体机构的竞争力和市场适应性。

人工智能大模型技术正以其独特的优势和潜力引领着网络与新媒体行业的未来变革。从内容生产的智能化与个性化到信息传播的精准化与高效化，再到交互体验的沉浸式与智能化以及数据驱动的决策与预测，人工智能大模型技术正在全方位地重塑网络与新媒体的生态系统。我们有理由相信，在未来的日子里，随着技术的不断进步和应用场景的持续拓展，人工智能大模型技术将为人类社会带来更加丰富多彩、高效便捷的信息生活体验。

参考文献

[1] 李若翰，韩梦迪.网络平台与新媒体融合发展的路径分析 [J].中国新通信，2023，（12）：80-82.

[2] 吴树臣.构建新媒体网络矩阵推动媒体融合发展 [J].新闻论坛，2023，（3）：39-40.

[3] 黄一凡.Web 1.0 到 Web 3.0 互联网媒介演进特征探究 [J].数字通信世界，2023，（2）：33-35.

[4] 武帅."互联网＋"时代新媒体传播的未来发展趋势探究 [J].新闻前哨，2021，（5）：47-48.

[5] 王嘉冬，彭庆宸.互联网起源及发展历程研究 [J].商场现代化，2017，（10）：248-249.

[6] 吴冠军.通用人工智能：是"赋能"还是"危险" [J].科技与创新，2023，（5）：48-52.

[7] 伍思立，魏育华.基于云计算和物联网的网络大数据技术探讨 [J].网络安全技术与应用，2023，（10）：77-78.

[8] 方凌智，刘明真，赵星.超越现实和虚拟：空间视角下的元宇宙治理 [J].图书馆论坛，2023，（10）：108-116.

[9] 宋立芳，韩诗琪，赵丹.区块链技术文献综述及管理领域应用展望 [J].对外经贸，2023，（10）：24-27.

[10] 肖峰.脑机接口技术的发展现状、难题与前景 [J].人民论坛，2023，（16）：34-39.